LES
ANCIENS PLANS
DE
PARIS
NOTICES HISTORIQUES ET TOPOGRAPHIQUES

PAR

ALFRED FRANKLIN
Conservateur-adjoint à la bibliothèque Mazarine

TOME PREMIER

Plans de Munster, de Braun, de Tapisserie, de Truschet et Hoyau, de Du Cerceau,
de Belleforest, de Quesnel, de Vassalieu, de Mérian et de Gomboust.

PARIS
LÉON WILLEM, LIBRAIRE-ÉDITEUR
2, RUE DES POITEVINS

LES

ANCIENS PLANS

DE

PARIS

CET OUVRAGE

A ÉTÉ TIRÉ A 354 EXEMPLAIRES, TOUS NUMÉROTÉS :

320 exemplaires sur papier de Hollande.
34   —   —   Whatman.

N°

LES
ANCIENS PLANS
DE
PARIS

NOTICES HISTORIQUES ET TOPOGRAPHIQUES

PAR

ALFRED FRANKLIN

Conservateur-adjoint à la bibliothèque Mazarine

TOME PREMIER

PARIS
LÉON WILLEM, LIBRAIRE-ÉDITEUR
2, RUE DES POITEVINS
—
1878

PRÉFACE.

C'EST à M. Bonnardot que revient l'honneur d'avoir appelé l'attention des érudits et des curieux sur les anciens plans de Paris. Ses Études archéologiques, publiées en 1851, furent une véritable révélation, même pour beaucoup d'archéologues, et elles ont certainement préservé de la destruction bon nombre de ces précieux documents, témoins fidèles et irrécusables d'un passé impossible à reconstituer sans eux.

Je n'ai donc pu songer à refaire un livre resté excellent, malgré le temps qui s'est écoulé depuis sa publication, malgré l'impulsion que lui-même a donné aux recherches historiques sur Paris; je tiens aujourd'hui la promesse que je faisais, il y a dix ans, dans la préface de mon Étude sur le plan de Tapisserie.

Je voudrais suppléer, autant que possible, à l'absence de ces rarissimes images du vieux Paris, fournir à ceux qui ne peuvent se les procurer une analyse minutieusement exacte qui permette de les consulter sans les avoir sous les yeux, à ceux qui les possèdent la table détaillée de tout ce qu'ils contiennent.

On trouvera donc ici la nomenclature complète de chacun d'eux, c'est-à-dire, au tracé près, les plans eux-mêmes. Mes notes, très-concises, ont surtout pour objet de faire revivre le plan; j'ai pris soin dès lors de préciser toujours la place des hôtels particuliers et des édifices disparus, et, une fois pour chaque siècle, j'ai donné les tenants et les aboutissants de toutes les rues, indiqué l'emplacement de tous les édifices. Les notes indiquent encore, suivant les circonstances, soit le nom actuel des rues et des édifices désignés, soit les changements survenus dans leur situation, leurs limites, leur état ou leur destination pendant le laps de temps écoulé entre la publication de chaque plan.

Pour les seizième et dix-septième siècles, je n'ai omis que les plans sans valeur, copies plus ou moins défigurées de plans importants. Mais, arrivé au dix-huitième siècle, l'étendue des nomenclatures et la ressemblance qui existe entre elles m'ont forcé à adopter un autre procédé; j'ai reproduit seulement la nomenclature du plus ancien, et, dans une note correspondante à chacune des mentions qu'elle renferme, j'ai fait connaître les modifications apportées à chaque rue et à chaque édifice sur les plans qui se sont succédé entre 1714 et 1791. Cette comparaison successive de plans dressés à intervalles assez éloignés

PRÉFACE.

une des études les plus intéressantes auxquelles puisse se
...er un ami du vieux Paris.

...nfin, pour rendre ces deux volumes encore plus complets sur
... point qui a été trop négligé jusqu'ici par les historiens de
...ris, j'ai donné, à la suite de mon analyse comparative des
...ns du dix-huitième siècle, la nomenclature de tous les hôtels
...ticuliers mentionnés sur les plans qui accompagnent les sa-
...tes Recherches sur la ville de Paris publiées par Jaillot,
... 1772 à 1775. Cette énumération m'a paru devoir présenter
...utant plus d'utilité qu'aucun auteur n'a cité un aussi grand
...mbre d'hôtels et que, par suite d'un parti-pris inexplicable,
... ont tous été omis dans la précieuse Table des matières qui
...mine l'ouvrage.

Il me reste à dire un mot du petit plan italien qui sert de
...ntispice à ce volume. Je l'ai trouvé à la bibliothèque de
...nstitut, dans un recueil in-quarto de plans gravés qui a pour
...re :

De' disegni delle piu illustri città et fortezze del mondo parte I,
  quale ne contiene cinquanta. Con una breve historia delle
...igini et accidenti loro, secondo l'ordine de' tempi. Raccolta da
.. Giulio Ballino.
In Vinegia, appresso Bolognino Zaltieri, M D LXIX.

L'auteur s'est, sans aucun doute, inspiré du plan de Munster,
...'il a même servilement reproduit dans plusieurs endroits. Le
...rmat qu'il avait adopté l'a contraint de supprimer les rares
...entions qui figurent sur l'image de Munster, mais il a, en

revanche, multiplié les chiffres, et ceux-ci renvoient à une légende placée au bas du plan. Elle est ainsi conçue :

1. *Il ponte piccolo.*
2. *Il ponte de S. Michiele.*
3. *Il ponte de li Molinari.*
4. *Il ponte del Cambio.*
5. *Il ponte de Nostre Dame.*
6. *La porta S. Honorio.*
7. *La porta Mon marte.*
8. *La porta S. Donise.*
9. *La porta S. Martin.*
10. *La porta du Tample.*
11. *La porta S. Antonio.*
12. *La porta S. Vettore.*
13. *La porta de Bordelle.*
14. *La porta S. Giacamo.*
15. *La porta S. Michiele.*
16. *La porta S. German.*
17. *La strada di Santo Donise.*
18. *La strada di S^{to} Martino.*
19. *La chiesa de N^{ra} Donna.*
20. *L'hospitale di S^{to} Giuliano.*
21. *La chiesa di S^{to} Martino.*
22. *La chiesa du Tample.*
23. *La strada du Tample.*
24. *La strada di S^{to} Honorio.*
25. *Santi Inocenti.*
26. *Borgo di S^{to} Martino.*
27. *Borgo di S^{to} Donise.*
28. *Borgo di S^{to} Honorio.*
29. *Borgo di S^{to} Marcello.*
30. *Borgo di S^{to} Giacomo.*
31. *Borgo di S^{to} Germano.*
32. *Borgo di S^{to} Vettore.*
33. *Torre di Nelle.*
34. *La strada di S^{to} Giacomo.*
35. *La strada di la Herpe.*
36. *Il giardin del Re.*
37. *Il palazzo del Re.*
38. *La Santa Capella.*
39. *La strada di Bordelle.*
40. *La Sona fiume.*
41. *L'Isola di N^{ra} Donna.*
42. *L'Isola delle Vacche.*
43. *L'Isola dell'ouviers.*

Il vero disegno et ritrato della citta di Parigi, sedia regale della Francia, postovi li n^{ri} disoto incontrati con li nomi de luoghi piu importanti, per maggiore inteligentia de studiosi. In Venetia, l'anno M D LXVII.

PLAN DE SEB. MUNSTER.

— 1530 —

En 1541, un cordelier allemand nommé Sébastien Munster publia un traité de géographie qui obtint un grand succès. En 1550, peut-être même dès 1548, il traduisit son livre en latin, et le publia à Bâle sous ce titre : *Cosmographiæ universalis libri sex*. A la page 89 de cette traduction se trouve le plus ancien plan gravé de Paris que l'on connaisse. C'est d'ailleurs, comme on le voit par notre fac-simile, une image encore bien grossière et bien informe. L'auteur éprouve même le besoin de s'en excuser. Une inscription placée au verso de la gravure nous apprend qu'il n'a pu, dans un si petit espace, montrer les édifices et les vues innombrables de la grande ville; il a donc dû se contenter, ajoute-t-il, de faire voir comment, divisée par le fleuve en trois parties, ses ponts la réunissent en une seule. Voici cette note :

Civitas Parisiensis, delineata secundum situm et figuram quam habuit hoc Christi anno 1548, intra et extra mœnia.

Interiora quæque ejus ædificia et infiniti vici in tam angusto spacio omnes explicari nequiverunt. Sat fuerit videre urbem trifariam per Sequanam distinctam, atque per pontes rursum conjunctam.

D'après cette inscription, notre plan aurait donc été dressé en 1548, ce qui est inadmissible. On y trouve, en effet, la tour de Billy, qui fut détruite par la foudre au mois de juillet 1538, et les portes de l'enceinte élevée par Philippe-Auguste, portes qui furent démolies entre 1529 et 1535; en revanche, on y voit mentionné le *Collegium regium* qui fut fondé en 1529. Il est donc probable que cette planche représente Paris vers 1530.

Elle mesure trente-neuf centimètres sur vingt-cinq et demi, et on lit en tête : Lutetia parisiorum urbs, toto orbe celeberrima notissimaque, caput regni Franciæ. En haut, à droite, trois fleurs de lys ornent une bannière qui flotte au-dessus de l'abbaye de Saint-Victor. A gauche, dans un cadre fort peu élégant, figurent, au nombre de sept, les *Nomina quorundam ædificiorum quæ suis quibusque locis spacii angustiam signari nequiverunt.*

Les inscriptions, d'ailleurs fort peu nombreuses, sont écrites tantôt en latin, tantôt en français. En voici la liste complète :

CITÉ.

Palatium regis.
Prætorium [1].

Sequana (fl.).
Summum templum [2].

RIVE GAUCHE.

Collegia [3].
Collegium regium.
S. Augustin [4].

S. Severin.
Sorbona.

---

[1] Le Parlement.
[2] L'église Notre-Dame.
[3] Inscription mise au centre de la place Maubert.
[4] Le Couvent des Grands-Augustins.

RIVE DROITE.

Arx Regis [1].
Arx valida [2].
Hospital [3].
Monasterium [4].
Rhodiani [5].
S. Crux [6].
S. Catarin.

S. Dionysii (Porta et via).
S. Gervasi [7].
S. Innocent.
S. Martin [8].
S. Martini (Porta et via).
S. Mary [9].

FAUBOURGS.

Carthusia [10].
Cordeliers [11].
Leprosorium [12].
Picardiam (Via ad) [13].
S. German [14].
S. Jacobi (suburbium).

S. Lorenz.
S. Marcean [15].
S. Médard.
S. Thome [16].
S. Victor.

---

[1] Le Louvre.
[2] La Bastille.
[3] Saint-Julien.
[4] Le Couvent des Célestins.
[5] Le Temple.
[6] Sainte-Croix de la Bretonnerie.
[7] L'église Saint-Gervais.
[8] L'abbaye Saint-Martin-des-Champs.
[9] Saint-Merri.
[10] Le couvent des Chartreux.
[11] Les Cordelières de la rue de Lourcine.
[12] Saint-Lazare.
[13] Le faubourg Saint-Denis.
[14] L'abbaye Saint-Germain-des-Prés.
[15] Saint-Marceau.
[16] L'abbaye Saint-Antoine.

PLAN DE G. BRAUN.

— 1530 —

C'est encore dans un ouvrage édité en Allemagne que figure le plan de Paris qui, d'après l'ordre chronologique, doit suivre celui de Sébastien Munster.

L'auteur, qui se nomme tantôt Georgius Bruin [1], tantôt Georges Braun [2], publia à Cologne en 1572 un travail intitulé *Civitates orbis terrarum,* qui fut fréquemment réimprimé. On y retrouve une grande partie des planches qui ornent la Cosmographie de Sébastien Munster; mais la plupart de celles qui concernent la France ont été refaites, et parmi elles le plan de Paris.

Celui-ci mesure quarante-huit centimètres sur trente-trois. Il est gravé avec soin et offre une vue très-exacte de la capitale.

---

[1] Édition de 1572.   [2] Édition latine sans date.

Quoique dressé vers 1570, il représente évidemment Paris tel qu'il était vers 1530. La tour de Billy renversée en 1538, les portes de l'enceinte élevée par Philippe-Auguste et qui disparurent entre 1529 et 1535 y figurent encore, ainsi que la grosse tour du Louvre dont François 1er ordonna la démolition en 1529, et la fausse porte Saint-Martin détruite en 1530.

En haut et à gauche de ce plan, un cartouche surmonté des armoiries de la ville renferme l'inscription suivante :

LUTETIA, *vulgari nomine Paris, urbs Galliæ maxima, Sequana navigabili flumine irrigatur, nobili gente, mercatorum frequentia, universitate excellenti, stupendi operis templo B. Mariæ, palatio Regio, aliisque præstantissimis ædificiis, tribunali æquissimorum judicum, et pulcherrimis epitaphiis, florentissima.*

En bas à gauche, on voit trois petits personnages, en costume de l'époque :

A droite, on lit ces quatorze vers :

> *Paris pour vray est la maison royalle*
> *Du dieu Phœbus en splendeur radiale,*
> *C'est Cyrrhea pleine de bons espritz,*
> *Trèsvigoureux, faisans divers escriptz,*

C'est Chrysea en metaulx habondante,
Grèce de pris en livres florissante,
Inde en estude, et en poetes Romme,
Athènes lors en maint trèssçavant homme,
Rozier mondain, baulme du firmament,
Universel, de Sidon l'ornement,
Très habondante en vivres et breuvaiges,
Riche en beaulx champs et fluvieux rivages,
Fécunde en vin, doulce en ses citoyens,
Fertile en bled et en maintz d'aultres biens.

Enfin, au verso du plan se trouve la notice suivante, que nous reproduisons d'après l'édition française de 1574[1] :

Paris, *ville capitale et Métropolitaine, du trèsfertile royaume de France, d'une grandeur incroyable, est préférée, non seulement à toutes les villes de la France, mais aussi aux plus grandes de toute l'Europe, en multitude de nobles et gentil-hommes, de marchands, bourgeoys, et estudians, magnificence d'édifices tant publiques que privez. Il se trouve par les histoires, qu'elle fut premièrement fondée par Paris, qui par succession descendit de Iaphet, fils de Noë, et fut le* XVIII. *Roy de la Gaule Celtique, duquel aussi elle prit son nom. Et, comme à son commencement les rues ne fussent encores pavées, la ville estant fréquentée de grande abondance de peuple, devint moult fangeuse, dont elle fut appellée* Lutesse, *c'est à dire, boueuse. Toutes foys, les autres estiment, qu'elle fut nommée* Lucesse, *à cause de la blancheur de ses murailles, car* λευκοτία *en grec, signifie blancheur en Françoys. Iulles César la rendit tellement augmentée d'édifices, et la munit si bien de fortes murailles, que Boëce, au livre de la discipline scholastique, la nomme cité de Iulles.*

La rivière de Seine, se partant en deux, divise ceste cité tant célèbre en troys parties : la première desquelles est l'Université ; l'autre, la cité ; la tierce est dicte la ville. Charles le grand, à la persuasion de Alcuin, son précepteur, y fonda l'Université, de celle qui estoit à Rome en l'an de nostre Seigneur 796, et l'orna magnifiquement de plusieurs beaux privilèges, prérogatives et immunitez. Aussi a elle tousiours esté comme le domicile des Muses, des disciplines libérales et de toute humanité, la source et fonteine de toutes sciences, la mère et nourrice des hommes doctes, et la pépinière de toute doctrine. Ceste Université est fondée sur quatre pilliers trèsfermes, c'est à sçavoir, la Théologie, Médecine, les Loix et la faculté des Arts : les premières desquelles ont un Doyen et deux Bedeaux ou

---

[1] Elle a été fort augmentée dans quelques éditions.

huissiers, et la dernière, qui est la faculté des arts, eslit tous les troys moys un Recteur, auquel toutes les autres obéissent, comme à leur souverain chef. En ceste Université sont assignez à quatre nations à chascune son patron, c'est à sçavoir : à celle de France, Picardie, Normandie et Alemaigne, et semblablement à la nation Angloise. L'Université contient XVII. *églises pour le service de Dieu,* XIIII. *monastères,* IIII. *hospitaux,* III. *chapelles,* XX. *colléges publics. Oultre ce, il y a encore* XXX. *colléges particuliers où sont entretenuz estudians en certain nombre, des fondations de riches personages.*

La cité est entre l'Université et la ville, à laquelle elle est jointe avecques troys ponts, et joint l'Université par le moyen de deux. Ces ponts resemblent plustost belles rues que ponts, à cause des édifices qui sont bastiz des deux costés d'iceux. En ceste partie de Paris est le palays Royal, iadis basti par Philippes le Bel, et en icelui la Saincte Chapelle, faicte par artifice admirable: pareillement, la grande Église nostre Dame, laquelle, à cause de sa belle et magnifique structure, grandeur et magnificence d'ornemens et images, est tenuë pour un miracle de la France. En faisant les fondemens du Palays, on y trouva un crocodile vif, la dispouille duquel se voit encores aujourdhuy en la grande sale du Palays. Les autres Églises de la Cité sont au nombre de XX, I. *hospital et* V. *chapelles.*

La troysième, qui est aussi la plus grande partie de Paris, a le nom de Ville, si peuplée et tant bien bastie, que celle partie seule se peut comparer aux plus grandes villes de la Gaule. Elle a XXXI. *églises,* X. *monastères,* IIII. *hospitaux,* VI. *chapelles.*

La pluspart des Églises, tant de la Cité que de l'Université et de la Ville, sont décorées de sépulcres et épitaphes des Princes et grands Seigneurs, et des Reliques des Saincts. Toutes lesquelles choses ont esté si diligemment spécifiées par Gilles Corrozet, au livre qu'il a escrit de ceste cité, que le lecteur studieux ne pourroit désirer plus ample déclaration. Paris a XIIII. *portes,* X. *fauxbourgs,* V. *ponts,* XIIII. *fonteines. Il y a si grand apport de toutes sortes de vivres en ceste ville, qui y arrivent de tous endroicts, qu'ils suffisent pour la nourriture et entretenement d'une infinité de peuple qui y est; tellement que les estrangiers se sont souvent esbahys de la grande abondance qu'il a de toutes choses nécessaires. Les fauxbourgs de Paris sont fort longs et bien larges, tellement que chascun d'iceux peut estre égallé aux bonnes villes de France.*

S. Denis, disciple de S. Paul, enseigna les Parisiens en la foy chrestienne, laquelle il maintint trèsconstamment, non de parolles seulement, mais par l'effusion de son sang. Car la cité arrousée du sang de ce personnage innocent, commança à produire les fruicts trèsdélectables de la foy. Pharamond, Roy de France, ayant embrassé la foy chrestienne, n'espargna point ses deniers pour décorer la ville de Paris de plusieurs belles et magnifiques Églises. Plusieurs ont escrit de la magnificence de Paris, et singulièrement Gilles Corrozet, dont nous avons touché ci dessus.

Voici les seules mentions écrites sur le plan de G. Braun :

CITÉ.

Jardin du Roy (le).
Nostre Da[me].
Ostel Dieu (l').
Palays du Roy (le).
Petit pont (le).
Pont au Change (le).
Pont au Muniers (le).

Pont Nostre-Dame (le).
Pont S. Michel (le).
Sainne (rivière de).
S. Denis de la Chartre.
S. Je[an] le ront.
S. Chappelle (la).

RIVE GAUCHE.

Augustins (les).
Collége de Cambray.
Collége de Navarre.
Cordeliers (les).
Ostel de Nelle (l').
Place Maubert (la).
Porte Bordelle.
Porte S. Germain.
Porte S. Iaques.

Porte S. Michel.
Porte S. Victor.
S. Andrieu des Arts.
S. Iaques (la grant rue).
S. Geneviefve.
Sorbonne (la).
Tavenelle (la) [1].
Tour de Nelle (la).

RIVE DROITE.

Bastille (la).
Célestins (les).
Chastelet (le).
Louvre (le chasteau du).
Ostel de Bret[agne] (l') [2].
Ostel de la Royne (l') [3].
Ostel de la Ville (l').
Pillory (le) [4].
Place de Grève (la).

Porte (faulce) [5].
Porte Montmarte [6].
Porte S. Anthoi[ne] (la).
Porte S. Denis.
Porte S. Honoré.
Porte S. Martin.
Porte du Temple.
S. Anthoine (la grant rue).
S. Denis (la grant rue).

---

[1] La porte de la Tournelle.
[2] L'hôtel de Bretagne, ancien hôtel du *Petit Musc* (Guillebert de Metz), à l'angle de la rue Saint-Antoine et de la rue du Petit-Musc, alors rue des Célestins.
[3] Dépendance de l'ancien hôtel Saint-Pol, sur les ruines duquel furent percées, vers 1550, les rues des Lions, de la Cerisaie et Beautreillis.
[4] Aux Halles.
[5] La porte Saint-Martin, située à la hauteur de la rue Grenier-Saint-Lazare, et démolie en 1530.
[6] *Sic.*

S. Eustace.
S. Germain Docerras ¹.
S. Gervais.
S. Honoré.
S. Honoré (la grant rue).
S. Innocent.
S. Jaques ².
S. Jean en Grève (l'église).
S. Julien (Spital).
S. Marri.
S. Martin ³.

S. Nicolas ⁴.
S. Pol ⁵.
S. Croice ⁶.
S. Katherin ⁷.
Sépulchre (le).
Tample (la grant rue du)
Temple (les S. du).
Tour de Billy (la).
Tour du Boys (la).
Tournelles (les).
Trinité (la).

FAUBOURGS.

Cordelières (les).
S. Anthoine ⁸.
S. Germain (la foire).
S. Germain des Prez.

S. Marceau.
S. Marceau (porte) ⁹.
S. Médart.
S. Victor.

---

¹ L'église Saint-Germain-l'Auxerrois.
² Saint-Jacques-la-Boucherie.
³ L'abbaye Saint-Martin-des-Champs.
⁴ Saint-Nicolas-des-Champs.
⁵ L'église Saint-Paul, dans la rue de ce nom.

⁶ Les chanoines de Sainte-Croix-de-la-Bretonnerie.
⁷ Sainte-Catherine-du-Val-des-Écoliers.
⁸ L'abbaye.
⁹ Située à l'extrémité du bourg Saint-Marceau.

PLAN DIT DE TAPISSERIE.

— 1540 —

Le nom sous lequel ce plan est encore aujourd'hui désigné rappelle son origine. On ignore, d'ailleurs, par les ordres de qui et en quelle année cette Tapisserie fut exécutée, l'examen attentif du plan qu'elle représentait peut seul faire déterminer approximativement sa date.

Ce précieux document était bien connu des écrivains du dix-septième siècle. Sauval, G. Brice, Félibien, et plus tard dom Bouquet et Bonamy le citent fréquemment et invoquent son témoignage. Sauval, qui écrivait vers 1690, nous apprend même qu'il « a vu cette tapisserie à l'hôtel de Guise », où elle était alors conservée.

Suivant Mauperché, elle figura, en 1737, dans la vente faite après le décès d'un sieur Morel, doyen des conseillers au Parlement de Paris, et la fille de ce magistrat la vendit, moyennant une somme de deux mille trois cent soixante livres, au prévôt des marchands et aux échevins de la Ville.

Pour de pareils acquéreurs, c'était payer bien cher une tapisserie dont la dimension, nous le verrons tout à l'heure, ne dépassait probablement pas cinq mètres sur quatre et demi. La municipalité de Paris semble, en effet, n'avoir guère compris l'importance historique de ce plan, puisqu'elle le laissa employer comme tapis de pied, le 21 janvier 1782, lors du bal qui fut donné à l'hôtel de ville pour célébrer la naissance du Dauphin. On le tendait aussi chaque année, le jour de la Fête-Dieu, devant la façade de la Ville, « toute la journée et le jour de l'octave jusqu'à midi ». Il ne put résister à de si dures épreuves. En 1787, il était « dans le plus grand délabrement », et l'auteur anonyme d'une lettre adressée, le 28 mai 1788, au *Journal de Paris* ajoute : « Hier, on n'a exposé que le morceau le moins endommagé. »

Depuis ce moment, on perd les traces de ce précieux tapis, sacrifié par l'impardonnable incurie de la municipalité. M. Mauperché et plus récemment M. Bonnardot ont fait de vains efforts pour en retrouver au moins quelques fragments. Le premier, dont la véracité paraît d'ailleurs un peu suspecte, raconte que, s'étant adressé au fils du tapissier qui était chargé, avant la Révolution, des fournitures de la Ville, celui-ci lui répondit que, « vu l'état de pourriture de la Tapisserie, il l'avait jetée dans le ruisseau ».

Heureusement il en existait deux copies.

Roger de Gaignères, archéologue éclairé et passionné collectionneur, qui fut pendant quelque temps attaché à la maison de Guise, avait eu de fréquentes occasions d'étudier la remarquable tapisserie que possédait alors cette famille; vers 1690, il en fit exécuter un dessin, qui est aujourd'hui à la Bibliothèque nationale, et que nous analysons plus loin.

La seconde copie était conservée au dépôt des plans de la préfecture de la Seine. C'était une immense gouache, composée de neuf morceaux d'inégale grandeur et qui, réunis, formaient une surface d'environ cinq mètres quatorze centimètres sur quatre mètres quarante-deux centimètres ; il est donc permis de supposer que cette copie reproduisait les dimensions de l'original. M. Bonnardot avait d'abord été tenté de la regarder « comme le dessin même ou *carton* qui avait servi à confectionner la Tapisserie » ; un examen plus attentif le détrompa et le convainquit que cette copie datait seulement du dix-septième siècle. Mais elle avait subi, au dix-huitième, des retouches très-nombreuses, exécutées sans aucune intelligence du sujet, et qu'il était parfois assez difficile de distinguer du tracé primitif. En outre, les noms des rues, laissés presque tous en blanc par le premier dessinateur, avaient été ajoutés beaucoup plus tard, et très-maladroitement. Ce précieux document fut brûlé pendant l'insurrection de 1871 ; mais le service historique de la ville de Paris l'avait heureusement fait photographier, et les clichés ont pu être sauvés.

Le petit dessin exécuté par M. de Gaignères est donc encore la représentation la plus exacte de la Tapisserie, et l'on peut hardiment avancer que, de tous les plans de Paris, celui-ci est le plus rare. C'est aussi le plus ancien, de ceux du moins qui indiquent les noms des rues.

Ce dessin si précieux, a cinquante-huit centimètres du nord au sud, et quarante-cinq et demi de l'est à l'ouest. Comme sur tous les plans de cette époque, et contrairement aux habitudes actuelles, il est orienté de telle manière que l'on se trouve avoir l'est en face de soi et le nord à gauche. Le champ, un peu plus grand en tous sens que celui du plan de Braun, s'étend à l'est jusqu'à l'abbaye Saint-Antoine des champs (*ab. S^t anthoine*), au nord jusqu'à l'église Saint-Laurent (*S^t lorents*) et le couvent de Saint-Lazare (*S^t-ladre*), à l'ouest jusqu'à la Ville-l'Évêque, au sud jusqu'au moulin des Gobelins et le couvent des Cordelières. C'est à peu près l'espace aujourd'hui compris entre la rue de Chaligny, l'impasse Delaunay, la rue Saint-Maur, la place de Strasbourg, la rue de Chabrol, la rue Saint-Lazare, la rue d'Anjou-Saint-Honoré, le milieu du jardin du Luxembourg, la rue des Ursulines et la rue Poliveau. Mais, en dehors de l'enceinte de Charles VI sur la rive droite et de l'enceinte de Philippe-Auguste sur la rive gauche, on ne rencontre guère de maisons qu'à l'extrémité des rues principales, où commencent à se former les faubourgs Saint-Antoine, du Temple (alors *la Courtille*), Saint-Martin (alors *S*t *lorents*), Saint-Denis, Saint-Honoré, Saint-Germain (déjà très-étendu), Saint-Michel, Saint-Jacques, Saint-Marceau et Saint-Victor.

En haut du plan figurent deux écussons, où l'on voit, à droite les armes de la ville de Paris : *de gueules à un navire fretté et voilé d'argent, flottant sur des ondes de même, au chef semé de France,*

et à gauche les armes de France : *d'azur à trois fleurs de lys d'or,* entourées du collier de Saint-Michel. Au-dessous, deux autres écussons, placés au milieu d'une large guirlande de feuillage, renferment les armoiries du cardinal Charles de Bourbon : *de France au bâton de gueules et surmonté d'une croix.*

Au bas du plan sont trois grands cartouches rectangulaires où devraient se lire des inscriptions; faute de place sans doute, on les a laissés en blanc, et elles ont été transcrites à part, sur une feuille qui est jointe au plan. Elles sont en petites capitales, et, de distance en distance, des Z allongés et barrés apparaissent entre les mots où ils remplacent la copulative ET.

L'inscription de gauche était ainsi conçue :

PARIS LA TRES FAMEVSE, VILLE SOVRCE DE SCIENCE, SEJOVR ROYAL, ET CITÉ CAPITALLE DV ROYAVME DE FRANCE, SITVÉE SVR LA RIVIERE DE SEINE, FVT

PREMIEREMENT HABITÉE Z FONDÉE, SELON JEHAN ANNIVS DE VITERBE, PAR VNG NOM̄E PARIS, QVI FVT FILZ DE ROMVS DESCENDV DE IAPHET VENV DE NOEL, LEQVEL PARIS FVT XVIII° ROY DE LA GAVLE CELTIQVE, Z COM̄ENÇA Â REGNER EN LA CREATION DV MONDE TROIS MIL VII.C.IIII.XX.ET SIX ANS, SELON MANETHON D'EGIPTE ET EVSEBE, OV DEPVIS LE DELVGE, VIII.CENS.IIII.XX.XIIII.ANS. ET DEVANT LINCARNATION DE IESV-CRIST MIL IIII°.TREZE ANS. Z FVT APPELLÉE LVTESSE A CAVSE DES BOVES QVI DESCENDOIENT DV MONT QVE LON DIT A PRESENT SAINCTE GENEVIEFVE, AVSSY QVE ALORS LON NEVSOIT DE PAVÉ EN TELLE ORDRE. LES ROYS ET PRINÇE ESTOYENT PAYENS Z YDOLATRES ET TOVS LES HABITANTS, ET REGNERENT LŌGTEMPS EN TELLE LOY, DEPVIS FVT APPELLÉE PARIS A CAVSE PEVLT ET EN MEMOIRE DVDIT PARIS DESSVS NOM̄MÉ. LORS COM̄ENÇA FOR A PEVPLER ET CROISTRE LA VILLE. TĀTOST APRES LA MORT DE IESV-CRIST, VEINT SAINCT DENIS D'ATHENES QVE S^t POL FEIT CRESTIEN ET FVT EVESQVE A ROME, LEQVEL PRESCHA LA FOY CRESTIENE, PARQVOY FVT DECAPITÉ AV MONTMATRE PAR LE PREVOST FESCENIVS SOVBZ DOMICIAN LORS EMPEREVX ROM̄AIN, ET DESLORS LES CRESTIENS COM̄ENCERENT FORT Â REGNER ET AVGMENTA LA FOY DEDANS PARIS. ET FVT FAMEVSE PAR LES ROYS CRESTIENS DŌT LE PREMIER FVT PHARAMONT, ET DEPVIS LES ROYS FEIRENT CŌSTRVIRE LES EGLISES ET PREMIER St ESTIENNE DES GREZ, APRES LES AVTRES FVRENT FAICTES, COM̄E N̄RE DAME DE PARIS, ET LA Ste CHAPPELLE EN LAQVELLE Y A DE PRECIEVSES RELIQVES, CEST SÇAVOIR LA COVRON̄E DESPINE, DE LA VRAYE CROIX GRAND QVANTITÉ, LE FER DE LA LANÇE, VN CLOV, ET AVTRES, QVE LE ROY St LOYS APPORTA. Z PARAVANT LES ROYS Z PRINCES CRESTIENS VINDRENT HABITER Z Y ONT FONDÉ GRANDS PALAIS ET MAISONS ET ENTRE AVTRES LE PALAIS, QVI EST GRAND Z SV̄PTVEVSE CHOSE A VEOIR, Z TANS DAVLTRES BEAVLX HOSTELS COM̄E LON PEVT VEOIR, PVIS IL Y A L'VNIVERSITÉ QVI EST VNG TRESOR CRESTIEN, ET LA Ste FACVLTÉ DE THEOLOGIE, CŌSEQVTIVEMĒT LES SEPT ARS LIBERAVLX, PARQVOY TOVTES NATIŌS CRESTIENES Y VIEN̄ET POVR ESTVDIER EN NŌBRE INFINY Z PLVS HABŌDAMENT QV'EN TOVT LE MONDE, PVIS Y EST LE SIEGE ROYAL AVDIT PALAIS, QVI EST EXCELLĒTE A VOIR TĀT DE MONDE. IE TAIS LA GRANDE HABŌDANCE DE VIVRES QVI Y VIEÑET AFFLVER, Z LES BIENS Z LES GENS QVI Y SŌT Z TOVS LES JOVRS Y ARRIVĒT, PARQVOY EST DIGNE DESTRE EN POVRTRAICTVRE COMME APPERT QVI A ESTÉ VNE GRĀDE ENTREPRISE AVX MAISTRES, COM̄E POVEZ VEOIR PAR LAVLTRE TABLEAV.

Le cartouche du milieu renfermait les vers suivants, écrits sur deux colonnes :

VILLE D'HONEVR OV TOVS BIĒS SŌT CŌPRINS,
DIGNE DAVOIR TILTRE DE PRECELLENCE,
POLICE EN TOY A LŌGTEMPS SŌ DROICT PRINS,
POVR METTRE SVS BOVRGEOIS PAR EXCELLĒCE

PLAN DIT DE TAPISSERIE.

TU ES GARNIE ET TIENS SOUBZ TA PUISSĀCE
CE QVE NATVRE APRES DIEU PEVLT POVR VEOIR.
PARIS TE FEIST CŌSTRVIRE A SA PLAISANCE,
PARQVOY TOVT OEIL A DESIR DE TE VEOIR.
CITÉ DE PAIX, VRAY REPOS DE JVSTICE,
ISLE AYANT PORT DE CONSOLATION,
SEJOVR ROYAL A TOVS HVMAINS PROPICE,
LIEV OV FAVEVR NA JVRIDICTION,
POVRPRIS TRES SAINCT DONT LŌT FAICT MĒTION
EN PLVSIEVRS PAIS POVR LES SAINCTES RELIQVES
QVI TEMOIGNENT ÑRE REDEMPTION
COMME LON SÇAIT PAR LIVRES AVTĒTIQVES.
NE CHERCHEZ PLVS D'ATHENES LA CITÉ
POVR METTRE ERREVR EN ABISME PROFVNDE,
CEST A PARIS EN L'VNIVERSITÉ
QVE VRAYE FOY SON INTENTION FONDE.
NE RECLAMES ROME LE CHEF DV MONDE,
CAR BRVIT COMVN NE SY VEVLT OCCVPER,
DISANT TOVT HAVLT EN PAROLLE PROFVNDE
CE QVI EST VRAY (VIVE PARIS SANS PAIR).

PARIS ETHIMOLOGICE.

PARIS, PARFAICT, PROPICE, PLĀTVREVX,
AYANT ACCVEIL ATTRATIF, AMOVREVX,
REPOS REQVIS, REFVGE RECEPVABLE,
IOIGNANT EN SOY JVSTICE INESTIMABLE,
SECOVRS SOVBDAIN, SENTEMENT SAVOVREVX.

On lisait enfin dans le cartouche de droite :

POVR MIEVLX Z PLVS FACILEMĒT CŌGNOISTRE Z DONER A ENTĒDRE A TOVS CEVLX QVI ONT VEV Z NE IAMAIS VEIRĒT LA VILLE DE PARIS ET LA MAGNIFICĒSE DICELLE, Z COM̄E AINSY FVT PAR LE PRIVILEGE Z CŌGÉ DV ROY A NOVS DOÑE EN DESIR Z AFFECTION DE METTRE EN POVRTRAICTVRE Z EN PLATE FORME LAD^t VILLE PAR ART DE GEOMETRIE Z VRAYE MESVRE, SĀS VSER DE PERSPECTIVE QVE BIEN PEV A CAVSE QVE LE TOVT NE SE FVT VEV NE MŌSTRÉ COME IL FAICT, SY AVŌS CŌPASSÉ Z MESVRÉ DE CERTAIN LIEV EN CERTAIN LIEV Z BIEN NOTÉ AFFIN DE DONNER CLEREMĒT A ENTĒDRE LES LŌGVEVRS LARGEVRS Z CLOSTVRE

DICELLE, DONQ POVR CE FAIRE FAVLT NOTER CESTE PRESĒTE FIGVRE CY FIGVRÉE QVI EST REDVICTE DE MAJEVR A MINEVR, LAQVELLE A TROIS POVLCES DE LŌGT |==|==|==| ET VAVLT OV CONTIENT XXVII TOISES, DŌT CHACVNE TOISE Â VI. PIEDS DE LŌG Z CHACVN PIED A XII POVLCES, LE TOVT A LA MESVRE DE PARIS. NOTEZ QVE LA PLVS GRANDE PARTIE DVDICT Z TOVR DEPVIS LA TOVR DE BEILLY IVSQVE A LA TOVR DV BOIS iiii^{xx} XV. FOIS LA SVSD^t MESVRE, ET L'AVTRE PARTIE LVNIVERSITÉ QVI EST AVSSY DE LA VILLE A DE TOVR DEPVIS LA TOVRNEL IVSQVEZ A LA GROSSE TOVR PRES LHOSTEL DE NESLE LVII. FOIS LA SVSD^t MESVRE, ET LA RIVIÈRE DE SEINE A DE LARGEVR PAR HAVLT VIII. FOIS LA SVSD^t MESVRE ET PAR ICELLE MESME MESVRE V^e SVR LE BAS QVI EST POVR LA MESVRE TOTALE TANT DE LA VILLE CITÉ VNIVERSITÉ ET RIVIÈRE C.LX.V. FOIS, ET PAR ICELLE MESVRE POVEZ SCAVOIR LA LŌGEVR Z LA LARGEVR DE CE QVI SAPPELLE CITÉ OV ISLE. EN LAQVELLE ISLE SŌT MIS PLVS^{rs} SVPTVEVX EDIFICES COME LA GRĀDE ESGLISE ÑRE DAME, LE PALAIS Z Ste CHAPPELLE, QVI EST TRES DIGNE CHOSE, LHOSTEL DIEV Z PLVS^{rs} ESGLISES. LAQVELLE ISLE OV CITÉ EST SITVÉE AV MILIEV DES DEVX SVSD^{te} PARTIE ĒVIRONÉE DE LA D^{te} RIVIÈRE OV FLEVVE DE SEINE, ET Y SŌT TOVTES LES RVES SĀS FAILLIR ET TOVTES LES ESGLISES BIEN NŌBRÉES Z NŌMÉES. MAIS IL Y A PLVS DE MAISONS EN LAD^{te} VILLE QVE CE POVRTRAICT, A CAVSE QVE LA MESVRE DESSVS DICTE EST TROP PETITE, PARQVOY NAVONS PEV FAIRE LE TOVT DES MAISŌS LESQVELLES EVSSENT ESTÉ TROP PETITES Z QVASI INCONGNVES. OR EST AINSY QVE DEDĀS LADICTE VILLE CITÉ Z VNIVERSITÉ Y A PLVS^{rs} ESGLISES COLLEGIALLES, PAROISSES, CHAPPELLES RELIGIŌS Z COVVĒTS TĀS DHOMES QVE DE FEMES, Z PO^r MIEVLX LE TOVT COGNOISTRE AVONS FAIT MARQVÉ A VNG CHACV ET PREMIER POVR LES ESGLISES PRÉBĒDÉEZ Z LES ESGLISES PAROCHIALLES Z LES RELIGIŌS DHOMES Z RELIGIŌS DE FEMES Z LES COLLEGES Z LES CHAPPELLES Z LES QVATTRES MÉDIANS, LES HOSTELZ DES PRINCES, PRELATZ, PONTZ, Z ISLES SONT NOMÉES CHACVN EN SON LIEV, ET LE TOVT SĀS AVOIR RIEN OBMIS.

Le plan est colorié, sans beaucoup de soin d'ailleurs, et les mentions sont inscrites sur des banderolles qui flottent avec fort peu de grâce. La lettre **L** précédant un nom désigne toujours un hôtel, un *logis,* comme on disait alors; la lettre **C** indique un collége.

Le mur d'enceinte de Philippe-Auguste présente, sur la rive gauche, une ligne non interrompue de fortifications. Il est flanqué de tours rondes, qui sont couronnées d'une simple plate-forme, depuis la Tournelle jusqu'à la porte Saint-Jacques; de cette porte à la tour de Nesle, elles sont tantôt recouvertes d'une plate-forme, tantôt coiffées d'un toit conique.

Sur la rive droite, plusieurs portions de cette enceinte sont encore visibles, et émergent au milieu des maisons. On la retrouve d'abord, flanquée de cinq tours, entre la *tour qui fait le coin* et la rue Neuve-des-Petits-Champs; une autre tour apparaît sur la lisière de la rue de Grenelle, à côté du couvent des *Filles repenties;* quatre autres tours figurent de la rue Coquillière à la rue Montorgueil. Le mur d'enceinte se montre de nouveau à partir de la rue Saint-Denis, et l'on compte cinq tours jusqu'à la rue Saint-Martin. A la rue Vieille-du-Temple commence la partie la mieux conservée qui, flanquée de six tours à toits pointus, court sans interruption jusqu'au-dessous du couvent de Sainte-Catherine.

L'enceinte de Charles V est complète. Elle est armée de petites bastides en forme de carrés longs, recouvertes d'un toit double en pente.

Les bords de la Seine sont défendus, à l'est, depuis la tour de Billy jusqu'aux Célestins, par un mur garni de sept tours rondes; à l'ouest, de la *tour qui fait le coin* à la *tour du Bois*, règne une muraille qui semble moins bien conservée que la précédente et qui relie entre elles sept grosses tours.

Il est impossible de déterminer d'une manière rigoureuse la date des anciens plans de Paris. Celle de 1540, qui a été proposée pour le plan de Tapisserie, nous paraît donc acceptable, mais non indiscutable.

Les arguments que l'on peut faire valoir en sa faveur sont ceux-ci. Notre plan ne reproduit plus aucune des portes de l'enceinte de Philippe-Auguste sur la rive droite, portes qui furent détruites entre 1530 et 1535; il signale les *hôtels de Flandres, de la Reine et de Bourgogne,* dont la démolition fut ordonnée en 1543; enfin l'on n'y trouve point encore — quoi qu'en dise M. Bonnardot — les rues *Beautreillis, des Lions et de la Cerisaie,* qui furent ouvertes vers 1550.

Mais deux faits permettraient d'attribuer à ce plan une date antérieure : on y voit la grosse *tour du Louvre,* qui fut rasée en 1529, et la *tour de Billy*, que la foudre anéantit en 1538.

On ne manquerait également pas de bonnes raisons, si l'on voulait établir que notre plan est postérieur à 1540. Il indique, en effet, la *rue Françoise,* qui ne fut percée qu'en 1543, et même le *collège des Grassins,* dont la fondation remonte seulement à l'année 1561. De plus, le cardinal Charles de Bourbon, dont les armes figurent deux fois en tête du plan, fut gouverneur de Paris en 1551 et en 1557.

Ces contradictions sont absolument insolubles, car elles nous amènent à cette conclusion, en prenant les deux dates extrêmes, que la Tapisserie n'aurait pu être exécutée ni après 1529, ni avant 1569. Acceptons donc, comme terme moyen, la date de 1540, et justifions-la par ces paroles très-sages de M. Bonnardot : « Il faut absolument, pour assigner aux vieux plans de Paris une date approximative, s'habituer aux anachronismes de lieux qu'ils renferment; on y voit toujours subsister quelques localités effacées du sol antérieurement à leur date d'exécution, et souvent quelques autres tracées par anticipation. »

NOMENCLATURE.

CITÉ ET COURS DE LA SEINE.

Batiller (R. la) [1].
Canetes (R. des) [2].
Comptes (Chambre des) [3].
Evesché (l') [4].
Gastine (R.) [5].
Gervais Laurant (R.) [6].

---

[1] Commence rue de la *Vielle Draperie,* et finit au *Pont St Michel.* — Devenue rue de la Barillerie.

[2] Commence dans la rue Saint-Christophe, qui n'est pas nommée, et finit *R.* de la *Licorne.*

[3] A l'Est du *Palais.*

[4] Au Sud de l'église *Nostre Dame.* — On n'y voit qu'une seule cour, erreur corrigée vingt ans plus tard sur le plan de Ducerceau.

[5] Commence à la Seine, et finit *R. St Piere aux bœuf.* — Devenue rue Glatigny.

[6] Commence *R.* de la *Vielle pelterie,* et finit rue de la *Vielle Draperie.* — Elle commençait déjà rue de la Lanterne; il y a donc ici une erreur.

PLAN DIT DE TAPISSERIE.

Hôtel-Dieu (l') [1].
Isle Louviers [2].
Isle Notre dame (l') [3].
Isle aux Vaches [4].
Juiferie (R. de la) [5].
Kalandre (R. la) [6].
Licorne (R.) [7].
Lieutenant (Maison du) [8].
Magdelaine (la) [9].
Marmouz. (R.) [10].
Neuve (R.) [11].

Nostre Dame [12].
Palais (le) [13].
Petit Pont [14].
Pont aux Changes [15].
Pont au Meuniers (le) [16].
Pont Nre Dame [17].
Pont St Michel (le) [18].
Por. St Landry [19].
Roy (Gerdains du) [20].
St Berthelmy [21].
St Cristofle [22].

---

[1] Sur le Parvis Notre-Dame.

[2] Elle est entièrement boisée, et au milieu se trouvent deux petites maisons.

[3] Elle semble couverte de pâturages, et quelques arbres sont disséminés sur ses bords. Il n'y a pas trace de la tour Loriaux.

[4] Elle paraît couverte de pâturages, et l'on y voit une petite maison et trois arbres.

[5] Commence R. *Marmouz.* (rue des Marmousets), et finit dans une rue non nommée qui est la rue Saint-Christophe. — C'est dans cette rue que se trouvait le célèbre cabaret de *la pomme de pin*.

[6] Commence rue du Marché-Palu, qui n'est pas nommée, et finit R. *la Batiller* (rue de la Barillerie).

[7] Commence R. *Marmouz.* (rue des Marmousets), et finit dans la rue Saint-Christophe qui n'est pas nommée. — Elle a disparu en 1866.

[8] Au coin de la R. *Gastine* (rue Glatigny) et de la Seine. — C'était peut-être la demeure du fonctionnaire chargé de surveiller le port Saint-Landry.

[9] Dans la R. *de la Juiferie.*

[10] Commence R. *St Piere aux Beuf*, et finit R. *de la Juiferie.* — C'est la rue des Marmousets, mais elle est ici mal placée et mal dirigée.

[11] Il est difficile de déterminer ici son étendue. Elle commence soit au parvis Notre-Dame, soit R. *St Piere aux Beuf*, et finit soit rue du Marché-Palu, soit R. *de la Juiferie.* — C'était la rue Neuve-Notre-Dame.

[12] Dans la Cité.

[13] Dans la rue Saint-Barthélemy et dans la R. *la Batiller* (rue de la Barillerie).

[14] Commence rue du Marché-Palu (non nommée), et finit au *petit Châtelet.* — Il devrait avoir trois arches seulement, et non cinq.

[15] Commence au Grand *Châtelet*, et finit à la rue Saint-Barthélemy, qui n'est pas nommée.

[16] Commence au Grand *Châtelet*, et finit devant le *Palais.* — Il est en bois et couvert de maisons.

[17] Commence rue Planche-Mibray, et finit rue de la Lanterne, toutes deux non nommées. — Les moulins dits de Mibrai, qui se trouvaient en amont de ce pont, sont représentés par trois tourelles placées au milieu du fleuve.

[18] Commence R. *la Batiller* (rue de la Barillerie), et finit rue de la Vieille-Bouclerie qui n'est pas nommée.

[19] Le port Saint-Landry, sur la rive septentrionale de la Cité. — Il est figuré par trois bateaux attachés au rivage.

[20] Derrière le *Palais*, à l'extrémité occidentale de la Cité.

[21] L'église Saint-Barthélemy, dans la rue de ce nom, qui est indiquée mais non nommée.

[22] Dans la rue Saint-Christophe, qui n'est pas nommée.

St Denis [1].
St Denis du pas [2].
St Eloy [3].
St Germain le vieulx [4].
St Landry [5].
St Martial [6].
St Michel [7].
St Piere aux Beuf (R.) [8].
St Pierre des Assis [9].

St Siforien [10].
Ste Chapelle (la) [11].
St Croix [12].
St Geneviefve [13].
St Marie [14].
Savaterie (R.) [15].
Terrin (le) [16].
Vielle Draperie [17].
Vielle Pelterie (R.) [18].

RIVE GAUCHE.

Alebret (C.) [19].
Anglois (R. des) [20].
Anville (C. d') [21].

Aras (R. d') [22].
Augustins (les) [23].
Augustins (R. des) [24].

---

[1] L'église Saint-Denis de la Chartre, située à l'angle de deux rues non nommées : la rue de la Lanterne et la rue du Haut-Moulin.

[2] Église située au chevet de l'église *Nostre dame*.

[3] Dans la *R. de la Savaterie*. — Devenue l'église des Barnabites.

[4] Dans la *R. de la Kalandre*. — Cette église avait été agrandie en 1458.

[5] Cette église était située plus à l'est.

[6] Dans la *R. de la Savaterie*, devenue rue Saint-Éloi.

[7] La chapelle Saint-Michel, dans la *R. la Batiller* (rue de la Barillerie).

[8] Commence *R. Gastine* (rue Glatigny), et semble finir *R. Neuve* Notre-Dame. — Comprise auj. dans la rue d'Arcole.

[9] Dans la rue de la *Vielle Draperie*.

[10] L'église Saint-Symphorien, à l'angle de deux rues non nommées, la rue de la Lanterne et la rue du Haut-Moulin.

[11] Dans l'enceinte du *Palais*.

[12] A l'angle de la rue Sainte-Croix, qui n'est pas nommée, et de la rue de la *Vielle Draperie*. — Cette église venait (1529), d'être reconstruite. Corrozet la nomme Saincte Croix en la Drapperie.

[13] L'église Sainte Geneviève-des-Ardents, dans la *R. Neuve* Notre-Dame.

[14] L'église Sainte-Marine, auprès de l'église *Nostre Dame* dans la Cité.

[15] Commence rue de la *Vielle Draperie*, et finit *R. la Kalandre*.

[16] A l'extrémité orientale de la Cité. — Il avance beaucoup trop sur la rivière.

[17] Commence *R. de la Juiferie*, et finit dans une rue non nommée, qui était la rue Saint-Barthélemy. — Auj. comprise dans la rue de Constantine.

[18] Commence rue de la Lanterne, et finit rue Saint-Barthélemy, toutes deux non nommées.

[19] Dans la *Rue des 7 Voyes*. — C'est la cour, le collége ou l'hôtel d'Albret.

[20] Commence *R. Galande*, et finit *R. des Noiers* (boulevard Saint-Germain).

[21] Le collége de Dainville, à l'angle de *la Grande rue de la Harpe* et de la *R. P. Sarazin*.

[22] Commence *R. St Victor*, et finit au *Champ Gaillar* (devenu rue Clopin). — C'est la rue d'Arras actuelle.

[23] A l'angle formé par le quai et la *rue des Grands Augustins*.

[24] Commence sur le quai des Augustins, qui n'est pas nommé, et finit *R. St Andri des Arts*. — Auj. rue des Grands-Augustins.

Aultun (C. d') [1].	Bordelle (R.) [12].
Ave M. (l') [2].	Bourgogne (C. de) [13].
Barré (R.) [3].	Bucherie (R. de la) [14].
Bastonier (R. du) [4].	Calvy (C.) [15].
Bayeux (C.) [5].	Cambray (C.) [16].
Bernardins [6].	Cardinal Le Moine (C.) [17].
Bernardins (R. des) [7].	Carmes [18].
Bièvre (R. de) [8].	Carmes (R. des) [19].
Bon Puis (R. du) [9].	Champ Gaillard (le) [20].
Boncour (C.) [10].	Chap (C. la) [21].
Bons Enfans (les) [11].	Châtelet (Petit) [22].

---

[1] *R. St Andri des Arts.* — C'est le collége d'Autun.

[2] Le collége de Hubant ou de l'Ave Maria, sur la place Sainte-Geneviève, qui n'est pas nommée.

[3] Commence sur le quai des Augustins, et finit *R. St Andri des Arts.* — Ce ne peut être que l'ancienne rue Pavée-Saint-André, devenue auj. rue Séguier, mais aucun autre plan ne lui donne ce nom de rue Barré.

[4] Commence sur le quai, à l'extrémité d'une rue non nommée qui était la rue du Hurepoix, et finit *R. St Andri des Arts.* — C'est la rue Gît-le-Cœur actuelle ; mais il faut certainement changer l'n en u, et retrouver ici, un peu corrompu, le nom de R. du Batouer que lui donnent Truschet et Ducerceau.

[5] Le collége de Bayeux, dans *la grande rue de la Harpe.*

[6] Dans la *R. des Bernardins.*

[7] Commence dans une rue non nommée, qui est la rue des Grands-Degrés, et finit *R. St Victor.*

[8] Commence dans une rue non nommée, qui est la rue des Grands-Degrés, et finit *Place Mauber*, à l'extrémité de la *R. St Victor.*

[9] Commence *R. St Victor*, et finit *R. Travercine.* — Toute sa partie sud a été emportée par la rue Monge.

[10] Le collége de Boncourt, dans la *R. Bordelle*, auj. rue Descartes.

[11] Dans la *R. St Victor*, près du mur d'enceinte. — Collége devenu en 1624 le séminaire Saint-Firmin.

[12] Commence à une rue non nommée, qui est la rue des Prêtres-Saint-Étienne-du-Mont, et finit à la *Porte Bordelle.* — C'est, depuis 1813, la rue Descartes.

[13] Dans la *R. des Cordeliers* (auj. rue de l'École-de-Médecine). — C'est sur l'emplacement de ce collége que s'élève l'École de Médecine actuelle.

[14] Commence au *Pavé* (auj. rue du Haut-Pavé), et finit dans une rue non nommée, qui était la rue du Petit-Pont.

[15] Le collége de Calvi, dans la *R. des Poirées*, auj. rue Gerson.

[16] Le collége de Cambrai, dans la *R. St Jan de Latran.*

[17] Le collége du cardinal Lemoine, dans la *R. St Victor*, au-dessous du collége des *Bons Enfans.*

[18] Dans la *R. des Carmes.*

[19] Commence *R. des Noiers* (auj. boulevard Saint-Germain), et finit à une rue non nommée qui est la rue Saint-Hilaire.

[20] Commence *R. d'Aras*, et finit *R. Bordelle* (auj. rue Descartes). — Devenu rue Clopin.

[21] Entre la rue du Jardinet et la rue du Battoir, toutes deux non nommées. — On ne peut avoir voulu désigner ici que le collége de Mignon, devenu en 1584 collége de Grandmont; la situation des bâtiments ne laisse aucun doute à cet égard.

[22] A l'extrémité méridionale du Petit-Pont. — Nous avons complété l'inscription, qui est ainsi conçue : *Petit Chlet*

Chenac (C.) [1].
Choletz (C.) [2].
Choletz (R. des) [3].
Cimetière (R. du) [4].
Cimetière (R. du) [5].
Clérieux (L. de) [6].
Clos Brune (le) [7].
Clugny (C. de) [8].
Cluny (L. de) [9].
Cordeliers (les) [10].
Cordeliers (R. des) [11].

Cordier (R. des) [12].
Escosse (R. d') [13].
Foin (R. du) [14].
Forteret (C.) [15].
Fouare (R. du) [16].
Galande (R.) [17].
Grand decret (Le) [18].
Grass. (C. des) [19].
Harcourt (C.) [20].
Harcourt (L. de) [21].
Harpe (la Grande rue de la) [22].

---

[1] Le collége de Chanac, entre la *R. de Bièvre* et la *R. Perdue* (auj. rue Maître-Albert).

[2] Le collége des Cholets, dans la rue de ce nom.

[3] Commence à une rue non nommée, qui est la rue de Reims, et finit au mur d'enceinte. Mais c'est là une erreur, car elle s'arrêtait à la rue Saint-Étienne-des-Grés, auj. rue Cujas.

[4] Commence *R. St Jean de Beauvais*, et finit *Grande rue de St Jacques*. — Devenue rue du Cimetière-Saint-Benoît.

[5] Commence *R. Hautefeuille*, et finit *R. Lesperon* (rue de l'Éperon). — C'est la rue du Cimetière-Saint-André, devenue en 1844 rue Suger.

[6] Entre la *R. des Augustins* et la *R. Barré* (auj. rue Séguier). — Ducerceau écrit « l'ostel de Rieulx »; il fut surtout célèbre sous le nom d'hôtel d'Hercule.

[7] Le clos Bruneau désignait encore plutôt un quartier qu'une voie déterminée. Le plan de Ducerceau, plus clair que le nôtre, place ces mots au milieu du carrefour formé par les rues Saint-Jean-de-Beauvais, Saint-Jean-de-Latran, Fromentel, Charretière et Saint-Hilaire.

[8] Le collége de Cluni, à l'angle de la *R. des Poirez* et de *la Grande rue de la Harpe*.

[9] L'hôtel de Cluni, dans la *R. des Maturins*.

[10] Dans la *R. des Cordeliers* (auj. rue de l'École-de-Médecine.

[11] Commence *Grande rue de la Harpe*, et finit *Porte St Germain*. — C'est auj. la rue de l'École-de-Médecine.

[12] Commence *Grande rue de St Jacques*, et finit dans la rue de Cluni, qui n'est pas nommée.

[13] Commence dans une rue non nommée qui est la rue Saint-Hilaire, et semble finir dans la rue de Reims qui n'est pas nommée non plus.

[14] Commence *Grande rue de St Jacques*, et finit *Grande rue de la Harpe*. — Elle a disparu lors du percement du boulevard Saint-Germain.

[15] Le collége de Fortet, dans la *R. des 7 Voyes*.

[16] Commence *R. de la Bucherie*, et finit *R. Galande*.

[17] Commence *Place Mauber*, et finit *Grande rue de St Jacques*.

[18] L'école de droit, dans la *R. St Jean de Beauvais*.

[19] Dans une rue non nommée qui était alors la rue des Amandiers, et est aujourd'hui la rue Laplace. — On ne peut avoir voulu indiquer ici que le collége des Grassins, mais celui-ci ne fut installé qu'entre 1571 et 1574. Voy. ci-dessus la notice.

[20] Le collége d'Harcourt, à droite de la *la Grande rue de la Harpe*.

[21] L'hôtel d'Harcourt, dans une rue non nommée qui est la rue des Maçons.

[22] Commence à une rue non nommée qui était alors la rue de la Vieille-Bouclerie (auj. place du pont Saint-Michel), et finit à la *Porte St Michel*.

Hautefeuille (R.) [1].
Huchet (R. de la) [2].
Jacobins (les) [3].
Justice (C.) [4].
Laon (C.) [5].
Lavandière (R.) [6].
Lesperon (R.) [7].
Lombars (C.) [8].
Lorraine (L. de) [9].
Mᵉ Gervois (C.) [10].
Marche (C. la) [11].

Marmoustier (C.) [12].
Mascon (R.) [13].
Maturins (les) [14].
Maturins (R. des) [15].
Mauber (Place) [16].
Montaigu (C.) [17].
Murier (R. du) [18].
Narbone (C.) [19].
Navarre (C.) [20].
Nelle (L'hostel de) [21].
Nesle (Tour de) [22].

---

[1] Commence *R. Sᵗ Andri des Arts*, et finit *R. des Cordeliers* (auj. rue de l'École-de-Médecine.)

[2] Commence dans une rue non nommée qui est la rue du Petit-Pont, et finit dans une rue qui était alors la rue de la Vieille-Bouclerie et est aujourd'hui le commencement du boulevard Saint-Michel.

[3] Au coin de la *Grande rue de Sᵗ Jacques* et de la *R. des Cordier*.

[4] Le collége de Justice, dans *la Grande rue de la Harpe* (auj. boulevard Saint-Michel.)

[5] Le collége de Laon, sur le *Mont Sᵗᵉ Geneviefve*, auj. rue de la Montagne-Sainte-Geneviève.

[6] Commence *Place Mauber*, et finit *R. des Noiers* (auj. boulevard Saint-Germain).

[7] Commence *R. Sᵗ Andri des Arts*, et finit à une rue non nommée qui est la rue du Jardinet. — C'est la rue de l'Éperon.

[8] Le collége des Lombards, dans la *R. des Carmes*.

[9] A l'angle de la *R. des Bernardins* et d'une rue non nommée qui est la rue des Grands-Degrés. — Ce fut d'abord l'hôtel de Tiron.

[10] Le collége de Maître-Gervais, dans la *R. du Foin*.

[11] Le collége de la Marche, sur le *Mont Sᵗᵉ Geneviefve* (auj. rue de la Montagne-Sainte-Geneviève.)

[12] Le collége de Marmoutiers, dans la *Grande rue de Sᵗ Jacques*.

[13] Commence *R. Sᵗ Andri des Arts*, et finit dans une rue non nommée qui était alors la rue de la Vieille-Bouclerie, et est auj. le commencement du boulevard Saint-Michel. — Ce qui reste de la rue Mâcon sert auj. de continuation à la rue Saint-Séverin.

[14] Dans la *R. des Maturins*.

[15] Commence *grande rue de Sᵗ Jacques*, et finit *grande rue de la Harpe*.

[16] A la rencontre des rues *Sᵗ Victor, Mont Sᵗᵉ Geneviefve* (auj. rue de la Montagne Sainte-Geneviève), *des Noiers* (auj. boulevard Saint-Germain), *Galande, le Pavé* (auj. rue du Haut-Pavé), *Perdue* (auj. rue Maître-Albert) et *de Bièvre*. — Au sud de la place on voit un puits et une fontaine.

[17] Dans une rue non nommée qui était alors la rue des Chiens et est devenue la rue Jean-Hubert.

[18] Commence *R. Sᵗ Victor*, et finit *R. Travercine*. — Elle occupe ici la place de la rue du Paon.

[19] Le collége de Narbonne, dans *la grande rue de la Harpe*.

[20] Le collége de Navarre, sur le *Mont Sᵗᵉ Geneviefve*, auj. rue de la Montagne-Sainte-Geneviève.

[21] Sur un quai non nommé qui était alors le quai de Nesle et est aujourd'hui le quai Conti. — Le petit bâtiment que l'on aperçoit sur le quai, en face de cet hôtel, est le Château-Gaillard.

[22] A l'extrémité du quai de Nesle, qui n'est pas nommé.

Nevers (L. de) [1].
Noiers (R. des) [2].
Parchemine. (R. de la) [3].
Pavé (le) [4].
Pavé d'Andouille (R.) [5].
Percé (R.) [6].
Perdue (R.) [7].
Pin (R. du) [8].
Plastre (R. du) [9].
Plecy (C. le) [10].
Poirez (R. des) [11].
Poitevins (R. des) [12].

Port l'Evesque (le) [13].
Porte Bordelle [14].
Porte papale [15].
Porte St Germain [16].
Porte St Jacques [17].
Porte St Michel [18].
Porte St Victor [19].
Portes (R. des 2) [20].
Poupé (R.) [21].
Prévost de Paris (L. du) [22].
Ratz (R. des) [23].
Rins (L. de) [24].

---

[1] A l'angle de la *R. St Andri* des Arts, et de la *R. Barré* (auj. rue Séguier). — Il appartenait aux ducs de Nevers, de la maison de Clèves.

[2] Commence *Place Mauber*, et finit *Grande rue de St Jacques*. — Confondue auj. avec le boulevard Saint-Germain.

[3] Commence *Grande rue de St Jacques*, et finit *Grande rue de la Harpe*. — C'est la rue de la Parcheminerie.

[4] Commence à la Seine, et finit *R. de la Bucherie*. — C'est auj. la rue du Haut-Pavé.

[5] Commence *R. St Victor*, et finit *R. Travercine*. — C'est auj. la rue du Mûrier.

[6] Commence *Grande rue de la Harpe* (auj. boulevard Saint-Michel), et finit *R. Hautefeuille*. — Le percement du boulevard Saint-Michel en a fait une impasse.

[7] Commence dans une rue non nommée qui est la rue des Grands-Degrés, et finit *Place Mauber*. — Depuis 1844, c'est la rue Maître-Albert.

[8] Commence dans une rue non nommée qui est la rue du Jardinet, et finit *R. des Cordeliers*, auj. rue de l'École-de-Médecine. — C'est la rue du Paon, nommée depuis 1850 rue Larrey.

[9] Commence *R. des Anglois*, et finit *Grande rue de St Jacques*. — C'est, depuis 1864, la rue Domat.

[10] Le collége du Plessis, dans *la Grande de St Jacques*.

[11] Commence *Grande rue de St Jacques*, et finit *Grande rue de la Harpe*, auj. boulevard Saint-Michel.

[12] Commence *R. Hautefeuille*, et finit à une rue non nommée qui était alors la rue du Pet.

[13] Sur un quai non nommé qui est aujourd'hui le quai de la Tournelle. Gomboust le nomme le port du Mulet.

[14] A l'extrémité de la *R. Bordelle*.

[15] Dans l'axe de la *R. des 7 Voyes*. — Elle ne fut jamais ouverte, et le plan de Gomboust la désigne ainsi : « Porte papale murée. » Elle dépendait de l'abbaye de Sainte-Geneviève.

[16] A l'extrémité de la *R. des Cordeliers*, auj. rue de l'École-de-Médecine.

[17] A l'extrémité de la *Grande rue de St Jacques*.

[18] A l'extrémité de *la grande rue de la Harpe*.

[19] Au commencement de la *R. St Victor*.

[20] Commence *Grande rue de la Harpe* (auj. boulevard Saint-Michel), et finit *R. Hautefeuille*. — Auj. confondue avec le boulevard Saint-Michel.

[21] Commence *Grande rue de la Harpe* (auj. boulevard Saint-Michel), et finit *R. Hautefeuille*.

[22] Dans la *rue de Jouy*. — Le prévôt de Paris était alors François de la Rochepot.

[23] Commence *R. de la Bucherie*, et finit *R. Galande*.

[24] L'hôtel des archevêques de Reims, dans la *R. Hautefeuille*.

Romme (L. de) [1].
Rondelle (R. de la) [2].
Sacarie (R.) [3].
St Andri [4].
St Andri (R.) [5].
St Benoist [6].
St Blaise [7].
St Cosme [8].
St Denis (L.) [9].
St Estienne [10].
St Estienne des Gretz [11].
St Jacques (Grande rue de) [12].

St Jean de Beauvais (C.) [13].
St Jean de Beauvais (R.) [14].
St Jean de Latran [15].
St Jean de Latran (R.) [16].
St Julien [17].
St Julien (R.) [18].
St Michel (C.) [19].
St Nicolas (R.) [20].
St Séverin [21].
St Victor (R.) [22].
St Ylaire [23].
St Yves [24].

[1] L'hôtel des archevêques de Rouen, dans la *R. Lesperon* (rue de l'Éperon) ; on a donc écrit *Romme* pour Rouen.

[2] Commence dans une rue non nommée qui était alors la rue de la Vieille-Bouclerie et est auj. la place du Pont-Saint-Michel, et finit *R. du Bastonier* (auj. rue Gît-le-Cœur). — C'est la rue de l'Hirondelle.

[3] Commence *R. de la Huchet* (rue de la Huchette), et finit dans une rue non nommée qui est la rue Saint-Séverin. — On écrit auj. rue Zacharie.

[4] L'église Saint-André-des-Arts, à l'angle de la *R. Hautefeuille* et de la *R. St Andri* des Arts.

[5] Commence dans une rue non nommée qui était alors la rue de la Vieille-Bouclerie et est aujourd'hui la place du Pont-Saint-Michel, et finit à une porte indiquée mais non nommée qui était la porte Buci. — C'est aujourd'hui la rue Saint-André-des-Arts.

[6] Dans la *Grande rue de St Jacques*.

[7] Petite chapelle dépendant de l'église Saint-Julien-le-Pauvre, dans la rue de ce nom.

[8] Au coin de *la Grande rue de la Harpe* et de la *R. des Cordeliers*.

[9] Dans la *R. des Augustins*.

[10] Sur la place Sainte-Geneviève, non nommée. — C'est l'église Saint-Étienne-du-Mont.

[11] Dans une rue non nommée qui était la rue Saint-Étienne-des-Grés, et est aujourd'hui la rue Cujas.

[12] Commence soit au *Petit Châtelet*, soit à une rue non nommée qui serait la rue du Petit-Pont, et finit à la *Porte St Jacques*. — Sa largeur est très-exagérée.

[13] Le collège de Beauvais ou de Dormans, dans la *R. St Jean de Beauvais*.

[14] Commence *R. des Noiers* (aujourd'hui boulevard Saint-Germain), et finit à une rue non nommée qui est la rue Saint-Hilaire.

[15] Dans la *R. St Jean de Latran*.

[16] Commence *Rue St Jean de Beauvais*, et finit *Grande rue de St Jacques*.

[17] L'église Saint-Julien-le-Pauvre, dans la rue de ce nom.

[18] Commence *R. de la Bucherie*, et finit *R. Galande*. — C'est la rue Saint-Julien-le-Pauvre.

[19] Hôtel appartenant aux abbés du mont Saint-Michel, dans une rue non nommée qui était la rue Saint-Étienne-des-Grés, et est devenue la rue Cujas.

[20] Commence *R. St Victor*, et finit *R. Travercine* (rue Traversine). — C'est la rue Saint-Nicolas-du-Chardonnet.

[21] Dans une rue non nommée qui est la rue Saint-Séverin.

[22] Commence à la *Porte St Victor*, et finit *Place Mauber*.

[23] Dans une rue non nommée qui est la rue Saint-Hilaire.

[24] Dans la *Grande rue de St Jacques*.

26 PLAN DIT DE TAPISSERIE.

Sᵗ Barbe (C.) [1].
Sᵗᵉ Geneviefve [2].
Sᵗᵉ Geneviefve (Mont) [3].
Sarazin (R. P.) [4].
Serpente (R.) [5].
Sez (C.) [6].
Sorbone (C.) [7].

Sorbone (R. de) [8].
Tournelle (la) [9].
Travercine (R.) [10].
Trésorier (C.) [11].
Triquet (C.) [12].
Ver Gaille (R.) [13].
Voyes (R. des 7) [14].

RIVE DROITE.

Abre sec (R. de l') [15].
Alançon (L. d') [16].
Angoulesme (L. d') [17].

Assis (R. des) [18].
Aubri le Boucher (R.) [19].
Audriette (R.) [20].

---

[1] Le collége Sainte-Barbe, dans une rue non nommée qui est la rue de Reims.

[2] Sur la place Sainte-Geneviève qui n'est pas nommée. — C'est l'abbaye.

[3] Commence *Place Mauber*, et finit à une rue non nommée qui est la rue des Prêtres-Saint-Étienne-du-Mont. — C'est la rue de la Montagne-Sainte-Geneviève.

[4] Commence *Grande rue de la Harpe* (auj. boulevard Saint-Michel), et finit *R. Hautefeuille*.

[5] Commence *Grande rue de la Harpe*, et finit *R. Hautefeuille*.

[6] Le collége de Séez, dans la *Grande rue de la Harpe*.

[7] Dans la *R. de Sorbone*.

[8] Commence *R. des Maturins*, et finit *R. des Poirez* (auj. rue Gerson). — Impossible de voir si elle est fermée à ses extrémités.

[9] Au commencement d'un quai non nommé qui est le quai de la Tournelle.

[10] Commence *R. d'Aras* (rue d'Arras), et finit *Mont Sᵗᵉ Geneviefve* (rue de la Montagne-Sainte-Geneviève).

[11] Le collége du Trésorier, dans la *R. des Poirez* (auj. rue Gerson), qui est continuée ici jusqu'à *la Grande rue de la Harpe*.

[12] Le collége de Tréguier, dans la *Grande rue de Sᵗ Jacques*.

[13] Commence *R. Sᵗ Victor*, et devrait finir *R. Travercine* (rue Traversine), qui était déjà prolongée jusque-là. — C'était la rue de Versailles, auj. rue Fresnel.

[14] Commence dans une rue non nommée qui est la rue Saint-Hilaire, et devrait finir rue Saint-Étienne-des-Grés (auj. rue Cujas); mais, à partir de la rue de Reims (non nommée), il est impossible de déterminer ici sa direction.

[15] Commence place de l'École, et finit *R. Sᵗ Honoré*.

[16] Entre la *R. des Poullies* (rue des Poulies) et la *R. Dotruche*. — L'hôtel d'Alençon, devenu plus tard hôtel de Longueville, de Villequier et de la Force.

[17] Dans la *Rue Sᵗ Anthoine*. — L'hôtel d'Angoulême, réuni au palais des Tournelles par François Iᵉʳ, alors comte d'Angoulême.

[18] Commence *R. de la Venerie* (rue de la Vannerie), et finit *R. de la Vairerie*. — Réunie à la rue Saint-Martin depuis 1851.

[19] Commence *R. Sᵗ Martin*, et finit *R. Sᵗ Denis*.

[20] Devrait commencer à la Seine, et finir *R. de la Mortellerie;* mais, quoique nommée, elle n'est point indiquée ici.

Augustins (R. des) [1].
Ave Maria (l') [2].
Avéron (R. d') [3].
Balais (R. des) [4].
Barbeau (L. de) [5].
Barbette (L.) [6].
Bare du Bect (R.) [7].
Barres (R. des) [8].
Bastille (la) [9].
Baudrerie (la) [10].
Beaubourt (R.) [11].
Beaurepaire (R.) [12].

Beauvois (R. de) [13].
Bétizi (R.) [14].
Billettes (les) [15].
Blanc Manteaux [16].
Blancs Manteaux (R. des) [17].
Boneterie [18].
Bons Enfants (les) [19].
Boulevert [20].
Boulouer (R. du) [21].
Bour l'Abbé (R.) [22].
Bourdonois (R. des) [23].
Bourgoigne (L. de) [24].

---

[1] Commence dans une rue non nommée qui était alors la rue Breneuse et est devenue la rue Pagevin, et finit R. Mont Martre. — C'est aujourd'hui la rue des Vieux-Augustins.

[2] Le couvent de ce nom, dans la rue des Barrés.

[3] Commence R. de l'Abre sec, et finit R. des Poullies (rue des l'oulies). — Devenue rue Bailleul.

[4] Commence Rue St Anthoine, et finit R. du Roy de Sicile.

[5] Entre la rue des Barrés et la Seine. — Hôtel appartenant à la riche abbaye de Barbeau près Melun.

[6] L'hôtel Barbette, dans la Vielle rue du Temple.

[7] Commence R. de la Vairerie (rue de la Verrerie), et finit R. Bretonerie (auj. rue Sainte-Croix-de-la-Bretonnerie). — La rue Barre-du-Bec a été réunie en 1851 à la rue du Temple.

[8] Commence à la Seine, et finit à la Porte Bodoier.

[9] Au commencement de la Rue St Anthoine. — Six tours seulement au lieu de huit.

[10] Commence R. Beaubourt, et finit R. St Martin. — Devenue rue Maubué; la fontaine située au coin de la rue Saint-Martin n'est point indiquée.

[11] Commence R. Simon le Frant, et semble finir seulement à l'abbaye St Martin des Champs, car la rue Transnonnain n'est pas nommée.

[12] Commence Rue des 2 Portes, et finit R. Mont Orgeuil.

[13] Commence R. du Coq Saint-Honoré, et finit R. Fromanteau.

[14] Commence R. des Bourdonois, et finit R. de l'Abre sec. — Supprimée en 1851.

[15] Dans la rue des Billettes, qui n'est pas nommée.

[16] Dans la R. des Blancs Manteaux.

[17] Commence Vielle rue du Temple, et finit Grande rue du Temple.

[18] Semble commencer R. St Honoré, et finir à la Friperie; mais cet emplacement fait ordinairement partie de la rue de la Tonnellerie.

[19] Dans la R. St Honoré. — Ce collége tombait déjà en ruines.

[20] Gros bastion carré, situé sur le bord de la Seine, auprès de la Tour de Billy.

[21] Commence R. des Petits Champs (auj. rue Croix-des-Petits-Champs), et finit R. Quoquillière. — C'est auj. la rue du Bouloi.

[22] Commence R. aus Ours, et finit R. Garnetal (rue Grénétat).

[23] Commence à une rue non nommée qui était la rue Thibault-aux-dez, et finit R. St Honoré.

[24] Dans la R. Mauconseil. — Une partie de cet hôtel fut démolie en 1543, lors du percement de la rue Françoise.

Bourtibout (R.) [1].
Braque (la Chapelle de) [2].
Braque (R. de) [3].
Bretonerie (R.) [4].
Célestins (les) [5].
Célestins (R. des) [6].
Chanfleuri (R.) [7].
Chantre (R. du) [8].
Chapon (R.) [9].
Châtelet [10].
Cimetière St Inocent [11].

Cimetière St Jean [12].
Clichon (L.) [13].
Coq (R. du) [14].
Coq (R. du) [15].
Cossonerie (R. de la) [16].
Courtaus Villain (R.) [17].
Coustellerie (R. de la) [18].
Cousture (R. de la) [19].
Cousture Ste Katerine (la) [20].
Cousture du Temple (la) [21].
Croix (R. de la) [22].

---

[1] Commence R. de la Vairerie, et finit R. Bretonerie (auj. rue Sainte-Croix-de-la-Bretonnerie). — On écrit auj. rue Bourtibourg.

[2] Au coin de la R. de Braque et d'une rue non nommée qui était alors la grande rue de Braque et est auj. la rue du Chaume. — Dessin inexact.

[3] Commence dans une rue non nommée qui était alors la grande rue de Braque (auj. rue du Chaume), et finit Grande rue du Temple.

[4] Commence Vielle rue du Temple, et finit R. Bare du Bect (rue Barre-du-Bec). — C'est auj. la rue Sainte-Croix-de-la-Bretonnerie.

[5] Dans la R. des Célestins, auj. rue du Petit-Musc.

[6] Commence au quai Saint-Paul, et finit rue St Anthoine. — C'est auj. la rue du Petit-Musc.

[7] Commence R. de Beauvois, et finit R. St Honoré. — Devenue en 1806 rue de la Bibliothèque, et supprimée en 1854.

[8] Commence R. de Beauvois, et finit R. St Honoré. — Supprimée en 1853.

[9] Commence Grande rue du Temple, et finit R. Beaubourt.

[10] A l'extrémité du Pont aux Changes et du Pont au Meuniers.

[11] Limité par les rues St Denis, de la Faronerie, de la Lingerie et au Fer. — Sa forme est exacte, les charniers sont bien indiqués, ainsi que la petite tour dite Notre-Dame-des-Bois.

[12] Entre la Porte Bodoier (porte Baudoyer) et la R. de la Vairerie. — Sa forme est assez exacte.

[13] A l'angle de la R. des 4 fils Emont et de la rue du Chaume, alors grande rue de Braque. — C'est l'hôtel de Clisson, devenu dans la suite hôtel de Guise.

[14] Commence rue de la Tiserendrie, et finit R. de la Vairerie. — Devenue rue du Coq-Saint-Jean.

[15] Commence R. de Beauvois, et finit R. St Honoré. — C'est, depuis 1854, la rue de Marengo.

[16] Commence R. St Denis, et finit à la Halle. — Elle a été fort écourtée par la création des Halles centrales.

[17] Commence Grande rue du Temple, et finit R. Beaubourt. — Elle est depuis longtemps réunie à la rue de Montmorency.

[18] Commence R. du Mouton, et finit R. de la Venerie (rue de la Vannerie).

[19] Commence Rue St Anthoine, et finit à un chemin non nommé qui longe une partie de l'ancienne enceinte de Philippe-Auguste. — Devenue rue Culture-Sainte-Catherine.

[20] Vaste espace couvert de jardins et de prés qui s'étend au bord du prieuré de Ste Katherine du Val des Écoliers, jusqu'à l'enceinte de Charles V.

[21] Entre la Vielle rue du Temple, la R. des 4 fils Emont, la R. du Grand Chantier, le Temple et l'égout qui coulait en dedans du mur d'enceinte de Charles V. — Elle devint plus tard « les Marais du Temple ».

[22] Commence R. des Fontaines, et finit R. du Vert-Bois. — C'est aujourd'hui la rue Volta.

PLAN DIT DE TAPISSERIE.

Croix du Tirouer (la) [1].
Cul de Sac [2].
Deschargeurs (R. des) [3].
Dotruche (R.) [4].
Escus (R. des 2) [5].
Estuve (R. des) [6].
Estuve (R. des) [7].
Faronerie (R. de la) [8].
Fer (R. au) [9].
Figuier (R. du) [10].
Filles Dieu (les) [11].
Filles Rendus (les) [12].
Fils Emont (R. des 4) [13].
Flandres (L. de) [14].
Fontaines (R. des) [15].
Four l'Evesque [16].
Frelipot (R. de) [17].
Friperie [18].
Fromanteau (R.) [19].
Garnetal (R.) [20].
Garnier St Ladre (R.) [21].
Grand Chantier (R. du) [22].

---

[1] Dans la *R. St Honoré*, au bout de la *R. de l'Abre Sec* (rue de l'Arbre-Sec). — François Ier y avait fait établir en 1529 une fontaine, qui n'est pas indiquée ici.

[2] Dans la *R. Beaubourt*. — Gomboust le nomme « rue aux Truyes »; c'est auj. l'impasse Berthaud.

[3] Commence dans une rue non nommée qui est peut-être la rue des Mauvaises-Paroles, et finit *R. de la Faronerie* (rue de la Ferronnerie).

[4] Commence à la Seine, et finit *R. St Honoré*. — Devenue rue du Louvre, sa partie méridionale disparut vers 1665, lors de la continuation du Louvre, et sa partie septentrionale devint le cul-de-sac, puis la rue de l'Oratoire.

[5] Commence dans une rue non nommée qui est la rue des Prouvaires, et finit *R. d'Orléans*.

[6] Commence *R. du Roy de Sicile*, et finit *R. des Rosiers*. — Aucun autre plan ne lui donne ce nom, qui n'est peut-être qu'une corruption du nom réel, rue des Écouffes, que Vassalieu écrit « R. d. Escoufles ».

[7] Commence *R. St Honoré*, et finit *R. des 2 Escus*. — Devenue rue des Vieilles-Étuves, et auj. rue Sauval.

[8] Commence *R. St Denis*, et finit rue de la *Lingerie*.

[9] Commence *R. St Denis*, et finit à la *Lingerie*. — Devenue rue aux Fers, et en 1853 rue Berger.

[10] Commence *R. de Ragonni* (devenue rue du Fauconnier), et finit *R. de Jouy*.

[11] Dans la *R. St Denis*.

[12] Le couvent des Filles repenties, dans la *R. de Grenelles* Saint Honoré.

[13] Commence *Vielle rue du Temple*, et finit *R. du Grand Chantier*. — Auj. rue des Quatre-Fils.

[14] Aucun autre plan n'indique cet hôtel, dont François Ier ordonna la démolition par lettres patentes du 20 septembre 1543. Il occupait un espace immense situé entre la rue J.-J. Rousseau et la place des Victoires actuelles.

[15] Commence *Grande rue du Temple*, et finit *R. de la Croix*.

[16] Dans la *R. St Germain* l'Auxerrois.

[17] Commence *Grande rue du Temple*, et finit dans une rue non nommée qui est la rue Frépillon. — Devenue rue Phélippeaux, et auj. comprise dans la rue Réaumur.

[18] Commence à la *Lingerie*, et finit *R. de la Tonnellerie*.

[19] Commence *R. des Moutons* (devenue rue des Orties), et finit *R. St Honoré*.

[20] Commence *R. St Martin*, et finit *R. St Denis*. — On écrit auj. rue Grénéta.

[21] Commence *R. Beaubourt*, et finit *R. St Martin*. — Devenue rue Grenier-Saint-Lazare.

[22] Commence *R. des 4 fils Emont* (rue des Quatre-Fils), et finit *R. Porte Foin*, près des murs du Temple.

Gravilliers (R.) [1].
Grenelles (R. de) [2].
Grenier sur l'Eau (R.) [3].
Grève (la) [4].
Guérin Boisseau (R.) [5].
Halle (la) [6].
Halle au blé [7].
Halle aus dras [8].
Hiaumerie (la) [9].
Hognare (R.) [10].
Huleu (R. du) [11].
Jardins (R. des) [12].

Jean Denis (R.) [13].
Jean Tilon (R.) [14].
Jettie (R. de) [15].
Jeufroy Lanier (R.) [16].
Jeufroy Lanier (R.) [17].
Jour (R. du) [18].
Jouy (L. de) [19].
Jouy (R. de) [20].
Laval (L.) [21].
Limace (R. de la) [22].
Lingerie [23].
Lonbars (R. des) [24].

---

[1] Commence *R. Beaubourt*, et finit *R. St Martin*.

[2] Commence *R. St Honoré*, et finit *R. Quoquillière*.

[3] Commence *R. Jeufroy Lanier*, et finit *R. des Barres*.

[4] Auj. place de l'Hôtel-de-Ville. — On n'y voit ni croix, ni fontaine.

[5] Commence *R. St Martin*, et finit *R. St Denis*.

[6] Près du *Cimetière St Inocent*. — Au milieu de la place, on voit une croix et le pilori.

[7] Entre les rues *au Fer*, de la grande *Friperie*, de la *Tonnellerie* et de la Fromagerie.

[8] Lourd bâtiment qui va de la *Lingerie* à la *Boneterie*.

[9] Commence rue de *la Vielle Monoye*, et finit *R. St Denis*. — La rue de la Heaumerie a disparu en 1854, lors du percement de la rue de Rivoli.

[10] Commence *R. St Martin*, et finit rue de la *Vielle Coureine* (devenue rue des Cinq-Diamants). — Devenue rue Oignard, puis supprimée en 1851.

[11] Commence *R. St Martin*, et finit *R. Bour l'Abbé*. — Devenue rue du Grand-Hurleur. C'est celle que Gomboust nomme « rue du Pet ».

[12] Commence rue des Barrés, et finit *R. de Jouy*.

[13] Commence *R. de Beauvois*, et finit *R. St Honoré*. — Auj. comprise dans l'emplacement du grand hôtel du Louvre.

[14] Commence *Fossé St G.* (rue des Fossés-Saint-Germain-l'Auxerrois), et finit *R. d'Avéron* (auj. rue Bailleul). — C'est la rue Jean-Tison.

[15] Commence *Rue Beaubourt*, et finit *R. St Martin*. — C'est aujourd'hui la rue du Maur.

[16] Commence quai Saint-Paul, et finit *Rue St Anthoine*. — Auj. rue Geoffroi l'Asnier.

[17] Commence dans *la Grande rue du Temple*, et finit *R. Beaubourt*. — Auj. rue Geoffroi-l'Angevin.

[18] Commence *R. Quoquillière*, et finit *R. Mont Martre*.

[19] L'hôtel de Jouy, dans la rue de ce nom.

[20] Commence *R. de St Pol*, et finit *Rue St Anthoine*.

[21] Au coin de la *R. de Paradis* et de la rue du Chaume, alors grande rue de Braque. — D'abord hôtel de Navarre, puis d'Armagnac, il ne devint hôtel de Laval que vers 1540.

[22] Commence *R. des Deschargeurs*, et finit *R. des Bourdonois*.

[23] S'étend le long du mur occidental du *Cimetière St Inocent*, depuis la *R. au Fer* jusqu'à la *R. de la Faronerie* (de la Ferronnerie).

[24] Commence *R. St Martin*, et finit *R. St Denis*.

Lomme armé (R. de) [1].
Lon Pont (R. de) [2].
Louvre (le) [3].
Macau (R. de) [4].
Mair (R. au) [5].
Mauconseil (R.) [6].
Mauvais Garçons (R. des) [7].
Mégicerie (la) [8].
Ménestriers (R. des) [9].
Michel le Conte (R.) [10].
Monoye (R. de la) [11].
Mont Martre (R.) [12].
Mont Morancy (R.) [13].
Mont Orgueil (R.) [14].
Mortellerie (R. la) [15].
Mouton (R. du) [16].
Moutons (R. des) [17].
Neve St Mary (R.) [18].
Nonaindierre (R.) [19].
Opital (l') [20].
Orléans (R. d') [21].
Ostel de Ville (l') [22].
Ours (R. aus) [23].
Paradis (R. de) [24].

---

[1] Commence *R. Bretonerie* (auj. rue Sainte-Croix-de-la-Bretonnerie), et finit *R. des Blancs Manteaux*. — Le plan de Truschet la nomme « rue des Hommes armés ».

[2] Commence à la Seine, et finit devant l'église *St Gervais*.

[3] Entre la *R. Dotruche* (auj. rue de l'Oratoire), la *R. de Beauvois*, la *R. Fromanteau* et la *R. des Moutons* (devenue rue des Orties). — Dessin de fantaisie. Cinq tours, dont la plus forte est placée au sud, en tête d'un petit pont d'une seule arche.

[4] Commence dans la rue des Écrivains qui n'est pas nommée, et finit *R. des Lonbars*. — C'est la rue Marivaux.

[5] Commence *R. Beaubourt*, et finit *R. St Martin*.

[6] Commence *R. St Denis*, et finit *R. Mont Orgeuil*.

[7] Commence rue de *la Tiserendrie*, et finit *R. de la Vairerie*.

[8] Semble commencer au Grand *Châtelet*, et finir à *l'Escole St Germain*, en face de la *R. de l'Abre sec*. — Ce quai commence auj. au pont au Change et finit au Pont-Neuf.

[9] Commence *R. Beaubourt*, et finit *R. St Martin*. — Elle a disparu lors du percement de la rue de Rambuteau.

[10] Commence *Grande rue du Temple*, et finit *R. Beaubourt*.

[11] Commence *R. St Germain* l'Auxerrois, et finit *R. Bétizi*.

[12] Commence *R. de la Tonnellerie* et *R. Mont Orgeuil*, et finit au chemin de ronde de l'enceinte de Charles V.

[13] Commence *R. Beaubourt*, et finit *R. St Martin*.

[14] Commence à la pointe *St Hustace* (Saint-Eustache), et finit au chemin de ronde de l'enceinte de Charles V.

[15] Commence *R. du Figuier*, et finit à *l'Ostel de Ville*.

[16] Commence place de *l'Ostel de Ville*, et finit rue de la *Tiserendrie*.

[17] Semble commencer *R. Dotruche* (auj. rue de l'Oratoire), et finir au mur de l'enceinte de Charles V. — Peut-être la future rue des Orties.

[18] Commence *R. Bare du Bect* (auj. rue du Temple), et finit *R. St Martin*.

[19] Commence quai Saint-Paul, et finit *R. de Jouy*. — C'est auj. la rue des Nonnains-d'Yères.

[20] Dans la rue de *la Tiserendrie*. — C'est l'hôpital Saint-Gervais.

[21] Commence *R. St Honoré*, et finit *R. Quoquillière*.

[22] Dans la *R. St Jean*. — Cinq petits bâtiments, dont le rez-de-chaussée forme des arcades ouvertes soutenues par des piliers. Le monument actuel était commencé depuis 1533, et dès 1549 on avait terminé le pavillon sous lequel passait la *R. St Jean*.

[23] Commence *R. St Martin*, et finit *R. St Denis*.

[24] Commence *Vielle rue du Temple*, et finit

Parin Garlin (R.) ¹.
Pastourelle (R.) ².
Paume (Jeu de) ³.
Pavé (R.) ⁴.
Pavée (R.) ⁵.
Pélican (R.) ⁶.
Percé (R.) ⁷.
Petis Champs (R. des) ⁸.
Petit Champs (R. des) ⁹.
Petit Lion (R. du) ¹⁰.
Pilori ¹¹.
Place (la) ¹².
Plastrerie (R. de la) ¹³.

Plâtre (R. du) ¹⁴.
Plâtrière (R. de la) ¹⁵.
Ponceau (le) ¹⁶.
Port au Foin (le) ¹⁷.
Porte Bodoier (la) ¹⁸.
Porte Montmartre ¹⁹.
Porte St Antoine (la) ²⁰.
Porte St Denis ²¹.
Porte St Honoré ²².
Porte St Martin ²³.
Porte du Temple ²⁴.
Porte Foin (R.) ²⁵.
Portes (Rue des 2) ²⁶.

---

dans une rue non nommée qui était alors la grande rue de Braque et est auj. la rue du Chaume.

¹ Semble commencer au quai de la *Mégicerie*, et finir *R. Bétizi*. — Ce nom rappelle celui de Perrin Gasselin qui appartient à une des rues de ce quartier, mais placée dans une direction toute différente. Peut-être a-t-on voulu désigner ici la rue Bertin-Poirée.

² Commence *R. du Grand Chantier*, et finit à *la Grande rue du Temple*.

³ Semble situé devant la *Boneterie* et toucher la *Halle aus dras*. — Le plan de Truschet est le seul qui indique aussi ce jeu de paume, le plus célèbre du xvie siècle.

⁴ Commence *R. Bour l'Abbé*, et finit *R. St Denis*. — Devenue rue du Petit-Hurleur.

⁵ Commence *R. des 2 Portes*, et finit *R. Mont Orgueil*. — Rue Pavée-Saint-Sauveur, auj. comprise dans la rue du Petit-Lion.

⁶ Commence *R. de Grenelles*, et finit *R. des Petis champs*, auj. rue Croix-des-Petits-Champs.

⁷ Commence *R. de Jouy*, et finit *Rue St Antoine*.

⁸ Commence *R. St Honoré*, et finit *R. Quoquillière*. — C'est auj. la rue Croix-des-Petits-Champs.

⁹ Commence *R. Beaubourt*, et finit *R. St Martin*. — C'est auj. la rue Brantôme.

¹⁰ Commence *R. St Denis*, et finit *Rue des 2 Portes*. — Elle a absorbé la *R. Pavée*, et finit auj. rue Montorgueil.

¹¹ Au milieu de *la Halle*.

¹² Au commencement de la *R. Savonerie*. — C'est la rue de la Vieille-Place-aux-Veaux, qui a subsisté jusqu'en 1854.

¹³ Commence *R. Beaubourt*, et finit *R. St Martin*. — Devenue rue de la Corroierie, et en 1855 rue de Venise.

¹⁴ Commence *R. de Lomme armé*, et finit *Grande rue du Temple* (rue du Temple).

¹⁵ Commence *rue Quoquillière*, et finit *R. Mont Martre*. — Auj. rue Jean-Jacques-Rousseau.

¹⁶ Dans la *R. St Denis*. — C'était un petit pont jeté sur l'égout.

¹⁷ Sur le bord de la Seine, dans l'axe de la *R. Jeufroy Lanier*.

¹⁸ A l'extrémité de la *Rue St Anthoine*. — Sa forme est assez exacte.

¹⁹ A l'extrémité de la *R. Mont Martre*.

²⁰ Au nord de *la Bastille* et à l'entrée du faubourg Saint-Antoine qui n'est point nommé.

²¹ A l'extrémité de la *R. St Denis*.

²² A l'extrémité de la *R. St Honoré*.

²³ A l'extrémité de la *R. St Martin*.

²⁴ A l'extrémité de *la Grande rue du Temple*.

²⁵ Commence *R. du Grand Chantier*, et finit *Grande rue du Temple* (rue du Temple).

²⁶ Commence *R. du petit Lion*, et finit

PLAN DIT DE TAPISSERIE.

Poterie (R.) [1].
Poullies (R. des) [2].
Poussins (R. des) [3].
Prescheurs (R. des) [4].
Puis (R. du) [5].
Quinquanpoit (R.) [6].
Quiquetone (R.) [7].
Quoquillière (R.) [8].
Radrerie (R. de la) [9].
Ragonni (R. de) [10].
Renart (R. du) [11].

Renault le Fèvre (R.) [12].
Rosiers (R. des) [13].
Roy de Sicile (R. du) [14].
Royne (L. de la) [15].
St Anthoine [16].
St Anthoine (Rue) [17].
St Bon [18].
St Denis (R.) [19].
St G. (Fossé) [20].
St Germain (l'escole) [21].
St Germain (R.) [22].

R. St Sauveur. — Jaillot dit que cette rue « avoit pris son nom de deux portes qui la fermoient la nuit aux deux extrémités », ces portes ne sont indiquées sur aucun plan.

[1] Commence *R. de la Vairerie*, et finit rue de *la Tiserendrie*. — Aujourd'hui rue de la Poterie-Saint-Martin.

[2] Commence à *l'Escole St Germain* (auj. quai du Louvre), et finit *R. St Honoré*. — C'est auj. la rue du Louvre.

[3] Commence à *la Cousture Ste Katerine*, et finit *Vielle rue du Temple*. — Devenue rue des Poulies, puis rue des Francs-Bourgeois.

[4] Commence *R. St Denis*, et finit à *la Halle*.

[5] Commence *R. Bretonerie* (rue Sainte-Croix-de-la-Bretonnerie), et finit *R. des Blancs Manteaux*.

[6] Commence *R. Aubri le Boucher*, et finit *R. aus Ours*.

[7] Commence *R. Mont Orgeuil*, et finit *R. Mont Martre*. — On écrit aujourd'hui rue Tiquetonne, orthographe que condamne l'étymologie.

[8] Commence *R. d'Orléans*, et finit au chemin de ronde du mur d'enceinte de Charles V.

[9] Commence *R. du Mouton*, et finit *R. des Assis* (rue des Arcis). — Ce ne peut être que la rue Jean-Pain-Mollet, aujourd'hui supprimée.

[10] Commence rue des Barrés, et finit *R. de Jouy*. — C'est auj. la rue du Fauconnier.

[11] Commence *R. St Denis*, et finit *Rue des 2 Portes*. — C'est la rue du Renard-Saint-Sauveur.

[12] Commence *Rue St Anthoine*, et finit *R. du Roy de Sicile*. — Cette inscription est placée dans la rue Cloche-Perce actuelle. La vraie rue Renault-le-Fèvre est indiquée mais non nommée.

[13] Commence *R. du Roy de Sicile*, et finit *Vielle rue du Temple*.

[14] Commence *R. des Balais*, et finit *Vielle rue du Temple*.

[15] Sur le quai Saint-Paul. — Une des dépendances de l'immense hôtel Saint-Pol.

[16] Le Petit Saint-Antoine, dans la rue de ce nom.

[17] Commence à *la Bastille*, et finit à *la Porte Bodoier* (porte Baudoyer).

[18] Dans la rue Saint-Bon, qui n'est pas nommée.

[19] Commence au grand *Châtelet*, et finit à la *Porte St Denis*.

[20] Commence *R. de la Monoye*, et finit *R. des Poullies*. — Devenue rue des Fossés-Saint-Germain-l'Auxerrois.

[21] Semble commencer *R. de l'Abre sec* (rue de l'Arbre-Sec), et finir à une grosse tour qui terminait de ce côté l'enceinte de Philippe-Auguste et qui se nommait la Tour du Louvre ou la Tour qui fait le coin. — Aujourd'hui compris dans le quai du Louvre.

[22] Commence au grand *Châtelet*, et finit *R. de l'Abre sec* (rue de l'Arbre-Sec).

S¹ Germain des Aras ¹.
S¹ Gervais ².
S¹ Honoré ³.
S¹ Honoré (R.) ⁴.
S¹ Hustace ⁵.
S¹ Inocent ⁶.
S¹ Jacque (Lospital) ⁷.
S¹ Jaques ⁸.
S¹ Jean ⁹.
S Jean (R.) ¹⁰.
S¹ Josse ¹¹.
S¹ Julien ¹².

S¹ Leu ¹³.
S¹ Leufrey ¹⁴.
S¹ Magloire ¹⁵.
S¹ Martin ¹⁶.
S¹ Martin (R.) ¹⁷.
S¹ Mary ¹⁸.
S¹ Nicolas ¹⁹.
S¹ Nicolas ²⁰.
S¹ Pol ²¹.
S¹ Pol (R. de) ²².
S¹ Sauveur ²³.
S¹ Sauveur (R.) ²⁴.

---

¹ L'église Saint-Germain-l'Auxerrois.

² Dans la *R. de Lon Pont*, auj. rue Jacques-de-Brosse.

³ Dans la *R. S¹ Honoré*.

⁴ Commence *R. Tirechape*, et finit à la *Porte S¹ Honoré*.

⁵ L'église Saint-Eustache, entre la *R. Mont Martre*, la *R. de la Tonnellerie*, et une rue non nommée qui est la rue Traînée.

⁶ Dans la *R. S¹ Denis*, à l'angle nord du *Cimetière S¹ Inocent*. — Voy. *Cimetière*.

⁷ A l'angle de la *R. S¹ Denis* et de la *R. Mauconseil*.

⁸ L'église Saint-Jacques-la-Boucherie, au coin de la *R. des Assis* (des Arcis) et d'une rue non nommée qui était la rue des Écrivains.

⁹ L'église Saint-Jean-en-Grève, entre la *R. Ver Veital* (voy. ce nom), la *R. S¹ Jean* et *l'Ostel de Ville*.

¹⁰ Commence à *la Grève* (auj. place de l'Hôtel-de-Ville), passe entre l'église *S¹ Jean* et *l'Ostel de Ville*, et vient aboutir à *la Tiserendrie* (rue de la Tixeranderie). — Devenue rue du Martroi, puis supprimée en 1837.

¹¹ A l'angle de la *R. Aubri le Boucher* et de la *R. Quinquanpoit*.

¹² L'église Saint-Julien-des-Ménétriers, au coin de la *R. S¹ Martin* et de la *R. de Jettie* (auj. rue du Maur).

¹³ Dans la *R. S¹ Denis*.

¹⁴ La petite église Saint-Leufroy, à l'extrémité du *Pont aux Changes* et du *Pont au Meuniers*, derrière le grand *Châtelet*.

¹⁵ A l'angle de la *R. S¹ Denis* et d'une rue non nommée qui est la rue Saint-Magloire.

¹⁶ Le monastère de Saint-Martin-des-Champs. — A l'entrée de la *R. Garnetal* (rue Grénétat), on voit la croix et l'échelle qui représentaient la justice du couvent.

¹⁷ Commence *R. de la Vairerie* (rue de la Verrerie) et *R. des Lonbars*, et finit à la *Porte S¹ Martin*.

¹⁸ L'église Saint-Merri, à l'angle de la *R. S¹ Martin* et de la *R. de la Vairerie* (rue de la Verrerie).

¹⁹ L'église Saint-Nicolas-du-Louvre, dans la *R. S¹ Thomas*.

²⁰ L'église Saint-Nicolas-des-Champs, dans la *R. S¹ Martin*.

²¹ L'église Saint-Paul, dans la *R. de S¹ Pol*.

²² Commence au quai Saint-Paul, et finit *Rue S¹ Anthoine*.

²³ Dans la *R. S¹ Denis*, à l'angle de la *R. S¹ Sauveur*. — Elle venait (1537) d'être reconstruite.

²⁴ Commence *R. S¹ Denis*, et finit *R. Mont Orgeuil*. — Depuis 1851, elle a absorbé la rue du Cadran (auparavant rue du Bout-du-Monde), et elle se termine dans la rue Montmartre.

PLAN DIT DE TAPISSERIE.   35

St Thomas [1].
St Thomas (R.) [2].
Ste Avoye [3].
Ste Croix [4].
St Egiptiene [5].
Ste Katerine [6].
St Katerine [7].
St Oportune [8].
Savonerie (R.) [9].
Sens (L. de) [10].
Sépulcre (le) [11].
Serpente (R. de la) [12].

Simon le Frant (R.) [13].
Singes (R. des) [14].
Tableterie (R. la) [15].
Tanerie (R. la) [16].
Temple (Le) [17].
Temple (la grande rue du) [18].
Tirechape (R.) [19].
Tirevit (R.) [20].
Tiron (R.) [21].
Tiserendrie (la) [22].
Tonnellerie (R.) [23].
Tour de Billy (la) [24].

---

[1] L'église Saint-Thomas-du-Louvre, dans la rue de ce nom.

[2] Commence au mur fortifié qui régnait le long du quai, et finit R. St Honoré. — Supprimée en 1850.

[3] Dans *la grande rue du Temple*.

[4] Dans la *R. Bretonerie*, auj. rue Sainte-Croix-de-la-Bretonerie.

[5] Dans la *R. Mont Martre*.

[6] Le prieuré de Sainte-Catherine du Val des Écoliers, dans la *Rue St Anthoine*.

[7] L'hôpital Sainte-Catherine, à l'angle de la *R. St Denis* et de la *R. des Lonbars*.

[8] Dans la *R. St Denis*, ou plutôt dans la *R. de la Tableterie*; mais tout ce quartier est ici méconnaissable.

[9] Commence rue Saint-Jacques-la-Boucherie, qui n'est pas nommée, et finit rue de *la Hiaumerie*.

[10] L'hôtel de Sens, dans la rue des Barrés.

[11] Dans la *R. St Denis*.

[12] Notre plan est si inexact en cet endroit qu'il est impossible de déterminer la situation de la *R. de la Serpente*. Truschet et Ducerceau donnent ce nom à la rue du Chevalier-du-Guet.

[13] Elle devrait commencer *grande rue du Temple*, et finir *R. Beaubourt*; mais il est impossible de lui trouver ici cette direction. Elle semble aller de la *R. de la Vairerie* (rue de la Verrerie) à la *Baudrerie* (auj. rue Maubué), emplacement alors occupé cependant par la rue Brisemiche et la rue du Poirier.

[14] Commence *R. Bretonerie*, et finit *R. des Blancs Manteaux*.

[15] Devrait commencer *R. St Denis* et finir rue des Lavandières, mais tout ce quartier est ici méconnaissable.

[16] Commence à la *Grève* (aujourd'hui place de l'Hôtel-de-Ville), et finit à la rue Planche-Mibray qui n'est pas nommée. — La rue de la Tannerie a été supprimée en 1855.

[17] Dans *la grande rue du Temple*.

[18] Commence *R. Bretonerie* (rue Sainte-Croix-de-la-Bretonnerie), et finit à la *Porte du Temple*.

[19] Commence *R. Bétizi*, et finit *R. St Honoré*.

[20] Commence *Rue des 2 Portes*, et finit *R. Mont Orgeuil*.

[21] Commence *Rue St Anthoine*, et finit *R. du Roy de Sicile*.

[22] Commence à *la Porte Bodoier*, et finit *R. du Mouton*. — C'est la rue de la Tixeranderie.

[23] Semble commencer à la *Friperie*, et finir dans la rue de la Fromagerie qui n'est pas nommée.

[24] Sur le bord de la Seine, à l'extrémité du fossé de la *Bastille*. — C'est par erreur qu'elle figure ici, car elle fut détruite par la foudre en 1538.

PLAN DIT DE TAPISSERIE.

Tour du Bois (la) [1].
Tournelles (les) [2].
Trinité (la) [3].
Trousse Vache (R.) [4].
Truanderie (R.) [5].
Vairerie (R. de la) [6].
Venerie (R. de la) [7].
Venise (R. de) [8].

Verdelet (R.) [9].
Ver Veital (R.) [10].
Vert Bois (R. du) [11].
Vielle Coureine [12].
Vielle Monoye (La) [13].
Vielle rue du Temple [14].
Vints (les 15) [15].

FAUBOURGS.

RIVE GAUCHE.

Bare (R. de la) [16].
Boulevert [17].
Chartreus (les) [18].

Cordelières (les) [19].
Cospeaus [20].
Dieu neuf (le) [21].

---

[1] Grosse tour ronde située sur le bord de la Seine. Elle termine le mur d'enceinte de Charles V, à l'endroit où fut plus tard alignée la rue Saint-Nicaise.

[2] Dans la *Rue St Anthoine.* — Quatre tours seulement.

[3] Dans la *R. Garnetal* (rue Grénétat).

[4] Commence R. de la *Vielle Coureine* (auj. rue des Cinq-Diamants), et finit *R. St Denis*.

[5] Commence *R. St Denis*, et finit *R. Mont Orgeuil*.

[6] Commence au *Cimetière St Jean*, et finit *R. St Martin*.

[7] Commence à *la Grève* (place de l'Hôtel-de-Ville), et finit *R. des Assis* (rue des Arcis). — C'est la rue de la Vannerie.

[8] Commence *R. St Martin*, et finit *R. Quinquanpoit*.

[9] Semble commencer *R. Truanderie*, et finir *R. de la Cossonerie*.

[10] Semble commencer *R. de Lon Pont*, et finir *R. St Jean*. — Impossible de déterminer l'emplacement exact de cette rue. Peut-être est-ce la rue du Monceau-Saint-Gervais, auj. rue François-Miron.

[11] Commence *Grande rue du Temple*, et finit *R. St Martin*.

[12] Commence *R. des Lonbars*, et finit *R. Aubri le Boucher*. — Devenue rue des Cinq-Diamants.

[13] Commence rue de *la Hiaumerie*, et finit *R. des Lonbars*.

[14] Commence *Rue St Anthoine*, et finit au mur d'enceinte de Charles V.

[15] Dans la *R. St Honoré*.

[16] Commence à une rue non nommée qui est la rue Fer-à-Moulin, et finit soit à la bordure du plan, soit à une voûte élevée derrière l'église *St Marciau*. — Devenue rue Scipion.

[17] Ce mot semble désigner soit un bateau qui se trouve placé entre la rive gauche du fleuve et l'*isle Louviers*, soit la partie du quai comprise entre *la Tournelle* et la bordure du plan à l'est.

[18] Dans une rue non nommée qui est la rue d'Enfer.

[19] Dans la *R. de l'Orcine* (rue de Lourcine).

[20] Dans le *Fauxbour St Victor*. — Ce mot désigne d'une manière générale le petit territoire de Coupeaux, Coypeau ou Cospeau, qui comprenait trois ou quatre rues, la butte et le vieil hôtel de Copeau. La rue et la butte Copeau sont indiquées ici, mais non nommées.

[21] Sur le bord de la Seine, à l'extrémité

Dinetaneau (R.) [1].
Faubours St Germain [2].
Fauxbourg St Jacques [3].
Fauxbour St Victor [4].
Foire St Germain (la) [5].
Follie (R. de la) [6].
Four (R. du) [7].
Gobelins (Moulin des) [8].

Hostel Dieu (le Presquer de l') [9].
Maladerie [10].
Neuve (R.) [11].
Nre Dame des Champs [12].
Orcine (R. de l') [13].
Orléans (Rue d') [14].
Pilori (le) [15].
Pré aux Clairs [16].

---

du petit Pré aux Clercs. C'est l'endroit où l'on avait eu l'intention d'élever une annexe à l'Hôtel-Dieu.

[1] Commence au *Pré aux Clairs*, et finit dans une rue non nommée qui était alors le *Faubours St Germain* et est aujourd'hui la rue de l'École-de-Médecine. — Notre plan ne peut désigner ainsi que la rue de Buci, à laquelle nous n'avons cependant jamais vu attribuer ce nom.

[2] Cette mention figure dans une rue qui commence à la *Porte St Germain*, et finit au *Pilori* de Saint-Germain-des-Prés. — Devenue rue Saint-Germain, puis rue des Boucheries, c'est depuis 1846 la rue de l'École-de-Médecine.

[3] Commence à la *Porte St Jacques*, et finit à la bordure du plan, un peu au-dessus de *Nre Dame des Champs*.

[4] Commence dans la campagne, et finit au chemin de contrescarpé, vis-à-vis de la *Porte St Victor*.

[5] Trois entrées sont indiquées : 1° à l'extrémité de la rue des Quatre-Vents. 2° à l'extrémité de la rue Garancière, 3° dans la rue Saint-Germain, auj. rue de l'École-de-Médecine. — Voy. les plans suivants.

[6] Commence *R. Dinetaneau* (auj. rue de Buci), et finit dans une rue non nommée qui était alors le faubourg Saint-Germain et est aujourd'hui la rue de l'École-de-Médecine. — Ce ne peut être que la rue des Mauvais-Garçons, auj. rue Grégoire de Tours.

[7] Commence à une rue non nommée qui était alors le faubourg Saint-Germain (auj. la rue de l'École-de-Médecine), et finit au point de rencontre de plusieurs rues non nommées qui est sans doute le carrefour de la Croix-Rouge.

[8] Situé à droite de la rue des Postes, au milieu de rues tracées à peu près de fantaisie.

[9] Dans une rue non nommée qui est la rue d'Enfer. — C'étaient un pressoir et une ferme appartenant à l'Hôtel-Dieu. La ferme occupait l'emplacement de l'École des Mines actuelle, le pressoir était plus rapproché de la porte Saint-Michel.

[10] A l'ouest de l'abbaye *St Germain des Prez*, et au point de rencontre de plusieurs rues non nommées et indiquées d'une manière inexacte. — Dès le plan de Quesnel, cette petite chapelle prend le nom de S. Père.

[11] Commence dans une rue non nommée qui devint la rue du Petit-Lion (auj. rue Saint-Sulpice), et finit dans la rue de Vaugirard qui n'est pas nommée. — C'est la rue de Condé actuelle.

[12] Dans le *Fauxbourg St Jacques*.

[13] Commence *R. St Marciau* (auj. rue Mouffetard), et finit à la bordure du plan.

[14] Commence *Fauxbour St Victor*, et finit *R. St Marciau* (auj. rue Mouffetard). — Pas une maison. A droite, des champs ; à gauche, un long mur servant de clôture à des jardins.

[15] A l'extrémité de la *rue Dinetaneau* (auj. rue de Buci). — C'était le pilori de l'abbaye Saint-Germain-des-Prés.

[16] Limité au nord par la Seine, à l'est par le mur d'enceinte de Paris, au sud par l'abbaye de *St Germain des Prez*, et à l'ouest par la bordure du plan. — Voy. les plans suivants.

S¹ Germain des Prez ¹.
S¹ Jacques du haut Pas ².
S¹ Marciau ³.
S¹ Marciau (R.) ⁴.
S¹ Médart ⁵.

S¹ Sulpice ⁶.
S¹ Sulpice (R.) ⁷.
S¹ Victor ⁸.
S¹ᵉ Ypolite ⁹.
Tuillerie (la) ¹⁰.

RIVE DROITE.

Clignencourt ¹¹.
Courtille (la) ¹².
Faubin (la †) ¹³.
Fausbourg S¹ Denis ¹⁴.
Fausbourg S¹ Honoré ¹⁵.

Faubourg S¹ Lorents ¹⁶.
Granche Batelière (la) ¹⁷.
Marché aux Pourçaux ¹⁸.
Martirs (les) ¹⁹.
Mont Faucon ²⁰.

---

¹ L'abbaye. Dessin de fantaisie.
² Dans le *Fauxbourg S¹ Jacques*.
³ Dans la *R. S¹ Marciau* (auj. rue Mouffetard).
⁴ Commence dans les Champs, et finit à l'un des ornements du plan. — C'est auj. la rue Mouffetard.
⁵ Dans la *R. S¹ Marciau* (auj. rue Mouffetard).
⁶ Entre la rue Garancière, la rue des Aveugles (auj. rue Saint-Sulpice) et la *R. S¹ Sulpice* (auj. rue Férou).
⁷ Semble commencer *R. du Four*, et finir dans la rue de Vaugirard qui n'est pas nommée. — C'est aujourd'hui la rue Férou.
⁸ Dans le *Fauxbour S¹ Victor*.
⁹ Dans une rue non nommée qui est la rue Saint-Hippolyte (alors rue des Teinturiers).
¹⁰ Semble située à l'extrémité d'une rue non nommée qui était alors la rue du Puits et est devenue la rue du Vieux-Colombier.
¹¹ Clignancourt, au nord-ouest de Paris.
¹² Groupe de maisons situé au nord de Paris, dans une rue non nommée qui est devenue la rue du Faubourg-du-Temple.
¹³ Hors Paris et au nord-est de la *Porte S¹ Anthoine*. — Une vaste maison accompagnée d'un jardin clos de murs ; une haute croix figure au milieu de la route qui y aboutit et qui serait auj. la rue de Charonne. La Croix-Faubin était déjà un petit hameau que nous retrouverons fort augmenté sur le plan de Truschet.
¹⁴ Commence à la *Porte S¹ Denis*, et finit dans les champs, un peu au-dessus de la maison de Saint-Lazare.
¹⁵ Commence à la *Porte S¹ Honoré*, et finit à la bordure du plan, qui s'étend à peu près jusqu'à la hauteur de la rue d'Anjou actuelle.
¹⁶ Commence à la *Porte S¹ Martin*, et finit dans les champs, au delà de l'église *S¹ Lorents*. — C'est auj. le faubourg Saint-Martin.
¹⁷ Au nord-ouest de Paris. — Quatre maisonnettes dans un espace clos de murs et situé au milieu des champs.
¹⁸ En dehors et au nord de la *Porte S¹ Honoré*, près du mur d'enceinte. — On ne voit ici que trois arbres, deux potences, et une grosse pierre ronde, qui représente peut-être l'endroit où l'on faisait alors bouillir les faux-monnayeurs.
¹⁹ Une petite chapelle située sur la colline de Montmartre, à mi-côte.
²⁰ Au nord de Paris, entre le faubourg du Temple et le *Faubourg S¹ Lorents* (auj. faubourg Saint-Martin). — Un soubassement de forme ronde qui supporte six piliers.

PLAN DIT DE TAPISSERIE.

Montmartre [1].
Propincourt [2].
St Anthoine (Ab.) [3].

St Ladre [4].
St Lorents [5].
Ville l'Evesque (la) [6].

---

[1] Une colline dominée par une vaste église (l'abbaye de Montmartre) autour de laquelle se groupent quelques maisons.

[2] Au nord-est de Paris. — Sept maisons disséminées à la rencontre de deux voies bordées par des champs, et qui représentent peut-être les rues actuelles de Popincourt et de la Roquette.

[3] L'abbaye de Saint-Antoine, en dehors de *la Porte St Anthoine*.

[4] L'hôpital Saint-Lazare, dans le *Fausbourg St Denis*. On y recevait encore des lépreux.

[5] Dans le *Faubourg St Lorents*.

[6] Huit maisons, assises sur les deux côtés d'un chemin bordé par des prairies et qui commence au *Faubourg St Honoré*.

COPIE DU PLAN DE TAPISSERIE.

Au commencement de ce siècle, un sieur Mauperché, auteur d'un ouvrage fort médiocre, intitulé *Paris ancien*, eut l'idée de publier le précieux dessin exécuté par les soins de M. de Gaignières[1].

Il le fit copier et graver en 1818. Au bas de la planche se trouvent ces mots : *Caroline Naudet Sculp^t, Sampier Scrip^t, 1818*; et sur quelques exemplaires : *Le plus ancien plan de Paris, exécuté en tapisserie, d'où lui est resté le titre de Plan de Tapisserie. — A Paris, chez A^{te} et A^{te} M^s de Mauperché, Éditeurs du dit Plan, auteurs de Paris ancien, rue de Perpignan, en la Cité, n° 9. — Déposé à la direction de la Librairie. — Prix 7 fr. en blanc.* En tête de la planche figure le millésime M.D.XL.

Cette copie a exactement la grandeur de l'original. M. Bonnardot,

---

[1] Voyez ci-dessus page 11 et suiv.

qui, naturellement, n'attache pas grand prix à cette gravure, la traite encore avec trop d'indulgence, quand il écrit : « La copie gravée reproduit tous les détails du dessin original, sauf, sur quelques points, de petites dissemblances ou omissions trop peu importantes pour être mentionnées. » Le tracé du plan est sans doute reproduit assez exactement, mais le nom de presque toutes les rues s'y trouve rajeuni, modifié même parfois de la manière la plus absurde, la plus inexplicable; ainsi :

Au lieu de :	la gravure porte :
R. d'Aras,	R. du Ras.
R. des Noiers,	R. des Noters.
R. des Poitevins,	R. des Poulains.
C. de Bourgogne,	C. de Bourge.
R. des Poirez,	C. des Forez.
C. d'Anville,	C. du Mail.
R. Hognare,	R. Koquare.
R. d'Avéron,	R. Daucron.

Trois inscriptions ont été omises : le Cimetière St Inocent, le Petit pont et l'église St Mary. Enfin, le graveur a oublié de reproduire le célèbre moulin de la Gourdaine, qui se trouvait sur la Seine, à côté de l'île du même nom.

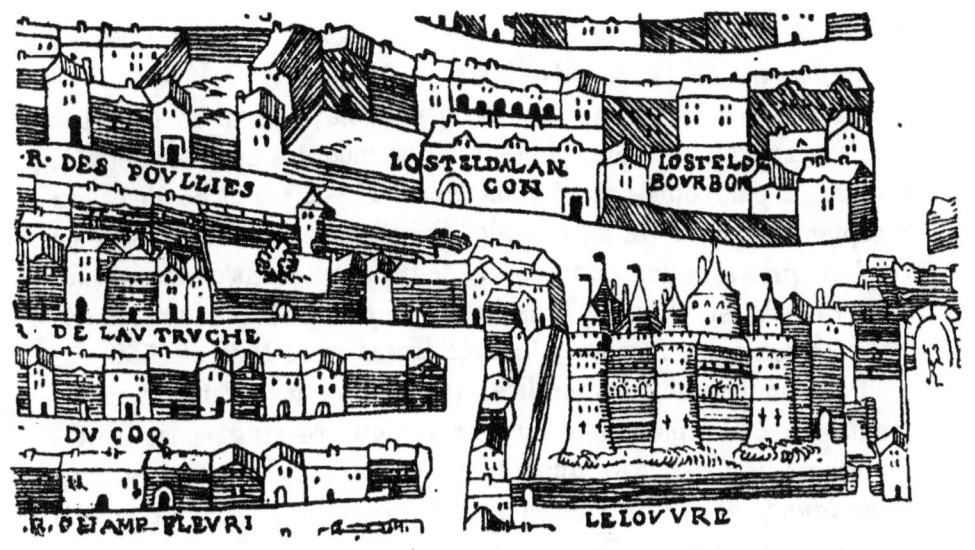

PLAN DE O. TRUSCHET ET G. HOYAU.

— 1550-1552 —

Ce plan, auquel M. Jules Cousin a consacré une intéressante notice[1], fut découvert à Bâle en 1874, par M. Louis Sieber, bibliothécaire de l'Université. C'est, avec le plan de Tapisserie, le plus rare de tous ceux du XVIe siècle, puisqu'on n'en connaît qu'un seul exemplaire.

Il a été publié en 1877, sous ce titre : *Plan de Paris sous le règne de Henri II, par Olivier Truschet et Germain Hoyau. Reproduit en fac-simile, d'après l'exemplaire unique de la Bibliothèque de Bâle, par M. F. Hoffbauër, sous la direction de MM. Louis*

---

[1] *Notice sur un plan de Paris du XVIe siècle, nouvellement découvert à Bâle, par Jules Cousin.* Paris, 1875, in-8.

Sieber, bibliothécaire de l'Université de Bâle, et Jules Cousin, bibliothécaire de la ville de Paris.

Suivant une hypothèse très-vraisemblable, le plan de Truschet et Hoyau serait la copie, plus ou moins modifiée dans les détails, du grand plan officiel levé sous Henri II, en vertu de l'édit du 8 septembre 1550. On ne possède, d'ailleurs, aucun exemplaire de ce plan, qui a sans doute aussi servi de type aux plans de Ducerceau et de Belleforest. Celui de Truschet et Hoyau est le plus ancien des trois, et l'on peut affirmer qu'il a été dressé entre 1550 et 1552.

Il se compose de huit feuilles, qui réunies mesurent un mètre trente-trois centimètres de largeur sur quatre-vingt-seize centimètres de hauteur. Aux quatre angles soufflent les quatre vents : *Svbsolanvs, Avster, Septentriones et Favonivs.* En haut à gauche figurent les armes de France, timbrées de la couronne fermée et entourées du collier de Saint-Michel. A côté, trois croissants entrelacés prouvent que le plan a été dressé sous le règne de Henri II. A droite, les armoiries de Paris font pendant à celles de France, et entre les deux une banderolle tortillée porte ces mots :

LA VILLE · CITÉ · VNIVERSITÉ DE PARIS.

Au bas à droite, on lit dans un cartouche le titre du plan :
Icy est le vray pourtraict naturel de la ville, cité, vniversité *et Faubourgz de Paris, ou sont iustement figurées toutes les Rues et Ruelles correspondantes l'vne à l'autre, ainsi qui sont de présent situées, qui sont en nombre deux cens quatre vingtz et sept. Pareillement sont figurées toutes les Églises, et Monastères, qui sont en nombre cent quatre. Aussy sont figurez tous les Colléges, qui sont en nombre quarante neuf. Et pour congnoistre icelles Rues, Ruelles, Églises, Monastères et Colléges, vous trouuerrez leurs noms escriptz à chacun sur son propre endroict. Comme plus amplement vous pouez voir cy dessus.*

A Paris, par Oliuier Truschet et Germain Hoyau, demourans en la Rue de Montorgueil, au Chef sainct Denys.

On trouve, en outre, au bas du plan un poëme sur Paris, galimatias presque inintelligible, dont les quatorze premiers vers forment un acrostiche qui reproduit le nom de Gilles Corrozet, le célèbre libraire historiographe de la ville de Paris.

Voici le poëme tout entier, nous respectons jusqu'à la ponctuation de l'original :

Gentilz lecteurs amateur d'escripture,
Joyeulx espritz regardez la stature
Le bastiment et la fondation
L'accroissement et l'augmentation,
Et la façon comment Paris la ville
S'est augmentée en matière ciuille :
Considérez la sienne antiquité
Ou maintz cas sont de singularité.
Regardez bien tous ces beaux édifices
Recongnoissez ses louenges propices
Ou on comprent sa valeur et noblesse
Son hault estat : sa doulce gentillesse,
Et tous les biens qu'on peult en vérité
Totallement dire d'vne cité.

Noble cité et ville tant exquise
Dicte Paris de toutes gens requise
Peult auoir loz et deseruir la gloire
De tout honneur pour l'antique memoire
De son premier et noble instaurateur,
S'il est ainsi que Paris fondateur
Ou s'ainsi est qu'auec puissant arroy
Herculez Grec ait faict fondation
De la cité par vne nation
De son pays, ou si la gent Troyenne
Ont, la cité dicte parisienne,
Faicte et bastie, et mise en son essence
Ceulx cy nommez de treshaulte excellence
Furent iadis, et de noblesse antique,
Mesmement ceulx de source Dardanique
Furent trespreux, et les plus anciens
Qui furent onc es pays Asiens.
Paris aussi eust couronne royalle

Et fut le Roy de France la loyalle,
Dont si l'vn d'eulx la faicte et instaurée
Estre ell' en doibt prisée et honorée.
Pareillement la sienne antiquité
Est de long temps, car à la vérité
Huyt cens trente ans avant que Dieu souffrit
Tresdure mort, et à la croix s'offrit
Paris avoit prins son commencement
Par les Troyens, et le sien fondement.
Or est Paris en tres bel œr assise,
Entour soy a la riuière propice
Et fleuue doulx que l'on appelle Seine,
Puis est remplie de tres belle fonteine :
De l'autre part sont les foretz trespleines
De venaison, champaignes, boys, et plantes,
Terres portans les vignes tresplaisantes
Aultres aussy en tous bledz habondantes,
Lœr y est doulx, et la terre fertille
Et en tous fruictz trescommode et vtille.
En elle aussi sont grans chasteaulx et tours
Plus qu'il n'y a d'icy iusques à Tours.
Maisons d'honneur on voit dedens Lutece
Maint bastillon, et riche forteresse
Comme le Louure, et la Bastille noble
Dont telle n'à dedens Constantinoble.
Puis des seigneurs les maisons de plaisance
Les grans logis ou prennent ample aisance
Comme l'hostel de Bourbon, Villeroy
Dict chasteau pers, et la maison du Roy
Pres le palays, lequel palays a bruyt
D'estre le mieulx en bel œuvre construict
Qu'on veit iamais en la chrestienté,
Pour sa grandeur, puis on voit à planté
D'aultres logis pleins de beaulx édifices
Pour les bourgeoys et citoyens propices
Ceste ville à quatorze portes close
Et haultz rampars, qui n'est pas peu de chose
Profondz fossez tout alentour s'estendent
Ou maintes eaues de toutes parts se rendent,
Puis apres sont cinq grans pontz pour passer
Par dessus l'eaue, aussy pour rapasser

De la Cité en l'vniuersité
Auec ce sont maintes eglises belles
Temples diuins, monasteres, chappelles,
En tresgrand nombre, on peult pareillement
Ceste louer pour le beau parlement,
Le sainct senat ou sont les Conseilliers
Nombre six vingtz hommes tressinguliers,
De grand sçavoir, qui tiennent leur office
De par le Roy, pour faire à tous iustice
Sur les proces à la court intimez
Aultres gens sont en iustice estimez
Tenant le lieu du grant preuost royal
Pour ordonner leur iugement loyal
A toutes gens selon leur cause bonne
Apres y a mainte docte personne
Estudiant aux loix pour ce establiz
Et de sçauoir sont tresfort ennobliz
Dedens Paris les sciences florissent
Et gens sçauans en ce lieu resplandissent
Plus qu'en nul lieu, car Palas y octroye
Autant ou plus qu'en Athenes ou Troye
Le sien seiour : et les Muses sçauantes
Font en ce lieu leur demeure tenantes,
Plus que iamais ne furent sur le mond
De Aonias, ou par elle semond
Estoit iadis maint homme pour apprendre
Artz et mestiers, apres nous fault comprendre,
Desquelz il vient tresgrande vtilité,
Au lieu susdict aussy tranquilité,
Semblablement marchans de toutes guises
Viennent illec pour toutes marchandises
Distribuer, et tant de peuple abonde
En cestuy lieu qu'il n'y a peuple au monde
Qui soit autant à chascun gratieuse
Qu'est ceste cy, ny autant spatieuse.

———

NOMENCLATURE.

CITÉ ET COURS DE LA SEINE.

Calandre (R. de la).
Chambre des Contes (la) [1].
Cloistre (le) [2].
Conciergerie (la)
Glatini (R. de) [3].
Ile de Louvier (l') [4].
Jardin du roi (le) [5].
Madelinne (la) [6].
Moulin de la Monnoie (le) [7].
Neuve (la R.) [8].
Nostre Dame de Paris.
Orloge (l') [9].
Ostel Dieu (l').
Palays (le) [10].
Pont (Peti).
Pont de Chalanton (le) [11].
Pont au Change (le).
Pont au Muniers (le).
Pont Nostre Dame (le).
Pont S. Michel (le).
Port au fin (le) [12].
Por. S. Landri (R. du).
Rivière de Marne.
Rivière de Saine.
S. Bertélemi.
S. Christofle.
S. Denis du pas.
S. Eloi.
S. Germain le Vieus.
S. Landri.
S. Macias [13].
S. Michel [14].
S. Pierre des Assis.
S. Chappelle.
S. Geneviève [15].
Savaterie (la) [16].
Terrin (le) [17].
Varerie (R. de la) [18].
Viele Peleterie (la) [19].

---

[1] Des comptes.
[2] De Notre-Dame.
[3] Rue Glatigny.
[4] Au centre, une maison abritée par quelques arbres; un grand arbre à chaque extrémité de l'île. Dessin tout autre que celui de Ducerceau. L'île aux Vaches et l'île Notre-Dame sont indiquées mais non nommées.
[5] A la pointe de la Cité.
[6] L'église de la Madeleine.
[7] Sur la Seine, entre les jardins du roi et l'école Saint-Germain.
[8] La rue Neuve-Notre-Dame.
[9] Du Palais.
[10] De justice.
[11] Charenton. — Il est indiqué, mais non nommé, sur le plan de Ducerceau.
[12] Le port au Foin, au-dessus de la Grève.
[13] L'église Saint-Martial.
[14] La chapelle Saint-Michel du Palais.
[15] Des Ardents.
[16] La rue de la Savaterie, devenue plus tard rue Saint-Éloi.
[17] A la pointe orientale de la Cité. — Sa forme est déjà plus exacte que sur le plan de Tapisserie.
[18] Le plan de Truschet et celui de Ducerceau (R. de la Verrerie) sont les seuls qui désignent ainsi la rue de la Vieille-Draperie.
[19] Elle est plus souvent nommée rue de la Pelleterie.

RIVE GAUCHE.

Alebret [1].
Alexandre Langlois (R.).
Augustins (les).
Augustins (R. des) [2].
Batouer (R. du) [3].
Beauvais [4].
Bernardins (les).
Bernardins (R. des).
Bièvre (R. de).
Boncourt [5].
Bon Puis (R. du).
Bordelle (R.).
Bourgongne [6].
Bout de Brie (R. du) [7].
Breneuse (R.) [8].
Calvi [9].
Cardinal Lemoine (le) [10].
Carmes (les) [11].
Carmes (R. des).
Chan Gaillart (le).
Châtelet (Peti).
Choles (les) [12].
Choles (R. des) [13].
Cimetière (R. du) [14].
Clou Brunniau (le) [15].
Clugni [16].
Clugni (l'otel de).
Coqueret [17].
Cordeliers (R. des).
Cornalle [18].
Deux Portes (R. des) [19].
Foin (R. du).
Grant Décret (le) [20].
Harocourt (l'otel de) [21].
Hautefeulles (R. de).
Herpe (la grant R. de la).
Herrocourt (C.) [22].
Huchete (R. de la).
Jacopins (les) [23].
Justice (C. de) [24].
Lisieux [25].
Lonbars [26].

---

[1] L'hôtel, la cour ou le collége d'Albret.
[2] Auj. rue des Grands-Augustins.
[3] Auj. rue Git-le-Cœur.
[4] Le collége de Beauvais.
[5] Le collége de Boncourt.
[6] Le collége de Bourgogne, sur les ruines duquel s'est élevée l'École de Médecine.
[7] Rue Boutebrie.
[8] Devenue rue du Cimetière-Saint-Benoît.
[9] Le collége.
[10] Le collége.
[11] De la place Maubert.
[12] Le collége des Cholets.
[13] Rue des Cholets.
[14] Saint-André-des-Arts.
[15] Le Clos-Bruneau, partie de la rue du Cimetière-Saint-Benoît.
[16] Le collége de Cluny.
[17] Le collége de ce nom.
[18] Le collége de Cornouailles.
[19] Commence *Grant R. de la Herpe*, et finit *R. de Hautefeulles*.
[20] L'École de Droit dans la *R. S. Jehan de Biauvais*. Gomboust écrit : « Col. de Droit canon ».
[21] L'hôtel d'Harcourt, à gauche de la rue des Maçons.
[22] Le collége d'Harcourt, auj. lycée Saint-Louis.
[23] Le couvent des Jacobins de la rue Saint-Jacques.
[24] Le collége.
[25] Le collége de ce nom.
[26] Le collége des Lombards.

PLAN DE TRUSCHET ET HOYAU.

Loreine (l'Ostel de) [1].
Maître Gervais (Colége).
Man (le) [2].
Marche (la) [3].
Marmoutiers [4].
Maturins (les).
Maturins (R. des).
Maubert (la Place) [5].
Mignon (la Chapele).
Montecu [6].
Navarre [7].
Nelle [8] (l'Ostel de).
Nerbonne [9].
Nevers (l'Otel de) [10].
Noiers (R. des).
Pan (R. du) [11].
Parcheminerie (la).
Pavé (le) [12].
Pavée (R.) [13].
Pavée d'Andoulle (R.) [14].
Percée (Rue) [15].
Pierre Sarasin (R.).
Platre (R. du).
Pleci (le) [16].
Poirées (R. de).
Poitevin (R.) [17].
Porte Bordelle.
Porte de Buci.
Porte S. Germain.
Porte S. Jaques.
Porte S. Michel.
Poupée (Rue).
Prelle [18].
Raieus [19].
Rains [20].
Ras (R. des) [21].
Rins (l'Otel de) [22].
Rondelle (R. de la) [23].
Rouen (l'Ostel de) [24].
S. Andri [25].
S. Andri (R.) [26].
S. Benoist (le Cloistre).
S. Come.
S. Denis (l'Otel) [27].
S. Etiene [28].
S. Etienne (R.) [29].

---

[1] L'hôtel de Bar et de Lorraine, d'abord hôtel de Tiron, à l'angle de la *R. des Bernardins* et du quai. — Ducerceau écrit « Hostel de Loberaine ».
[2] Le collége du Mans.
[3] Le collége de La Marche.
[4] Le collége de ce nom.
[5] Au milieu une potence avec son pendu.
[6] Le collége de Montaigu.
[7] Le collége de Navarre.
[8] L'hôtel de Neale.
[9] Le collége de Narbonne.
[10] A l'angle de la *R. Pavée* (rue Séguier) et de la *R. S. Andri* des Arts. C'est là qu'était né, en 1540, Lestoile, le célèbre chroniqueur.
[11] Rue du Paon-Saint-André.
[12] Auj. rue du Haut-Pavé.
[13] Auj. rue Séguier.
[14] Auj. rue du Mûrier.
[15] Commence *Grant R. de la Herpe,* et finit *R. de Hautefeulles.*
[16] Le collége du Plessis.
[17] Rue des Poitevins.
[18] Le collége de Presles.
[19] Le collége de Bayeux.
[20] Le collége de Reims.
[21] Rue d'Arras.
[22] L'hôtel des archevêques de Reims, dans la rue Hautefeuille.
[23] Rue de l'Hirondelle.
[24] L'hôtel des archevêques de Rouen, dans la rue de l'Éperon.
[25] L'église Saint-André-des-Arts.
[26] Rue Saint-André-des-Arts.
[27] Derrière le couvent des Grands-Augustins.
[28] L'église Saint-Étienne-du-Mont.
[29] Des Grés.

S. Etienne des Grés.
S. Hilaire [1].
S. Ive [2].
S. Jaques (la grant R.).
S. Jehan de Biauvais (R.).
S. Jehan de Latran.
S. Julien [3].
S. Michel [4].
S. Nicolas (R.).
S. Nicolas du Chardonneret.
S. Séverin.
S. Vitor (la grant R.) [5].

S. Darbe (C.) [6].
S. Geneviève [7].
S. Genneviève (le Mon.) [8].
Serpante (R. de la) [9].
Serpente (R. de la) [10].
Sorbonne (C.) [11].
Sorbonne (R. d.) [12].
Tes (l'Ostel de) [13].
Tournai (l'Ostel de) [14].
Tournelle (la) [15].
Tournelle (la).
Var saille (R.) [16].

RIVE DROITE.

Alancon (l'Ostel d') [17].
Audriettes (les).
Augustins (R. des) [18].

Au mère (R.) [19].
Autruche (R. de l') [20].
Ave Maria (l') [21].

---

[1] L'église et le cimetière.
[2] La chapelle Saint-Yves.
[3] Le Pauvre.
[4] Hôtel situé R. S. Étienne des Grés, et appartenant aux abbés du Mont-Saint-Michel.
[5] Saint-Victor.
[6] Le collége Sainte-Barbe.
[7] L'abbaye.
[8] La rue de la Montagne-Sainte-Geneviève. La croix Hémon est figurée.
[9] Commence R. de Hautefeulles, et finit dans une rue non nommée qui est la rue de l'Éperon. — Après avoir été la rue du Battoir, elle est, en 1861, redevenue rue Serpente.
[10] Commence Grant R. de la Herpe, et finit R. de Hautefeulles. — Devenue rue Serpente.
[11] Le collége.
[12] Elle est fermée à ses deux extrémités.
[13] L'hôtel de la Serpente, dans la rue de ce nom.
[14] Le collége de Tournay.
[15] La tour de Nesle.

[16] Rue de Versailles, devenue, en 1864, rue Fresnel.
[17] En face du Louvre et à gauche de l'ostel de Bourbon (Petit-Bourbon). Il servait alors de demeure à M. de Villeroy.
[18] La rue des Vieux-Augustins; mais elle va seulement de la rue Pagevin actuelle à la rue Montmartre, et la partie comprise entre la rue Coquillière et la rue Pagevin actuelle est nommée rue Pagevin.
[19] Rue au Maire. On y voit l'Échelle qui représentait le droit de justice de l'abbaye de Saint-Martin des Champs.
[20] Sur le plan de Truschet, comme sur celui de Ducerceau, la rue ainsi désignée n'a jamais existé. De la vraie rue de l'Autruche (nommée ici R. des Poullies) au rempart, on comptait six rues seulement et non sept, savoir : la R. du Coq, la R. Champ fleuri, la R. du Chantre, la R. Jehan S. Denis, la rue Fromanteau (nommée ici R. de Beauvais et R. S. Thomas) et la rue Saint-Thomas-du-Louvre (celle dans laquelle on lit ici les mots Porte S. Honoré).
[21] Cette inscription se trouve placée dans la rue du Fauconnier, qui n'est pas nommée.

Bales (R. des) [1].
Bares (R. des) [2].
Bastille (la).
Baudrerie (R. de la) [3].
Beaurepère (R.).
Beauvais (R. de) [4].
Billettes (les).
Blans Manteos (R. des) [5].
Bons Anfans (les) [6].
Boucherie (la grant) [7].
Boucherie de Beauvais (la).
Bouquetonne (R.) [8].
Bourbon (l'Ostel de) [9].
Bourdonnois (R. des).
Bourgongne (R. de) [10].
Bourlabé (R. de) [11].
Bout (R. du) [12].
Boutibour (R.)
Braques (la Chapelle de).
Breneuse (R.) [13].

Bretonnerie (R. de la) [14].
Brianne (l'Ostel de) [15].
Briboucher (R.) [16].
Broves (R. de) [17].
Catre fis Hemon (R. des) [18].
Célestins (les).
Cellestins (R. des) [19].
Cerisée (R. de la) [20].
Champ fleuri (R.) [21].
Chantre (R. du) [22].
Chanvarerie (la) [23].
Chapon (R.).
Chas (R. des) [24].
Châtelet.
Cimetière (R. du) [25].
Cimetière S. Jehan (le).
Cimetière S. Nicolas.
Cimetière de la Ternité [26].
Cinges (R. des) [27].
Coc (Rue du) [28].

---

[1] Rue des Ballets.
[2] Rue des Barres. Commence R. de la Mortellerie, et finit à la Porte Bodes (porte Baudoyer).
[3] Devenue rue Maubué.
[4] Nom donné par erreur à la partie de la rue Fromanteau qui allait de la rue de Beauvais à la rue Saint-Honoré. La vraie rue de Beauvais est ici nommée R. Fremantiau. — Voy. Autruche (R. de l').
[5] Rue des Blancs-Manteaux.
[6] De la rue Saint-Honoré.
[7] Un bâtiment isolé, percé de deux grandes portes qui ouvrent au-dessus de quelques marches.
[8] Devenue rue de Bercy. Ducerceau lui donne son vrai nom de rue du Hoqueton.
[9] En face du Louvre.
[10] Devenue rue Françoise. Elle avait été ouverte en 1543.
[11] Rue Bourg-l'Abbé.
[12] C'est la rue Béthisy.
[13] Commence R. de la Plâtrière (auj. rue Jean-Jacques-Rousseau), et finit à l'enceinte de Paris. C'est la rue Pagevin actuelle.
[14] Rue Sainte-Croix-de-la-Bretonnerie.
[15] L'hôtel de Bretagne, dans la rue Saint-Antoine.
[16] Rue Aubry-le-Boucher.
[17] Rue de Braque.
[18] Devenue rue des Quatre-Fils.
[19] Devenue rue du Petit-Musc.
[20] Même erreur que sur le plan de Duceau. La vraie rue de la Cerisaie est également indiquée, mais non nommée. Ici elle est fermée seulement du côté du rempart et ouverte sur la rue des Célestins.
[21] Voy. Autruche (R. de l').
[22] Voy. Autruche (R. de l').
[23] Rue de la Chanvrerie.
[24] C'est la rue des Déchargeurs.
[25] Saint-Nicolas.
[26] Le Cimetière de la Trinité, entre la R. de Garnetal (rue Grénéta) et la R. Gairin Boisiau.
[27] Rue des Singes.
[28] Rue du Coq-Saint-Jean.

Cochonnerie (la) [1].
Conte Dartois (R.).
Coq (R. du) [2].
Coquilière (R.).
Cotellerie (R. de la) [3].
Cour au Vilain (R.).
Courrerie (R. de la) [4].
Croys (R. de la) [5].
Crucefis (R. du) [6].
Cu de sac [7].
Dangoulesme (l'Oste.) [8].
Dargent (l'Ostel) [9].
Deon Pont (R.) [10].
Deus Escus (R. des) [11].
Deus Portes (R. des) [12].
Deus Portes (R. des) [13].
Ecoufles (R. des).
Enfans rouges (les).
Eour (R. du) [14].
Estuves (R. des) [15].
Etuve (R. des) [16].

Fare (R. au) [17].
Ferronerie (R. de la).
Fille Dieu (R. des).
Filles Dieu (les).
Filles repentis (les) [18].
Fontinnes (R. des) [19].
Four l'Evesque (le).
Fran Murier (R.) [20].
Fremantiau (R.) [21].
Frepau (R. de) [22].
Friperie (la).
Froumagerie (R. de la).
Gairin Boisiau (R.) [23].
Garnetal (R. de) [24].
Garnier sur Lan (R.) [25].
Gefroi Langevin (R.).
Gefroi Lannier (R.) [26].
Gernelle (R. de) [27].
Gilori (le Carfour) [28].
Grant Chantier (R. du).
Graveliers (R. des) [29].

---

[1] Rue de la Cossonnerie.
[2] Saint-Honoré. Voy. *Autruche* (R. de l').
[3] Rue de la Coutellerie. Il n'y a aucun signe d'abréviation au-dessus de l'o.
[4] Notre plan donne, par erreur, ce nom à la rue de la Verrerie.
[5] Rue de la Croix.
[6] Rue du Crucifix.
[7] C'est auj. l'impasse Bertaud.
[8] Dans *la grant R. S. Anthoine*.
[9] Entre la R. de la Poterie, la R. Jehan Pin molet, la rue Saint-Bon, qui est indiquée mais non nommée, et la R. de la Courrerie (rue de la Verrerie). — Le plan de Ducerceau écrit avec raison « l'Ostel d'Anjou ». Sur cet hôtel, voy. Sauval, t. II. p. 247.
[10] Rue de Longpont, auj. rue Jacques-de-Brosse.
[11] Notre plan désigne ainsi par erreur la rue des Poulies-Saint-Honoré. La vraie rue des Deux-Écus est indiquée, mais non nommée.
[12] Devenue rue des Orfèvres.
[13] Saint-Sauveur.
[14] Rue du Four-Saint-Honoré.
[15] Devenue rue des Vieilles-Étuves.
[16] Auj. rue Sauval.
[17] Rue aux Fers, auj. rue Berger.
[18] Dans la rue de Grenelle-Saint-Honoré.
[19] Rue des Fontaines.
[20] Rue du Franc-Mûrier, devenue rue du Morier (Gomboust), puis rue de Moussi.
[21] Nom donné ici par erreur à la rue de Beauvais. Voy. *Beauvais* (R. de).
[22] Rue Phélipeaux, auj. comprise dans la rue Réaumur.
[23] Rue Guérin-Boisseau.
[24] Rue Grénéta.
[25] Rue Grenier-sur-l'Eau.
[26] Rue Geoffroy-l'Asnier.
[27] Rue de Grenelle-Saint-Honoré.
[28] Le carrefour Guillori.
[29] Rue des Gravilliers.

PLAN DE TRUSCHET ET HOYAU.

Grenier S. Ladre (R.)[1].
Grève (la Place de).
Halle au blé (la).
Haudriette (R. de)[2].
Heauntrie (la)[3].
Hommes armés (R. des)[4].
Huleu[5].
Jardin (R. du)[6].
Jehan Pin molet (R.).
Jehan S. Denis (R.)[7].
J. son (R. de)[8].
Jeu de Paume (le)[9].
Lavandière (R. des)[10].
Lingerie (la).
Lonbars (R. des).
Louvre (le).
Marie Egipcienne (R.)[11].
Marivaux[12].
Mauconseil (R. de).
Maudétour (R. de).
Mauves Gracons (R. des)[13].
Ménestriers (R. des).

Micheleconte (R.)[14].
Monmartre (la grant R.).
Monnoie (la)[15].
Monnoie (R. de la).
Mont Moranci (R.).
Montorgueil (R. de).
Mortellerie (R. de la).
Neuve S. Marri.
Neuve S. Pol (R.)[16].
Non. nain (R.)[17].
Nonnaindierre (R.).
Opital S. Gerves (l')[18].
Opital S. Jaques (l').
Ospital S. Julian (l')[19].
Opital S. Caterinne (l')[20].
Orfèvre (la Chapele des).
Orléans (R. d')[21].
Ostel dd la vile[22].
Ours (R. aux).
Pagevin (R.)[23].
Paiens (R. des)[24].
Paradis (R. de)[25].

---

[1] Auj. rue Grenier-Saint-Lazare.
[2] Gomboust écrit déjà rue des Vieilles Audriettes. A son extrémité se dresse l'échelle de justice du Temple.
[3] Rue de la Heaumerie.
[4] Rue de l'Homme-Armé.
[5] C'est la rue du Grand-Hurleur.
[6] Rue des Jardins Saint-Paul.
[7] Voy. *Autruche* (R. de l').
[8] Rue Jean-Tison, devenue rue Tison.
[9] Dans la rue de la Poterie-des-Halles, qui est indiquée, mais non nommée. Charles IX affectionnait fort cet établissement, et, en 1571, il fit construire, pour son usage personnel, une cheminée dans une pièce contiguë à la salle principale.
[10] Sainte-Opportune.
[11] Devenue rue de la Jussienne.
[12] Devenue rue Marivaux-des-Lombards.
[13] Rue des Mauvais-Garçons.

[14] Rue Michel-le-Comte.
[15] Dans la *R. de la Monnoie*.
[16] C'est la rue des Lions-Saint-Paul. Voy. ci-dessous le plan de Ducerceau.
[17] Cette inscription désigne la rue du Figuier et non celle du Fauconnier, comme l'a cru M. J. Cousin.
[18] L'hôpital Saint-Gervais.
[19] Saint-Julien-des-Ménétriers.
[20] Dans la rue Saint-Denis.
[21] Saint-Honoré.
[22] L'Hôtel de Ville. Le rez-de-chaussée du Boccador est complet; la seule partie de l'édifice terminée est le pavillon qui surmonte l'arcade Saint-Jean.
[23] Commence *R. Coquilière*, et finit *R. Breneuse* (rue Pagevin actuelle). Voy. *Augustins* (*R. des*).
[24] C'est la rue des Juifs.
[25] Au Marais.

Patourelle (R.) [1].
Pavée (R.) [2].
Pavée (R.) [3].
Peau Diable (du) [4].
Pet io ni [5].
Petis Chams (R. des) [6].
Petis Chans (R. des) [7].
Petit Lion (R.) [8].
Pierre au Lart (la).
Pilori (le) [9].
Plâtrière (R. de la) [10].
Plâtrière (R. de la) [11].
Porte Bodes (la) [12].
Porte Montmrtre.
Porte S. Anthoine.
Porte S. Denis.
Porte S. Honoré.
Porte S. Martin.
Porte du Temple.

Portefoin (R.).
Poterie (R. de la) [13].
Poterie (R. de la) [14].
Poulise (R. de) [15].
Poullies (R. des) [16].
Prescheurs (R. au).
Prevos de Paris (l'Oste. du) [17].
Prouvelles (R. des) [18].
Puis (R. du).
Quinse Vins (les).
Quiquenpoix (R.).
Quiquetonne (la R.) [19].
Quoqueheron (R.). [20].
Reine (l'Ostel de la) [21].
Renart (R. du) [22].
Renau le Fèvre (R.) [23].
Roi Cecile (R. du) [24].
Rosiers (R. des).
S. Anthoine.

---

[1] Rue Pastourelle.
[2] Devenue rue du Petit-Hurleur.
[3] Saint-Sauveur.
[4] Rue du Pet-au-Diable.
[5] De la rue Percée-Saint-Antoine à la rue Geoffroi-l'Asnier. C'est donc une partie de la rue de Jouy; le graveur a sans doute voulu abréger les mots *Petite rue de Joui*.
[6] **Rue des Petits-Champs.** Elle commence dans la rue Beaubourg qui n'est pas nommée, et finit *R. S. Martin*.
[7] La croix dite des Petits-Champs est dessinée à l'angle de cette rue et d'une rue non nommée qui est la rue du Bouloi.
[8] Saint-Sauveur.
[9] Des Halles.
[10] Devenue rue de la Corroierie, et auj. comprise dans la rue de Venise.
[11] Devenue rue Jean-Jacques-Rousseau.
[12] La porte Baudoyer.
[13] Commence *R. de la Courrerie* (rue de la Verrerie), et finit *R. Neuve S. Marri*. — C'est auj. la rue du Renard-Saint-Merri.
[14] Commence *R. de la Tisarranderie*, et finit *R. de la Courrerie* (rue de la Verrerie). — C'est la rue de la Poterie actuelle.
[15] Devenue rue des Francs-Bourgeois. Ducerceau écrit « R. des Poulis ».
[16] C'est la rue de l'Autruche. La vraie rue des Poulies est nommée par erreur rue des Deux-Écus. Voy. *Autruche (R. de l')*.
[17] Entre la *grant R. S. Anthoine*, la *R. S. Pol* et la *R. Vercée* (Percée). L'entrée est sur la *R. S. Pol*. — Le prévôt de Paris était encore François de la Rochepot.
[18] Rue des Prouvaires.
[19] Rue Tiquetonne.
[20] Rue Coq-Héron.
[21] Entre la *R. des Cellestins* (rue du Petit-Musc), la *R. Neuve S. Pol*, la rue et l'église *S. Pol*.
[22] Saint-Sauveur.
[23] Cette inscription est placée dans la rue Cloche-Perce actuelle; la vraie rue Renault-le-Fèvre est indiquée, mais nommée. Le plan de Tapisserie et celui de Ducerceau commettent la même erreur.
[24] Rue du Roi-de-Sicile.

S. Anthoine (la grant R.).
S. Bon.
S. Denis (grant R.).
S. Esperit (le) [1].
S. Eustace.
S. Germain (l'Ecolle).
S. Germain (R.) [2].
S. Germain de Locerras [3].
S. Gerves.
S. Honoré.
S. Honoré (la grant R.).
S. Jaques de la Boucherie.
S. Jehan [4].
S. Leufroi.
S. Leu S. Gille.
S. Magloire.
S. Mari (Cloistre) [5].
S. Marri.
S. Martin (la grant R.).
S. Martin des Chans.
S. Nicolas des Chans.
S. Pol [6].
S. Pol (R.).
S. Sauveur.
S. Sauveur (R.).

S. Thomas [7].
S. Thomas (R.) [8].
S. Caterine (la R.).
S. Caterinne du vos des Ecoliers [9].
S. Oportune.
S. Inocens [10].
Savonnerie (R. de la).
Séjour (R. du) [11].
Sépulcre (le) [12].
Serpente (R. de la) [13].
Tacherie (R. de la).
Tample (la grant R. du).
Tample (la viele R. du).
Tenple (l'Eglise [14] du).
Tennerie (la) [15].
Tirechape (R.).
Tirevit (la R.) [16].
Tiroy (la Croix du).
Tisarranderie (R. de la) [17].
Tougin (R.) [18].
Tour du Bois (la).
Tournelles (les) [19].
Trasenonnin (R.) [20].
Trousevache (R.) [21].
Truanderie (R. de la).

---

[1] L'hôpital du Saint-Esprit.
[2] L'Auxerrois.
[3] L'église Saint-Germain-l'Auxerrois.
[4] L'église Saint-Jean-en-Grève.
[5] Cloître Saint-Merri.
[6] L'église Saint-Paul. Ducerceau écrit « S. Paul ».
[7] L'église Saint-Thomas-du-Louvre.
[8] Nom donné par erreur au commencement de la rue Fromanteau. La vraie rue Saint-Thomas-du-Louvre n'est pas nommée, c'est celle dans laquelle on lit ces mots : *Porte S. Honoré.* — Voy. *Autruche (R. de l')*.
[9] Sainte-Catherine du Val des Écoliers.
[10] Le Cimetière.
[11] Devenue rue du Jour.
[12] C'est sur l'emplacement de cette église que fut, en 1795, créée la cour Batave.
[13] Devenue rue du Chevalier-du-Guet.
[14] Et le couvent.
[15] Rue de la Tannerie. — Comme sur le plan de Ducerceau, un bâtiment la barre complétement vers le milieu.
[16] Le plan de Tapisserie et celui de Ducerceau lui donnent ce même nom. C'est auj. la rue Marie-Stuart.
[17] Rue de la Tixeranderie.
[18] Aujourd'hui rue de la Perle.
[19] Dessin absolument semblable à celui que donne Ducerceau. On n'y retrouve aucune des nombreuses tours qui flanquaient cet hôtel et lui avaient valu son nom.
[20] Rue Transnonnain.
[21] Devenue, en 1822, rue de la Reynie.

Vannerie (R. de la) [1].
Ver bois (R. du).
Vercée (R.) [2].

Viaux (la Place au) [3].
Vielle Correrie (la) [4].
Vielle Poterie (R. de la) [5].

FAUBOURGS.

RIVE GAUCHE.

Albia (le Chan d') [6].
Bare (R. de la) [7].
Bissestre [8].
Braques [9].
Chartereus (les) [10].
Coipiaus (R. de) [11].
Cordelières (les) [12].
Cordelières (R. des).
Fer de Moulain (R. du) [13].
Four (R. du) [14].
Gentili [15].
Iveri [16].
Moulins des Gobellin (les) [17].

Neueve (R.) [18].
Neuve (R.) [19].
Notre Dame des Chans.
Opital (l') [20].
Orléans (R. d') [21].
Pilori (le) [22].
Porte de la Barete [23].
Postes (R. des).
Pré au Clers (le) [24].
Presoer de l'Otel Dieu (le) [25].
S. Germain (les Faubours) [26].
S. Germain (la Foire) [27].
S. Germain des Prés [28].

---

[1] Auj. comprise dans l'avenue Victoria.
[2] Rue Percée-Saint-Antoine.
[3] La place aux Veaux, près du grand Châtelet.
[4] Devenue rue des Cinq-Diamants, puis (1851) réunie à la rue Quincampoix.
[5] Ducerceau la nomme « rue de la Vieille Posterne » et Gomboust « rue de la Cour des Morts ». C'est aujourd'hui la rue du Maure.
[6] Le champ d'Albiac.
[7] Devenue rue Scipion.
[8] Bicêtre.
[9] L'hôtel de Braque, dit Braque latin, situé place de l'Estrapade.
[10] Les Chartreux.
[11] Devenue rue Copeau, et auj. rue Lacépède.
[12] Du faubourg Saint-Marceau.
[13] Auj. rue du Fer-à-Moulin.
[14] Saint-Germain.
[15] Gentilly.
[16] Ivry.

[17] Dessin curieux. Un moulin à vent se dresse sur une haute plate-forme circulaire construite en pierres de taille.
[18] C'est la rue de Condé, et non la rue Garancière, comme l'a cru M. J. Cousin.
[19] Devenue rue du Petit-Moine, au faubourg Saint-Marceau.
[20] Saint-Marceau.
[21] Saint-Marceau.
[22] De l'abbaye Saint-Germain-des-Prés.
[23] Porte de la Barre, au faubourg Saint-Marcel.
[24] Le petit Pré-aux-Clercs.
[25] Ce pressoir dépendait d'une ferme appartenant à l'Hôtel-Dieu, et qui occupait l'emplacement de l'École actuelle des Mines.
[26] La voie ainsi indiquée est comprise auj. dans la rue de l'École-de-Médecine.
[27] Sur l'emplacement du marché Saint-Germain actuel.
[28] Dessin assez exact, et différent de celui que donne Ducerceau.

S. Ipolite.
S. Jaques (le Faubours).
S. Jaques du haut Pas (l'Opital).
S. Marceau.
S. Marceau (la grant R.) [1].
S. Médart.
S. Surplice [2].
S. Surplice (R.) [3].

S. Vitor [4].
S. Vitor (les Faubour).
Seine (R. de) [5].
Tainturiers (R. des).
Tournon (R. de).
Vaugirart (R. de).
Villejuive [6].
Viteri [7].

RIVE DROITE.

Auteul [8].
Baniolet [9].
Bastillon (le) [10].
Bastillon (le) [11].
Bele vile [12].
Bons Hommes (les) [13].
Chaliot [14].
Clinniencourt [15].
Conflan [16].
Courtille (la) [17].

Crois Faubin (la) [18].
Granche Batelière (la) [19].
Marché aux Pourceaux (le) [20].
Mares (les) [21].
Martis (la Chapelle des) [22].
Mon faucon [23].
Monmartre [24].
Montreul sur le Bois.
Perci [25].
Pont Arcans (le) [26].

---

[1] Auj. rue Mouffetard.
[2] L'église et le cimetière Saint-Sulpice.
[3] La rue des Canettes actuelle.
[4] L'abbaye de Saint-Victor.
[5] Saint-Germain.
[6] Villejuif.
[7] Vitry.
[8] Auteuil, représenté par cinq maisons sur le bord de la Seine.
[9] Bagnolet.
[10] En dehors de la porte du Temple.
[11] Notre plan désigne ainsi deux monticules assez élevés et situés à droite de la *Porte S. Anthoine*. — Ces bastillons, formés des décombres accumulés depuis des siècles entre la Bastille et la Porte du Temple, ne reçurent une forme à peu près régulière que vers 1559. Nous avons déjà dit ce qu'il faut penser de ces anachronismes.
[12] Belleville. — C'est déjà un hameau assez considérable.
[13] Le couvent des Minimes de Chaillot.
[14] Chaillot.
[15] Clignancourt.
[16] Conflans.
[17] Vers l'extrémité du faubourg du Temple.
[18] Cette désignation s'applique à la croix et au petit hameau qu'elle précédait.
[19] Quatre petits bâtiments réunis par un mur de clôture. Toute l'apparence d'une ferme.
[20] Hors de l'enceinte, entre la *Porte S. Honoré* et la *Porte Monmrtre*. On y voit deux potences ayant chacune son pendu. A côté, quelques marches de pierre représentent peut-être l'endroit ou les faux-monnayeurs étaient bouillis.
[21] Des marais, sans doute. Cette inscription est placée à gauche des *Faubours S. Laurens*.
[22] Près de l'abbaye de Montmartre.
[23] On y voit le gibet avec trois pendus.
[24] L'abbaye.
[25] Bercy.
[26] Pont jeté sur le grand égout, à la hauteur de *la Ville l'Evesque*.

Porcherons (les) [1].
Propincourt.
Roulle (le).
Rueli [2].
S. Anthoine [3].
S. Denis (les Faubours).
S. Honoré (les Faubours).
S. Ladre.
S. Laurens [4].
S. Laurens (les Faubours) [5].
Tuilleries (les) [6].
Ville l'Evesque (la) [7].
Villeneuve (la) [8].
Vinciennes (le Bois de).

---

[1] Château fortifié, orné de tourelles et entouré de fossés pleins d'eau.
[2] Reuilly.
[3] L'abbaye.
[4] L'église accompagnée de son cimetière.
[5] La rue actuelle du Faubourg-Saint-Martin.
[6] Quelques masures reliées par une clôture circulaire, et situées sur l'emplacement du château actuel.
[7] C'est déjà un hameau de quelque importance, mais où les constructions sont très-disséminées.
[8] Ensemble de cinq ou six rues qui représentent l'origine du quartier Bonne-Nouvelle.

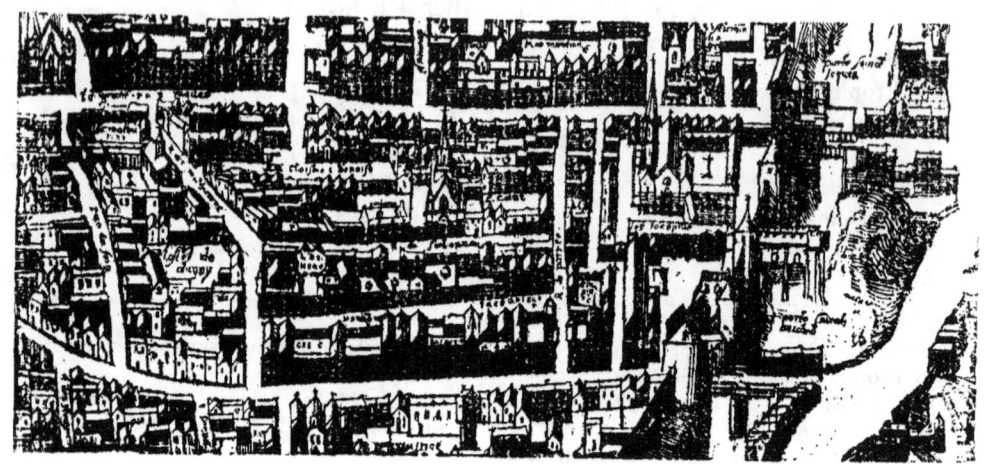

PLAN DIT DE DUCERCEAU.

— 1555-1560 —

La rareté de ce plan et l'intérêt très-réel qu'il présente l'ont rendu célèbre.

On n'en connut longtemps qu'un seul exemplaire, dont l'histoire est assez accidentée. Il appartint d'abord à la bibliothèque de l'abbaye de Saint-Victor, et quand la Révolution eut dispersé celle-ci, il passa à la bibliothèque de l'Arsenal; la Bibliothèque nationale le lui enleva ensuite, je ne sais dans quelles circonstances. Le second exemplaire connu fut acheté en 1845 par M. Gilbert, maître sonneur de Notre-Dame, qui le paya deux francs environ. Lors de la vente après décès de M. Gilbert, ce plan fut adjugé, moyennant deux mille francs à la Ville de Paris, et il a été anéanti en 1871 dans l'incendie de l'Hôtel de Ville. Un troisième exemplaire appartient à M. Destailleur, qui l'a acquis vers 1865. Enfin, une autre exemplaire, qui n'est plus aujourd'hui que le troisième, a été acheté trois mille francs en 1875 à la vente du libraire Tross, par M. Jules Cousin, au nom de la Ville de Paris.

Ce plan si recherché a été baptisé par M. Bonnardot, qui crut y reconnaître la manière du célèbre Ducerceau ; il se borna cependant sur ce point à une conjecture, et déclara notre plan « attribuable à Ducerceau ». Suivant M. Jules Cousin, cette estampe, « fort médiocre comme dessin et comme gravure, trahit plutôt la main d'un vulgaire ouvrier que celle d'un maître. Les eaux-fortes de Du Cerceau, ou d'après Du Cerceau, sont en général fines, spirituelles, pleines de *chic*, légèrement enlevées, et par cela même s'épuisant rapidement au tirage et donnant bientôt des épreuves pâles, inégales, plus ou moins effacées. La gravure de ce plan, au contraire, est sèche, nette, naïve, et totalement dépourvue de style. On remarque, d'ailleurs, dans les quatre planches des différences de procédés qui prouvent qu'elles n'ont pas été exécutées par la même main. Ainsi, dans la première planche, les façades des maisons sont ombrées, les noms des rues sont écrits en petites capitales et l'aspect général est sombre ; dans la planche inférieure, au contraire, les maisons sont au simple trait, les noms des rues sont en petite cursive et l'aspect général est clair. Il paraît donc évident que cette estampe a été exécutée dans un atelier de gravure topographique et que l'on a divisé la besogne pour aller plus vite. »

On est, du moins, d'accord sur la date de ce plan qui doit avoir été dressé entre 1555 et 1560. Des masures couvrent encore le terrain acheté en 1564 par Catherine de Médicis pour y faire construire le palais qui devint les Tuileries. Le couvent des Filles Repenties occupe encore, dans la rue de Grenelle, l'emplacement qu'il quitta en 1572. Les portes de Buci et de Nesle sont représentées ouvertes. Enfin, c'est vers 1559 que les monceaux de décombres accumulés aux abords de la Bastille et de la porte du Temple furent transformés en bastions, en *bastillons* comme dit notre plan.

Il a pour titre :

LA·VILLE·CITÉ·VNIVERSITÉ·DE·PARIS

et se compose de quatre feuilles, dont chacune est ornée d'une tête qui sort des nuages en soufflant; ces têtes ont auprès d'elles leur nom inscrit dans un cartouche, ce sont : *Avster, Svbsolanvs, Septentriones* et *Favonivs*. Sur la première planche, on trouve en outre les armoiries de Paris, et sur la deuxième l'écusson de France entouré du collier de Saint-Michel. Au bas des feuilles 3 et 4 figurent les trois inscriptions suivantes :

NON MODO FRANCIGENE HAEC EST REGIA GENTIS AT EIVS
    QVAM RELIQVO TANAIS DIVIDIT ORBE PLAGAE
QVALEM NON VNQVAM VIDIT GARAMENTA NEC INDVS
    ET CVI NON MEMINIT PARTHVS AFERVE PAREM.

EN TIBI STVDIOSE GRAPHICA ET LINEARIS PICTVRA VRBIS
    CIVITATIS ET ACADEMIAE IN QVA OMNES VICI ANGIPORTVS
    TEMPLA GIMNASIA, COENOBIA EADEM FIGVRA ATQVE
    SITV QVO HODIE VISVNTVR AD VNGVEM EXPRESSA
    CONTINENTVR. HOC QVANTVLVNCVNQVE NOSTRI
    LABORIS BONI CONSVLE.

EN BENE TVRBA PARENS HAEC CEV SIT APVM ALVEVS IN QVO
    QVAEQVE SVVM NVLLO MVRMVRE MVNVS OBIT
HIC DOCTRINA VIGET, IVS LEX AEQVVMQVE BONVMQVE
    QVIS NEGET HAEC REPETENS FACTA STVPENDA DEI.

Le plan dit de Ducerceau a eu une seconde édition. Bonamy ayant étudié l'exemplaire conservé à la bibliothèque de Saint-Victor, engagea en 1756 le Bureau de la Ville à le faire reproduire en fac-similé, et le graveur Dheulland fut chargé du travail. Cette estampe a la même dimension que le modèle, mais ne forme qu'une seule feuille. C'est d'ailleurs une copie et non un fac-similé; on reconnaît au premier coup d'œil une gravure moderne, et bien des modifications de détail ont été apportées à l'original. La plus malheureuse est l'existence de la tour de Billy, détruite par la foudre le 19 juillet 1538, et que Dheulland a soigneusement ajouté sur sa gravure. Bonamy se figurait, au reste, avoir trouvé une gravure du fameux plan de Tapisserie, que nous avons décrit plus haut; il plaça donc en marge de l'estampe de Dheulland une courte notice manuscrite qui débute ainsi :

Plan en perspective de la ville de Paris telle qu'elle étoit sous le règne de Charles IX. *Gravé d'après une Tapisserie conservée dans l'Hôtel de Ville.*

Ce Plan de Paris ancien est la Copie fidèle d'un plan gravé de la Bibliothèque de St Victor, que nous croïons unique. Mrs de Saint Victor, dans la vuë du bien public, n'en ont pas voulu être les seuls possesseurs, et pour le multiplier par la gravûre, ils ont consenti avec plaisir à le communiquer. Ce plan est aussi le même que celui qui est représenté sur une tapisserie qui avoit autrefois appartenu à la Maison de Guyse, et dont la Ville a fait l'acquisition sous les prévôtés de M. Turgot.... On voit au Cabinet des Estampes du Roy un dessin de ce même plan fait à la main et enluminé.

Cette confusion ne contribua pas peu à embrouiller un problème déjà fort obscur. Le catalogue actuel de la Chalcographie du Louvre continue à propager l'erreur de Bonamy, et, sur la foi sans doute de ce témoignage, M. Viollet le Duc, dans son *Dictionnaire d'Architecture,* cite partout, sous le nom de Plan de Tapisserie, la gravure exécutée par Dheulland.

NOMENCLATURE.

CITÉ ET COURS DE LA SEINE.

Barillerie (R. de la) [1].
Canetes (R. des).

Cloistre (le) [2].
Comptes (L. c. des) [3].

---

[1] Elle n'est point nommée sur le plan de Truschet.
[2] De Notre-Dame.
[3] La Chambre des Comptes.

PLAN DIT DE DUCERCEAU.

Conciergerie (la).
Evesque (l'Hostel de l') [1].
Glatgni (R. de) [2].
Isle de Louviers (l') [3].
Isle Mascu erelle (l') [4].
Isle Nostre Dame (l') [5].
Jardin du roy (le).
Licorne (R. de la).
Magdeleine (la).
Marmouretz (R. des) [6].
Marne (Rivière de).
Moulin de la Monnoie (le) [7].
Neufve S. Jeneviefve (R.) [8].
Nostre Dame.
Orloge (l') [9].
Ostel Dieu (l').
Palais (le).
Perpignan (R. d.).
Pont (Petit).
Pont au Change (le).
P. aux Meuniers.
Pont Nostre Dame (le).
Pont Sainct Michel (le).

Port S. Landry (R. du).
Porte foing (le) [10].
Sablons (R. des) [11].
S. Agnen [12].
S. Berthélemi [13].
S. Christofle.
S. Christofle (R.).
S. Denis du p. [14].
S. Germain le Vieux.
S. J. le Ron [15].
S. Landry.
S. Mathias [16].
S. Michel.
S. Piere des Assis.
S. P. au Beaus [17].
S. Siforien [18].
Saincte Chappelle (la).
S. Marine.
Savaterie (la).
Seine (Rivière de) [19].
Terrain (le).
Verrerie (R. de la) [20].
Vielle Pelleterie (R.).

---

[1] L'évêché.
[2] Rue Glatigny.
[3] Dessin tout autre que celui donné par Truschet. Ici, l'île est entourée d'une clôture en planches et bordée d'arbres; au centre s'élève une maison. L'île aux Vaches n'est pas nommée.
[4] L'île Maquerelle, devenue île des Cygnes. Elle ne figure pas sur le plan de Truschet.
[5] Absolument nue. Pas un arbre, pas une maison.
[6] Rue des Marmousets.
[7] Entre la rive droite et la pointe de la Cité.
[8] Devenue rue Neuve-Notre-Dame.

[9] Du Palais.
[10] Le port au Foin, un peu au-dessus de la Grève.
[11] Ce n'est qu'une impasse, et encore devait-elle déjà être supprimée à cette époque. Le plan de Truschet l'indique, mais ne la nomme pas.
[12] L'église Saint-Aignan.
[13] L'église Saint-Barthélemy.
[14] L'église Saint-Denis-du-Pas.
[15] L'église Saint-Jean-le-Rond.
[16] L'église Saint-Martial.
[17] L'église Saint-Pierre-aux-Bœufs.
[18] L'église Saint-Symphorien.
[19] Sa largeur est très-exagérée.
[20] C'est la rue de la Vieille-Draperie.

RIVE GAUCHE.

Aleblet (C.) [1].
Alixandre Langlois (R.).
Anglois (R. des).
Arras (C. d') [2].
Augustins (les) [3].
Augustins (R. des) [4].
Batouer (R. du) [5].
Baieux (C.) [6].
Beauvaist (C.) [7].
Bénardins (les) [8].
Bénardins (R. des).
Bièvre (R. de).
Boncourt [9].
Bon Puis (R. du).
Bons Enffans (les) [10].
Bordelle (R.).
Bourgongne [11].
Bout de Brye (R.) [12].
Breneuse (R.) [13].

Calvy (C.) [14].
Cardinal le Moyne (le) [15].
Carmes (les) [16].
Carmes (R. des).
Ces (C.) [17].
Chastellet [18].
Chemin Gaillart (le).
Chenahac [19].
Cholés (les) [20].
Cimetière (R. du) [21].
Clos Bruneau (le) [22].
Cloz Bruneau (les) [23].
Clugni (C.) [24].
Clugny (l'Ostel de).
Coqueret (C.) [25].
Cordeliers (R. des).
Cordelliers (les).
Cornoaille (C.) [26].
Deux Portes (R. des) [27].

---

[1] Le collége ou la cour d'Albret.

[2] Le collége d'Arras, dans la rue de ce nom, appelée ici R. des Dras.

[3] Le couvent des Grands-Augustins.

[4] Rue des Grands-Augustins.

[5] Auj. rue Gît-le-Cœur.

[6] Le collége de Bayeux.

[7] Le collége de Beauvais.

[8] Le collége des Bernardins.

[9] Le collége de Boncourt.

[10] De la rue Saint-Victor.

[11] Le collége de Bourgogne.

[12] On écrit auj. rue Bouterie.

[13] Les deux inscriptions *le Clos Bruneau* et *R. Breneuse* indiquent l'emplacement compris entre la rue Saint-Jean-de-Beauvais et la rue Saint-Jacques. Il a formé ensuite la rue du Cimetière-Saint-Benoît.

[14] Le collége de Calvi.

[15] Le collége de ce nom.

[16] De la place Maubert.

[17] Le collége de Séez.

[18] Le Petit Châtelet.

[19] Le collége de Chanac ou de Saint-Michel, dans la rue de Bièvre.

[20] Le collége des Cholets.

[21] Saint-André-des-Arts.

[22] Voy. *Breneuse* (R.)

[23] De la rue des Sept-Voies à la rue Saint-Jean-de-Beauvais. Est devenu la rue Fromentel.

[24] Le collége de Cluny.

[25] Le collége de Coquerel, dans la rue Chartière.

[26] Le collége de Cornouailles.

[27] Commence la rue de la Harpe, et finit rue Hautefeuille.

PLAN DIT DE DUCERCEAU.

Dras (R. des) [1].
Dras (R. des) [2].
Foin (R. du).
Foire (R. du) [3].
Grant Décret (le) [4].
Harcour (C.) [5].
Harpe (la grant rue de la).
Haulte fueille (R. de).
Hercourt (L. de) [6].
Huchette (R. de la).
Jacopins (les) [7].
Justice [8].
Lan (C.) [9].
Lavandières (R. des) [10].
Lizieux [11].
Loberaine (Hostel de) [12].
Lonbars (C.) [13].
M. Gervais [14].
Mans (C.) [15].
Marche (C.) [16].
Marmoutier (C.) [17].
Mathurins (les).
Mathurins (R. des).
Maubert (la Place) [18].

Mercy (la) [19].
Mignon (la Chappelle).
Montagu (C.) [20].
Navarre (C.) [21].
Nerbonne [22].
Nesle (l'Ostel de).
Nesle (la Tour de).
Nevers (l'Ostel de) [23].
Noiers (R. des).
Pan (R. du) [24].
Pavée (R.) [25].
Pavée d'Andoulles (R.) [26].
Percée (R.).
Percheminnerie (la) [27].
Perdue (R.).
Pierre Sarazin (R.).
Plastre (R. du).
Plecis (C.) [28].
Poirée (R. de) [29].
Poitevin (R. du) [30].
Porte Bordelle.
Porte de Bucy.
Porte S. Germain.
Porte Sainct Jaques.

---

[1] C'est la rue des Rats, près de la place Maubert.
[2] C'est la rue d'Arras. Le plan de Truschet ne la nomme pas.
[3] Rue du Fouarre. Le plan de Truschet ne la nomme pas.
[4] L'École de Droit, dans la rue Saint-Jean-de-Beauvais.
[5] Le collége d'Harcourt.
[6] L'hôtel d'Harcourt.
[7] Les Jacobins de la rue Saint-Jacques.
[8] Le collége de Justice.
[9] Le collége de Laon.
[10] Près de la place Maubert.
[11] Le collége de Lisieux.
[12] L'hôtel de Lorraine, à l'angle du quai et de la R. des Bénardins.
[13] Le collége des Lombards.
[14] Le collége de Maître-Gervais.
[15] Le collége du Mans.
[16] Le collége de La Marche.
[17] Le collége de Marmoutiers.
[18] La croix Hémon y figure.
[19] Le collége de la Merci.
[20] Le collége de Montaigu.
[21] Le collége de Navarre.
[22] Le collége de Narbonne.
[23] A gauche de la R. S. Andry des Arts.
[24] Rue du Paon.
[25] Saint-André-des-Arts, auj. rue Séguier.
[26] Devenue rue du Mûrier.
[27] Rue de la Parcheminerie.
[28] Le collége du Plessis.
[29] Rue des Poirées; elle va de la rue Saint-Jacques à la rue de la Harpe.
[30] Rue des Poitevins.

Porte Sainct Michel.
Poupée (R.).
Preile [1].
Rains (C.) [2].
Rieulx (l'Ostel de) [3].
Rondelle (R. de la) [4].
Rouen (l'Ostel de) [5].
S. Andry (R.) [6].
S. Benoist (Cloistre).
S. Cosme.
S. Denis (l'Ostel).
S. Estienne [7].
S. Estienne (R.) [8].
S. Estienne des Grez.
S. Hilaire.
S. Jaques (la grant r.).
S. Jehan de Beauvès (H.).
S. Jehan de Latran.
S. Julien [9].

S. Julien (R.).
S. Michel (C.) [10].
S. Nicolas du Chardonneret.
S. Nicollas (R.).
S. Séverin.
Sainct Victor (la grant rue).
S. Yves.
S. Barbe [11].
S. Geneviève [12].
S. Genneviefve (le Mont) [13].
Serpente (R. de la) [14].
Serpente (R. de la) [15].
Sorbonne.
Sorbonne (R. de) [16].
Tournay (l'Ostel de) [17].
Tournelle (la).
Traversaine (R.) [18].
Trésoriers (C.) [19].
Versaille (R.) [20].

RIVE DROITE.

Alençon (l'Ostel d') [21].
Anjou (l'Hostel d') [22].

Augustins (R. des) [23].
Au mère (R.) [24].

---

[1] Le collége de Presles.
[2] Le collége de Reims.
[3] Célèbre sous le nom d'hôtel d'Hercule, dans la *R. des* Grands *Augustins.*
[4] Rue de l'Hirondelle.
[5] Entre la *R. du Pan* et la rue de l'Éperon.
[6] Rue Saint-André-des-Arts.
[7] L'église Saint-Étienne-du-Mont.
[8] Du Mont.
[9] Le Pauvre.
[10] Hôtel appartenant aux abbés du Mont-Saint-Michel. Il allait être vendu (1571) au collége de Montaigu.
[11] Le collége Sainte-Barbe.
[12] L'abbaye.
[13] La rue de la Montagne-Sainte-Geneviève.
[14] Devenue rue du Battoir. Elle va de la rue Hautefeuille à la rue de l'Éperon.
[15] Rue Serpente. Elle va de la rue de la Harpe à la rue Hautefeuille.
[16] Elle aboutit rue des Poirées et est fermée de ce côté.
[17] Le collége de Tournay.
[18] Rue Traversine. Le plan de Truschet ne la nomme point.
[19] Le collége du Trésorier.
[20] Rue de Versailles.
[21] Voy. ci-dessus le plan de Truschet, p. 50.
[22] Au milieu de la rue de la Poterie, sur le côté gauche. Voy. *Dangou.* (*H.*)
[23] Rue des Vieux-Augustins.
[24] Rue au Maire. Dessin semblable à celui du plan de Truschet. Voy. p. 50.

Austruce (R. de l') [1].
Ave Maria (l').
Avéron (R. d') [2].
Bales (R. des) [3].
Barres (R. des) [4].
Bastille (la).
Baudroirie (R. de la) [5].
Beaubourt (R. de).
Beau repaire (R. de).
Beauvès (R. de) [6].
Billettes (les) [7].
Billettes (les) [8].
Bison (R. de) [9].
B. Manteaux (L.) [10].
Blans Manteaulx (R. des).
Bons Enffans (les) [11].
Boucherie (grant) [12].
Boucherie de Beauvès (la) [13].

Bourbon (l'Ostel de) [14].
Bourdonnois (R. des).
Bourgongne (R. de) [15].
Bourtibourt (R.).
Bout (R. du) [16].
Bracque (R. de).
Braque (la canp. d.) [17].
Breneuse (R.) [18].
Bresaic (R. de) [19].
Bretaigne (l'Ostel de) [20].
Bretonnerie (R. de la) [21].
Bri Boucher (R.) [22].
Célestins (les).
Célestins (R. des) [23].
Cerisée (R. de la) [24].
Chaintre (R. du) [25].
Champ fleury (R.) [26].
Chanvererie [27].

---

[1] Erreur semblable à celle que nous avons relevée sur le plan de Truschet. Voy. p. 50.

[2] Devenue rue Bailleul. Le plan de Truschet ne la nomme point.

[3] Rue des Ballets.

[4] Commence R. de la Mortellerie, et finit à la Port. Baubest (Baudoyer).

[5] Devenue rue Maubué.

[6] Nom donné par erreur à la partie de la rue Fromanteau qui allait de la rue de Beauvais à la rue Saint-Honoré. La vraie rue de Beauvais est indiquée mais non nommée.

[7] Le couvent des Billettes.

[8] Cette inscription désigne la rue Barre-du-Bec.

[9] Rue Tiron.

[10] Le couvent des Blancs-Manteaux.

[11] Saint-Honoré. Le seul collége que possédât la rive droite.

[12] Devant le grand Châtelet.

[13] A l'angle de la Halle et de la rue Saint-Honoré.

[14] Dit le Petit-Bourbon, et situé en face du Louvre.

[15] Devenue rue Françoise.

[16] Notre plan désigne ainsi la rue Béthisy. Jaillot a lu ici, par erreur, « R. du Borel ».

[17] La chapelle de Braque.

[18] De la rue de la Jussienne à la rue des Vieux-Augustins. C'est la rue Pagevin actuelle. Voy. Pagevin (R.).

[19] C'est la rue de l'Arbre-Sec. Le plan de Truschet ne la nomme point.

[20] Entre la rue Saint-Antoine et la rue des Célestins (rue du Petit-Musc). Guillebert de Metz le nomme « l'hostel du petit Muche ».

[21] Rue Sainte-Croix-de-la-Bretonnerie.

[22] Rue Aubry-le-Boucher.

[23] Auj. rue du Petit-Musc.

[24] Rue de la Cérisaie. Mais elle est ici parallèle à la rue des Célestins (auj. rue du Petit-Musc) au lieu de lui être perpendiculaire. La vraie rue de la Cérisaie, indiquée mais non nommée, est encore fermée à ses deux extrémités.

[25] Rue du Chantre. Même erreur que sur le plan de Truschet. Voy. la note 20, p. 50.

[26] Même erreur que sur le plan de Truschet. Voy. la note 20, p. 50.

[27] Rue de la Chanvrerie. De la rue Saint-Denis à la rue Maudétour.

Chappon (R.).
Chaps (R. des) [1].
Chastellet [2].
Cernelle (R. de) [3].
Cimetière (R. du) [4].
C. S. Jehan (L.).
Cimetière S. Nicolas (le).
C. de la Trinité.
Clichon (L.) [5].
Conte d'Artois (R.).
Coonnerie (R. de la) [6].
Coq (R. du) [7].
Coq (R. du) [8].
Coquilière (R.).
Court au Villain (la) [9].
Coustellerie (R.) [10].
Cousture du Temple (la).
Crois (R. de la) [11].
Crois du Tirouer (la).
Cul de sac [12].
Dangou (L.) [13].
Deux Boulles (R. des).
Deux Escus (R. des).
Deux Portes (R. des) [14].
Ecoffle (R. des) [15].
Enffans rouges (les).
Estuves (R. des) [16].
Estuves (R. des) [17].
Faulconniers (R. des).
Ferronnerie (R. de la).
Feurre (R. au) [18].
Figuier (R. du).
Filles (les) [19].
Filles Dieu (R. des).
Filles repenties [20].
Fontaines (R. des).
Fossé Sainct Germain [21] (R. du).
Four (R. du) [22].
Four l'Evesque (le).
Franc Muri (R. du) [23].
Frepau (R. de) [24].
Fripperie (la).
Fromagerie ? [25] (R. de la).
Geuffroy Langnier (R.) [26].

---

[1] Sur l'emplacement de la rue des Déchargeurs. La rue de la Limace, dans laquelle elle aboutit, a porté le nom de rue des Chats.

[2] Le grand Châtelet.

[3] Rue de Grenelle Saint-Honoré.

[4] Saint-Nicolas.

[5] L'hôtel de Clisson, devenu hôtel de Guise, dans la rue du Chaume.

[6] Rue de la Cossonnerie.

[7] Saint-Honoré. Même erreur que sur le plan de Truschet. Voy. la note 20, p. 50.

[8] Saint-Jean.

[9] Comprise plus tard dans la rue de Montmorency.

[10] Rue de la Coutellerie.

[11] De la rue Frépillon à la rue du Vert-Bois. C'est aujourd'hui la rue Volta.

[12] Le cul-de-sac des Truies, devenu impasse Berthaud.

[13] Hôtel d'Anjou, au coin de la rue de la Verrerie et de la rue de la Poterie, sur le côté droit de cette dernière. Voy. Anjou (l'hostel d') et Sauval, t. II. p. 247. — Le plan de Truschet porte « l'Ostel Dargent ».

[14] Saint-Sauveur.

[15] Aujourd'hui rue des Écouffes.

[16] Saint-Honoré, aujourd'hui rue Sauval.

[17] De la rue Beaubourg à la rue Saint-Martin.

[18] Devenue rue aux Fers, et aujourd'hui rue Berger.

[19] Le couvent des Filles-Dieu.

[20] Dans la rue de Grenelle-Saint-Honoré.

[21] L'Auxerrois.

[22] De la rue Saint-Honoré à la rue Coquillière.

[23] Rue du Franc-Mûrier, devenue rue de Moussi.

[24] Rue Phélipeaux.

[25] Nom presque illisible.

[26] De la rue du Temple à la rue Beaubourg. C'est la rue Geoffroy-l'Angevin.

Goeffroy Lanier (R.) [1].
Grant Chartier (R. du) [2].
Gravelliers (R. des).
Grève.
Guérin Boisseau (R.).
Guernetal (R. de) [3].
Guernier S. Ladre (R.) [4].
Guernier sur Lan (R.) [5].
Guillori (Carrefour).
Halle au Blé (la).
Halles aux Draps (les).
Haultdriettes (R. des) [6].
Homme armé (R. de l') [7].
H. S. Jacques [8].
Orpital S. Julien (l') [9].
Hoqueton (R. du) [10].
Hostel de la Ville (l') [11].
Houdrietes (les) [12].
Huleu [13].
Jardins (R. des) [14].
Jehan de Lespine (R.) [15].
Jehan Lointier (R.) [16].
Jehan Pin moullet (R.) [17].
Jehan Sainct Denis (R.) [18].

Jehan Tison (R.).
Joui (R. de).
Juifs (R. des) [19].
Lanterne (R. d. l.).
Lavendières (R. des) [20].
Lingerie (la).
Lombars (R. des).
Longs Pont (R. de) [21].
Louvre (le).
Marie l'Esgiptienne (R.) [22].
Mauconseil (R. de).
Maudétour (R. de).
Maulvais Garsons (R. des).
Ménestriers (R. des).
Michel le Compte (R.).
Monnoie (la) [23].
Monnoie (R. de la).
Mont martre (la grant rue).
Montmorancy (R. de).
Montorgueil (la rue de).
Mortellerie (R. de la).
Mouton (R. du).
Neufve S. Merry (R.).
Neufve de Sainct Paul (R.) [24].

---

[1] De la rue de la Mortellerie à la rue Saint-Antoine. C'est la rue Geoffroy-l'Asnier.
[2] Rue du Grand-Chantier.
[3] Rue Grénéta.
[4] Rue Grenier-Saint-Lazare.
[5] Rue Grenier-sur-l'Eau.
[6] Rue des Vieilles-Haudriettes.
[7] Le plan de Truschet la nomme « R. des Hommes armés ».
[8] Saint-Jacques-de-l'Hôpital, dans la rue Saint-Denis.
[9] L'hôpital Saint-Julien-des-Ménétriers. Voy. *S. Gervais* et *S. Katherine*.
[10] Devenue rue de Bercy. Truschet la nomme « R. Bouquetonne ».
[11] Dessin assez confus, où l'on ne retrouve ni l'ancienne maison aux piliers avec son triple pignon, ni la nouvelle façade du Boccador.
[12] Les Haudriettes.
[13] Rue du Grand-Hurleur.
[14] Saint-Paul.
[15] Rue Jean-de-l'Épine.
[16] Rue Jean-Lantier.
[17] Rue Jean-Pain-Mollet.
[18] Même erreur que sur le plan de Truschet. Voy. la note 20, p. 50.
[19] Le plan de Truschet la nomme « R. des Paiens ».
[20] Sainte-Opportune.
[21] Rue de Longpont.
[22] Rue de la Jussienne.
[23] Dans la *R. de la Monnoie*.
[24] C'est le premier plan qui l'indique; elle ne fut, en effet, ouverte que vers 1550. La rue des Lions-Saint-Paul, percée à la même époque, est indiquée mais non nommée.

Nonnains Dierre (R.) [1].
Orfèvres (Chap. des) [2].
Orléans (R. d') [3].
Ours (R. aux).
Pagevin (R.) [4].
Patourelle (R.) [5].
Paule (R.) [6].
Pavée (R.) [7].
Percée (R.) [8].
Pernelle (R.)
Perrin Gossel. (R.) [9].
Pet au Diable (R. du).
Petis Champs (R. des) [10].
Petis Chaps (R. des) [11].
Petit Lion [12].
Pierre au Rat (la) [13].
Pillory (le) [14].
Plastre (R. du) [15].

Plastrière (R. de la) [16].
Plastrière (R. de la) [17].
Ponceau (le) [18].
Porte foing (R.).
Port. Baubest (la) [19].
Porte de Monmartre.
Porte Sainct Denis.
Porte Sainct Honoré.
Porte Sainct Martin.
Porte du Temple.
Posterie (R. de la) [20].
Poterie (R. de la) [21].
Poulies (R. des) [22].
Poulis (R. des) [23].
Pouliz (R. des) [24].
Prescheurs (R. aux).
Prevost de Paris (L. du) [25].
Prouvelles (R. des) [26].

---

[1] On écrit aujourd'hui rue des Nonnains-d'Yères.

[2] La chapelle des Orfèvres, dans la rue Saint-Germain-l'Auxerrois.

[3] Saint-Honoré.

[4] De la rue Coquillière à la rue Breneuse, espace compris aujourd'hui dans la rue des Vieux-Augustins. Voy. *Breneuse* (*R.*).

[5] Rue Pastourelle.

[6] C'est la rue Pavée-Saint-Sauveur.

[7] C'est la rue du Petit-Hurleur.

[8] Saint-Antoine.

[9] Rue Perrin-Gasselin.

[10] Saint-Honoré. — A son extrémité se dresse la haute croix, d'où la rue Croix-des-Petits-Champs à tiré son nom.

[11] Rue des Petits-Champs, aujourd'hui rue Brantôme.

[12] Rue du Petit-Lion-Saint-Sauveur.

[13] La rue Pierre-au-Lard.

[14] Des Halles.

[15] De la rue de l'Homme-Armé à la rue du Temple.

[16] De la rue Coquillière à la rue Montmartre. C'est auj. la rue Jean-Jacques-Rousseau.

[17] Commence rue Beaubourg, et finit rue Saint-Martin. C'est aujourd'hui la rue de Venise.

[18] Vers l'extrémité *rue de la Sainct Denis*.

[19] La porte Baudet ou Baudoyer.

[20] De la *R. de la Tisarenderie* à la *R. de la Voirrerie* (Verrerie).

[21] De la *R. de la Voirrerie* à la *R. Neufve S. Merry*.

[22] Du quai à la rue Saint Honoré, en passant devant la façade du Louvre. C'était alors la rue de l'Autruche et non la rue des Poulies.

[23] Finit rue Vieille-du-Temple. Elle devint rue des Francs-Bourgeois. Truschet écrit « R. de Poulise. »

[24] Du quai à la rue Saint-Honoré, en passant devant la façade de Saint-Germain-l'Auxerrois. — Devenue rue des Poulies et auj. rue du Louvre.

[25] L'hôtel du prévôt de Paris, entre la rue de Jouy et la rue Saint-Antoine, sur l'emplacement du lycée Charlemagne actuel. — Depuis 1556, le prévôt de Paris était François de Montmorency.

[26] Rue des Prouvaires.

Puis (R. du)[1].
Quatre filz Aymon (R. des)[2].
Quiquenpoit (R.).
Quoque Héron (R.).
Regnart (R. du)[3].
Regnault le Fèvre (R.)[4].
Rosiers (R. des).
Roy de Cécille (R. du).
S. Anthoine[5].
Sainct Anthoine (la grant rue).
S. Bon.
Sainct Denis (la grant rue).
S. Eustace[6].
S. Eustace[7].
Sainct Germain (l'Escolle).
S. Germain (R.)[8].
S. Germain l'Ocerras[9].
S. Gervais.
S. Gervais (L.)[10].
S. Geufroy[11].
S. Honoré.[12].
Sainct Honoré (la grant rue).
Saint Innocin[13].
S. Jaques de la Boucherie.

S. Jehan[14].
S. Josse.
S. Leu S. Gille.
S. Magloire.
S. Marry.[15].
S. Martin[16].
S. Martin (la grant r.).
S. Merry (Cloistre).
S. Nicollas[17].
S. Paul[18].
S. Paul[19].
S. Paul (R.).
S. Saulveur.[20].
S. Sauveur (R.).
S. Thomas[21].
S. Thomas (R.)[22].
S. Avoie.
S. Catherine[23].
S. Catherine (R.).
S. Croix[24].
S. Katherine[25].
S. Oportune.
Savonnerie (R. de la).
Séjour (R. de)[26].

---

[1] Commence rue de la Bretonnerie, et finit rue des Blancs-Manteaux.
[2] Rue des Quatre-Fils.
[3] Saint-Sauveur.
[4] C'est la rue Cloche-Perce qui est ainsi désignée. La véritable rue Renault-Lefèvre, située plus bas, est indiquée mais non nommée.
[5] Le Petit-Saint-Anthoine, dans la rue de ce nom.
[6] L'église Saint-Eustache.
[7] La rue Saint-Eustache.
[8] L'Auxerrois.
[9] L'église Saint-Germain-l'Auxerrois.
[10] L'hôpital Saint-Gervais.
[11] L'église Saint-Leufroy.
[12] L'église, le cloître et le cimetière.
[13] Le cimetière Saint-Innocent.
[14] L'église Saint-Jean-en-Grève.
[15] L'église Saint-Merri.
[16] L'abbaye Saint-Martin-des-Champs.
[17] L'église Saint-Nicolas-des-Champs.
[18] L'église Saint-Paul.
[19] Le cimetière Saint-Paul.
[20] L'église Saint-Sauveur.
[21] L'église Saint-Thomas-du-Louvre.
[22] Du Louvre. — Nous retrouvons ici l'erreur que nous avons relevée sur le plan de Truschet. Voy. ci-dessus la note 8, p. 55.
[23] Sainte-Catherine-du-Val-des-Écoliers.
[24] De la Bretonnerie.
[25] L'hôpital Sainte-Catherine, dans la rue Saint-Denis.
[26] Rue du Jour.

Sépulcre (le).
Serpente (R. de la) [1].
Simon le franc (R.).
Singes (R. des).
Tacherie (R. de la).
Temple (le).
Temple (la grant rue du).
Tennerie (R. de la) [2].
Tirechappe (R.).
Tirevit (R.) [3].
Tisarenderie (R. de la) [4].
Torigny (R. de).

Tour du Bois (la).
Tournelles (les) [5].
Trassenonnain (R.).
Trousse Vache (R.).
Truanderie (R. de la).
Veaux (la Place aux).
Vennerie (R. de la) [6].
Vert Bois (R. du).
Vielle Couroirie (la) [7].
Vielle Posterne (R. de la) [8].
Vielle rue du Temple (la).
Voirrerie (R. de la) [9].

FAUBOURGS.

RIVE GAUCHE.

Barre (R. de la) [10].
Bissestre [11].
Chan d'Albia (le) [12].
Chartreux (les).
Coipeaux (R. de) [13].
Cordelières (les).
Cordelières (R. des).
Fer de Moulain (R. du).
Four (R. du).

Gentili [14].
Hospital [15].
Ivri.
Moulin des Gobellins (le) [16].
Neufve (R.) [17].
Neuve (R.) [18].
Nostre Dame des Champs.
Orléans (R. d') [19].
Ospital (l') [20].

---

[1] Semble commencer rue Saint-Denis, et finir rue des Lavandières. Ce doit être la rue du Chevalier-du-Guet.

[2] Rue de la Tannerie.

[3] Auj. rue Marie-Stuart.

[4] Rue de la Tixeranderie.

[5] Le Palais des Tournelles.

[6] Rue de la Vannerie.

[7] Auj. rue des Cinq-Diamants. Le plan de Tapisserie porte « Vielle Coureine ».

[8] Aujourd'hui rue du Maure.

[9] Rue de la Verrerie.

[10] Au faubourg Saint-Marceau. — Devenue rue Scipion.

[11] Bicêtre.

[12] Le champ d'Albiac, au faubourg Saint-Marceau.

[13] Devenue rue Copeau, et aujourd'hui rue Lacépède. La butte et le moulin sont indiqués.

[14] Gentilly.

[15] Saint-Marceau. Voy. Ospital.

[16] Dessin semblable à celui du plan de Truschet.

[17] La rue de Condé actuelle.

[18] Rue du Petit-Moine.

[19] Saint-Marcel.

[20] L'hôpital Saint-Jacques-du-Haut-Pas.

Pillory (le) [1].
Place où l'on vouloit faire l'Ostel Dieu nouveau (la) [2].
Porte de la Barre [3].
Portes (R. des) [4].
Pré au Clers (le).
Pressoire de l'Ostel Dieu (le).
Sainct Germain (les Faubours).
Sainct Germain (la Foire).
S. Germain des Prés [5].
S. Ipolite.
Sainct Jaques (les Faubours).
S. Jaques du hault Pas.
S. Marceau.
Sainct Marceau (la grant rue) [6].
S. Médart.
Sainct Pierre de la Maladerie [7].
S. Supplice [8].
Sainct Supplice (R.) [9].
S. Victor [10].
Sainct Victor (les Faubours).
Seine (R. de) [11].
Tainturiers (R. des).
Tournon (R. de).
Vau girart (R. de).
Ville juive. [12].
Vitri.

RIVE DROITE.

Auteuil.
Bagnollet.
Bastillon (le) [13].
Bastillon (le) [14].
Belle ville.
Bons Hommes (les) [15].
Chaleau [16].
Chappelle ou sainct Denis fut décollé et ses compaignons (la) [17].
Charenton (le Pont de) [18].
Clinniencourt [19].
Conflan.
Courtille (la) [20].
Crois Faubin (la) [21].

---

[1] De Saint-Germain-des-Prés.
[2] Sur le bord de la Seine, vers l'extrémité de la rue Bonaparte actuelle. C'est vers 1520 que fut posée la première pierre de ce bâtiment, destiné à devenir une annexe de l'Hôtel-Dieu. L'abbé de Saint-Germain-des-Prés, effrayé de ce voisinage, eut assez de crédit pour arrêter les travaux.
[3] Au faubourg Saint-Marceau.
[4] Le plan de Truschet écrit, comme aujourd'hui, « R. des Postes ».
[5] L'abbaye.
[6] Auj. rue Mouffetard.
[7] Chapelle qui a donné son nom à la rue des Saints-Pères actuelle.
[8] L'église Saint-Sulpice et son cimetière.
[9] Auj. rue des Canettes.
[10] L'abbaye.
[11] Saint-Germain.
[12] Villejuif.
[13] Monticules situés à droite de la porte Saint-Antoine, qui n'est pas nommée. Copie exacte du plan de Truschet.
[14] Au commencement du faubourg du Temple. Il est moins élevé que les deux précédents.
[15] De Chaillot.
[16] Chaillot.
[17] D'où est venu, dit-on, le mot Montmartre, « Mons Martyrum ».
[18] Il a quatre arches seulement.
[19] Clignancourt.
[20] Groupe de maisons situé à l'extrémité du faubourg du Temple.
[21] Dessin semblable à celui de Truschet.

Grange Bastellière (la) [1].
Marché aux Pourçaux (le) [2].
Mares (les) [3].
Mares (les) [4].
Marne (Rivière de).
Mont faucon [5].
Montmartre.
Montreul s. le Bois.
Percy [6].
Pont Arcans (le) [7].
Porcherons (les) [8].

Propincourt.
Ruely [9].
Saint Anthoine [10].
Sainct Denis (les Faubours).
Sainct Honoré (les Faubours) [11].
S. Laurens.
Sainct Laurens (les Faubours).
Tuilleries (les) [12].
Ville l'Evesque (la) [13].
Vinciennes (le Bois de).

---

[1] Dessin semblable à celui du plan de Truschet.

[2] *Ibid.*

[3] Les Marais du Temple.

[4] Espace immense et non construit, qui s'étend entre les faubourgs Saint-Denis et Montmartre

[5] Les fourches patibulaires y sont grossièrement représentées.

[6] Bercy.

[7] Pont jeté sur le grand égout, ancien lit du ruisseau de Ménilmontant, entre le château des Porcherons (rue Saint-Lazare) et la Ville-l'Évêque.

[8] Dessin semblable à celui que donne le plan de Truschet.

[9] Reuilly.

[10] L'abbaye.

[11] Terminés, à la hauteur de la Ville-l'Évêque, par trois moulins à vent.

[12] Dessin semblable à celui que fournit le plan de Truschet.

[13] Dessin absolument semblable à celui du plan de Truschet.

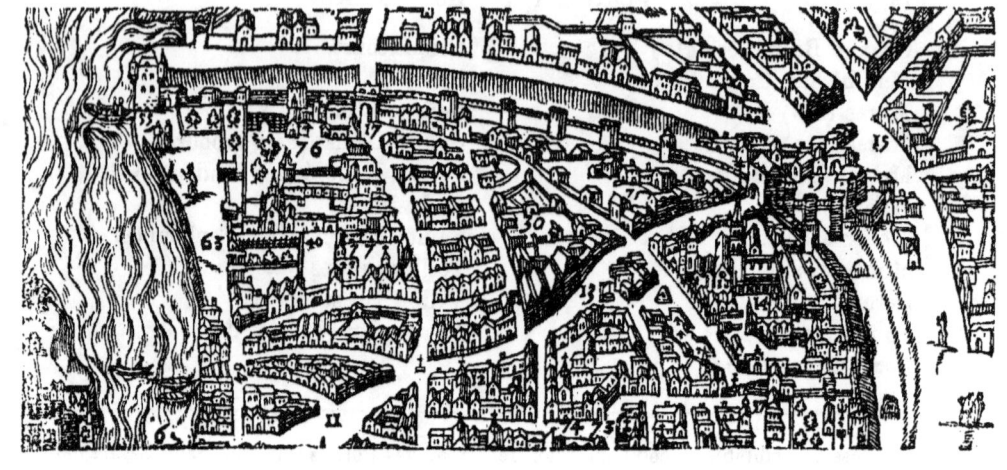

PLAN DIT DE BELLEFOREST.

— 1572 —

E<small>N</small> 1575, un mauvais poëte gascon, que le besoin de vivre rendit mauvais prosateur, publia une traduction de la *Cosmographie* de Munster. Il l'augmenta d'une foule de contes absurdes, et sa compilation forma trois volumes in-folio, qui parurent sous ce titre aussi long que prétentieux :

L<small>A</small> <small>COSMOGRAPHIE</small> <small>UNIVERSELLE</small> <small>DE</small> <small>TOVT</small> <small>LE</small> <small>MONDE</small>. *En laquelle, suiuant les auteurs plus dignes de foy, sont au vray descriptes toutes les parties habitables et non habitables de la Terre et de la Mer, leurs assiettes et choses qu'elles produisent; puis la description et peincture topographique des régions, la différence de l'air de chacun pays, d'où aduient la diuersité tant de la complexion des hommes que des figures des bestes brutes. Et encor l'origine, noms ou appellations tant modernes qu'anciennes, et description de plusieurs villes, citez et isles, auec leurs plantz et pourtraictz, et sur tout de la* FRANCE, *non encor iusques à présent veus ny imprimez. S'y voyent aussi d'auantage les origines, accroissemens et changemens des Monarchies, Empires, Royaumes, Estatz et Républiques : ensemble les mœurs, façons de viure, loix, coustumes et religion de tous les peuples et nations du monde, et la succession des Papes, Cardinaux, Archevesques et Evesques, chacun en leur Diocèse, tant anciens que modernes. Auec plusieurs autres choses, le sommaire desquelles se void en la page suivante.*

Auteur en partie MUNSTER, *mais beaucoup plus augmentée, ornée et enrichie par* FRANÇOIS DE BELLE-FOREST, *Comingeois, tant de ses recerches comme de l'aide de plusieurs mémoires enuoyez de diuerses Villes de France par hommes amateurs de l'histoire et de leur patrie.*

Cet ouvrage serait aujourd'hui tout à fait oublié, si l'auteur n'avait eu la bonne pensée de supprimer quelques-unes des mauvaises cartes dues à Munster, et de les remplacer par d'autres, gravées et dressées avec plus de soin, « non encor iusques à présent veus ny imprimez », dit le titre.

A la page 174 du premier volume, on trouve, en effet, un plan de Paris incomparablement supérieur à celui de Munster, et qui doit avoir été dressé vers 1572. Il mesure trente-neuf centimètres sur cinquante-cinq, et n'est en réalité qu'une copie retouchée du plan de Ducerceau. En haut et hors du cadre on lit ces mots :

LA VILLE, CITÉ, VNIVERSITÉ ET FAUX-BOURGS DE PARIS,

qui sont répétés au-dessous, dans l'encadrement. A droite, sont représentées les armoiries de Paris, et à gauche celles de France. Au-dessous, un grand cartouche porte en tête : *Description des principales églises, ruës et places de la ville de Paris, tant du dedans que des faux-bourgs.* L'intérieur du plan ne contient aucune inscription; celles-ci sont représentées par des lettres et des chiffres qui renvoient aux noms inscrits dans quatre grands carrés placés aux quatre angles, vers les limites de la carte. On y trouve un grand alphabet, un petit, et les numéros 2 à 84; les noms qu'ils désignent sont ceux-ci :

CITÉ ET COURS DE LA SEINE.

Evesché (l').
Grève, *port.*
Hostel Dieu (l').
Jardin du Roy.
Magdelaine (la).
Monnoye, dict de la Gourdayne (Moulin de la) [1].
Nostre Dame, *église cathédrale.*
Palais (le).
Petit Pont, dict le Petit Chastelet (le).
Pont au Change.
Pont aux Musniers.
Pont Nostre Dame.

Pont S. Michel (le).
S. Barthélemy.
S. Christophle.
S. Denis de la Chartre.
S. Germain (Escole), *port.*
S. Germain le Vieil.
S. Pierre aux Bœufz.
S. Chapelle (la).
S. Geneviefve des Ardens.
S. Marine.
Seine (Rivière de).
Terrin Nostre Dame (le).
Tournelle (la), *port.*

RIVE GAUCHE.

Augustins (les).
Bernardins (les).
Boncour (Collége de).
Bussy (Porte de).
Cambray (Collége de).
Cardinal le Moyne (Collége du).
Carmes (les).
Chartreux (les).
Chastelet, dict Petit pont (Petit).
Clos Bruneau (Carrefour du) [2].
Cluny, *abbaye.*
Cordeliers (les).
Grands Degrez (les).

Harpe (Ruë de la).
Jacobins (les).
Lombards (Collége des).
Mathurins (les).
Maubert (la Place) [3].
Mont-agu (Collége de).
Navarre (le Collége Royal de).
Nesle (l'Hostel de).
Nesle (Porte de).
Nostre Dame des Champs.
Pavé (le).
Pré aux Clercs (le).
Quay des Augustins.

---

[1] A l'extrémité nord-est de la Cité.
[2] Les voies qui y aboutissent ne sont pas nommées ici. Le plan de Ducerceau nous montre ce carrefour formé par les rues Saint-Jean-de-Beauvais, Saint-Jean-de-Latran, Fromentel, Charretière et Saint Hilaire.
[3] La croix Hémon est bien indiquée.

Quay de la Tournelle.
Sainct André.
Sainct Benoist.
S. Denis (l'Hostel) [1].
S. Estienne des Grecs.
S. Germain (Porte et Faux-bourgs).
S. Germain des Prez.
S. Hylaire.
S. Jacques (Porte et Faux-bours).
S. Jacques (Ruë).
S. Jaques du Hault-Pas.
S. Jehan de Beauvais.
S. Jehan de Latran.

S. Marceau.
S. Marceau (Porte et Fauxbourgs).
S. Nicolas du Chardonneret.
Sainct Séverin.
S. Sulpice.
S. Victor.
S. Victor (Porte et Faux-bourgs).
S. Yves.
Saincte Geneviefve.
Saincte Geneviefve (le Mont et Carrefour).
Sorbonne (Collége de).

RIVE DROITE.

Arcenaq (l') [2].
Bastille (la).
Bons-Hommes (les) [3].
Célestins (les).
Cemetière S. Jehan.
Chaliot [4].
Charenton.
Chastelet (le Grand).
Enfans rouges (les).
Filles Dieu (les).
Filles pénitentes, où elles estoient cy-devant (les) [5].
Halles (les).
Louvre (le).
Marché aux Pourceaux et naguères des Chevaux [6].

Mont-martre.
Porte de Mont-martre.
Porte neufve.
Roule (le).
Royne (la Maison de la) [7].
S. Anthoine.
S. Anthoine (la Porte et Rue).
S. Anthoine des Champs.
S. Denis (Porte et Faux-bourgs).
S. Denis (Ruë).
S. Esprit (le).
S. Eustache.
S. Germain de l'Auxerrois.
S. Gervais.
S. Honoré.
S. Honoré (Porte et Faux-bourgs).

---

[1] Derrière le couvent des Grands-Augustins.

[2] L'Arsenal.

[3] De Chaillot.

[4] Chaillot, groupe de maisons sur la limite du plan.

[5] Voy. *S. Magloire.*

[6] Près de la porte Saint-Honoré. — C'est en effet là que se tenaient les marchés aux pourceaux et aux chevaux; en 1685 seulement, une ordonnance du prévôt des marchands transféra le second sur la place des Tournelles. Notre plan ayant été publié en 1575, il faut en conclure que cette ordonnance du prévôt des marchands ne fit que confirmer ou généraliser une mesure déjà adoptée.

[7] Voy. *Thuilleries.*

S. Honoré (Ruë).	S. Paul.
S. Innocent.	S. Sauveur.
S. Jehan en Grève.	S. Thomas du Louvre.
S. Ladre [1].	S. Oportune.
S. Laurens.	Temple (le).
S. Leu et S. Gilles.	Temple (Porte et Faux-bourgs du).
S. Magloire, à présent les Filles pénitentes [2].	Temple (Ruë du).
	Thuilleries (la Maison de la Royne, dicte les).
S. Martin (Porte et Faux-bourgs).	
S. Martin des Champs.	Tirouer (la Croix du).
S. Martin des Champs (Ruë) [3].	Trinité (la).
S. Michel (Porte et Faux-bourgs).	Ville (la Maison de).
S. Nicolas des Champs.	Vincennes (Boys de), *chasteau*.

Le texte qui accompagne ce plan remplit cent treize colonnes, et est ainsi divisé :

I. *De la grande, excellente et ancienne cité de Paris, chef du royaume de France.*

II. *De la police des Parisiens, et institution du Parlement à Paris.*

III. *De l'Université de Paris, institution, loix, fondation et priviléges d'icelle.*

IV. *De la fondation des églises, tant cathédrale, collégiales que claustrales, qui sont à Paris, et de ce qui est de rare en icelles.*

V. *Du reste des bastiments publics et autres choses remarquables en la grande ville et cité de Paris.*

VI. *Du palais de Paris et nombre des Roys qui ont régné en France, et des officiers de la couronne et de la maison du Roy, et de leurs charges.*

---

[1] Saint-Lazare.

[2] Les Filles Pénitentes, dites aussi Filles Repenties, furent d'abord installées rue de Grenelle-Saint-Honoré dans une vaste demeure, dite hôtel d'Orléans, qui devint plus tard l'hôtel de Soissons, puis la Halle au Blé. En 1572, elles prirent possession de la maison de Saint-Magloire, hôpital alors presque abandonné et situé rue Saint-Denis.

[3] C'est la rue Saint-Martin.

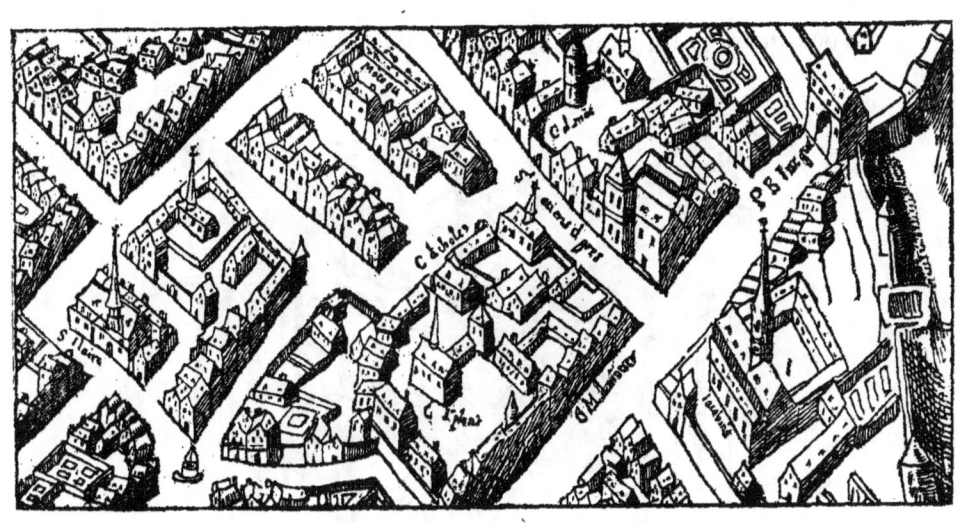

PLAN DE FRANÇOIS QUESNEL.

— 1608 —

Le nom de Quesnel fut porté, au XVIe siècle, par une nombreuse famille d'artistes distingués. Le plus connu de tous, François Quesnel, qui était né près d'Édimbourg, fut peintre des rois Henri III, Henri IV et Louis XIII, et mourut à Paris vers 1619. En 1608, des lettres-patentes, que nous publions plus loin, lui accordèrent le droit exclusif de faire graver, vendre et débiter un plan de Paris qu'il venait de dresser.

Ce plan, dont la dédicace au roi est datée du 2 mai 1609, se compose de douze feuilles qui mesurent quarante-neuf centimètres sur trente-sept.

Le seul monument que contienne la première feuille est l'abbaye *St Anthoine d'Chapns*. La planche presque tout entière est occupée par un frontispice où figurent le père éternel, Henri IV,

et les armes de France et de Navarre surmontant huit mauvais vers. Nous en donnons ci-dessus le fac-simile réduit.

Au-dessous de ces vers, dans un grand carré qui occupe tout le bas de la feuille, on lit cette dédicace :

AU ROY.

Sire,

C'est à vous seul à qui la raison et le debvoir veulent que ie dédie cette carte, ou plustost ce tableau qui représente en petit volume votre belle grande ville de Paris, qui n'est pas tant obligée à ses premiers fondateurs qui ne l'avoient qu'esbauchée qu'à vous qui l'avez régénérée, rédifiée et parfaicte, après l'avoir retirée par votre valeur invincible des extrémitez où elle estoit réduite, aussi estiez vous dès longtemps destiné pour estre le Persée de la France, et le sien. Le soing que vous avez eu d'elle la colléguée en la preminence de toutes les villes de l'vnivers, sans que aucunes marques de ses malheurs passez la difforment : vous l'avez si magnificquement décorée et embellie, qu'elle n'est maintenant comparable qu'à elle mesme pour le nombre des édifices, maisons, pallais, églises, hospitaux, colléges, rues, ponts, fontaines et portes dont elle est composée, de sorte qu'elle est à présent plustost une grande province qu'une ville. Or, affin que les estrangers qui ne l'ont veue voient les merveilles que vous avez faictes en elle, je l'ay désignée et pourtraitée avec une exacte observation de toutes les dimensions et mesures, avec art et simétrie, et non à bouleveüe, prenant un aspect differant des aultres; puis je l'ay faict graver en planche de cuivre pour satisfaire au désir des curieux. Le tout à vostre gloire. Veuillez (Sire) avoir pour agréable l'offerte que j'en fais à Vostre Majesté, laquelle je supplie de m'aprouver pour

Vostre très humble serviteur et
subject Françoys Quesnel.

De Paris, ce 2 may 1609.

Feuille II. En tête, dans un cartouche orné, et porté par deux anges, se trouve le titre du plan :

Carte ov description novvelle de la
Ville, cité, vniuersité et fauxbours
de
PARIS
1609

Aucune inscription ne figure sur la feuille IV, qui est entièrement remplie par un grand dessin correspondant à celui de la feuille I :

FEUILLE VIII. Dans un carré placé à droite se trouve une notice historique, dont nous reproduisons scrupuleusement le texte :

L'ANTIQUITÉ DE LA VILLE DE PARIS.

La ville de Paris fut fondée, selon aucuns, par un Roy des Celtes, nommé Luce, duquel elle tire son nom de Lutèce, l'an du monde 2550. Aultres assurent qu'elle fut bastie par un Gaulois nommé Paris, qui estoit de la race de...., lequel, du temps de Noel, institua les Gaulois en tous honnestes exercices. Louis, 5º Roy de France, y establyt son siége, et la feit la ville capitale du royaume. Pépin le Bref y establit le parlement, l'an 755. Charlemagne y institua l'université, qu'il retira de Rome l'an 807. Philippe Auguste enrichit beaucoup cette ville. En l'an 1190, il créa le prévost des marchans, les eschevins d'icelle, et luy donna pour ses armoiries une navire d'argent sur gueulle, le chef d'azur semé de fleurs de lys d'or; il la feit paver. Mais Henry 4e, la plus illustrée qu'aucuns de ces prédecesseurs, tant par infinis beaux édifices que cette carte représente, que par ses bonnes loix qui y sont sainctement gardées et observées, à l'honneur et gloire de Sa Majesté.

FEUILLE X. En bas, un compas indique l'échelle assez naïve employée par Quesnel, celle des « pas de l'auteur. »

La dernière feuille est presque vide. Deux inscriptions seulement *L'bons homme* et *Li Maquerelle;* mais au bas un médaillon renferme le portrait de l'auteur, accompagné de ces mots tracés à l'envers : FRANÇOYS. QUESNEL. PAINCTRE. A. PARIS. ÆT. 64. 1609. Au-dessous : FRANÇOIS QUESNEL *inventor*. Puis, dans un carré placé à gauche, on trouve ces lignes :

EXTRAIT DU PRIVILÉGE.

Par grâce et privilége du Roy, il est permis à François Quesnel, M. paintre à Paris, d'exposer en vente la carte de la ville de Paris, citté, université et faux-bourgs, qu'il a dessignée, pourtraicté et faict graver en planches de cuivre; et sont faictes deffences à toutes personnes de graver ou faire graver, tant en cuivre qu'en bois, stamper, vendre ny débiter autre carte de la ville de Paris que celle dudit Quesnel, et ce jusques au terme de dix ans, sur peine de confisquation de ce qui se trouvera..... et de cinq cens escuz d'amende. Voulons en oultre qu'à l'extraict dudict privilége on adjouste foy comme à son original donné à

Paris, le 4e janvier 1608.

Par le Roy en son Conseil,
THIELMENT.

Verifié et inthériné par arrest de la court de Parlement.

On ne connaît de ce plan qu'un seul exemplaire, celui que possède la Bibliothèque nationale. La gravure, attribuée à Pierre Vallet, n'est pas sans mérite; mais on s'explique difficilement les négligences apportées, de parti pris, dans l'inscription des noms des rues. On en jugera par la nomenclature suivante :

NOMENCLATURE.

CITÉ ET COURS DE LA SEINE.

Entrague (L. d') [1].
Madelaine (L.) [2].
Maquerelle (Li) [3].
Marché neuf.
Notel dame (L') [4].
N. Dame [5].
N'. D'. (L'. C'.) [6].
Palais.
Place Dofine.
Pont (P') [7].
P. au Chenge [8].
P. Marchent [9].

P. neuf.
P. Notre Dame.
P. S. Michel.
Saine (L. Ri. d') [10].
S. Bartelemi.
S. Denis [11].
S. Eloy.
S. Michel.
S. Chapelle (L.).
S. Crois [12].
S. Genev. [13].
Tairin (L') [14].

RIVE GAUCHE.

Augustins [15].
Boncour (C. d') [16].

Carmeline [17].
Carmes (L.).

---

[1] L'île Louviers.
[2] L'église de la Madeleine.
[3] L'île des Cygnes.
[4] L'île Notre-Dame. On n'y voit aucune construction.
[5] L'église Notre-Dame.
[6] Le cloître de Notre-Dame.
[7] Le Petit-Pont,
[8] Le pont au Change.
[9] Le pont Marchand, qui fut terminé en 1609.

[10] La rivière de Seine.
[11] L'église Saint-Denis-de-la-Chartre.
[12] L'église Sainte-Croix.
[13] L'église Sainte-Geneviève-des-Ardents.
[14] Le Terrain, derrière Notre-Dame, monticule formé par l'accumulation des décombres de l'ancienne église Saint-Étienne.
[15] Le couvent des Grands-Augustins.
[16] Le collège de Boncourt.
[17] Le couvent des Carmélites du faubourg Saint-Jacques.

Chartreus (L').
Choles (C. d.).
Clugni (R' d') [1].
Clugny [2].
Cordelier [3].
Cordelière (L') [4].
Dophine (R.) [5].
F. [6] S. Jacques.
F. S. Marceau [7].
F. S. Victor.
Foin (R. d').
Foire (L' h' d' la) [8].
Galent (R.) [9].
Garsons (R' d' m) [10].
Gondy (H' de) [11].
Grenelle [12].
Grinolère (L) [13].
Harpe (R' d' la).
Hautefeuille (R.).
Huchete (R. d' la).
Jacobins.
Judas (R.).
Luxembour (H. d').
M d moutier (C) [14].
Mans (C. d).

Masons (R' d') [15].
Montégu [16].
Navar (C. d').
Nevers (H' d') [17].
Otel Dieu (F. d' l') [18].
Petite Maisons.
Pl. Mobert.
Plesis (C. d').
P. [19] d' Buci.
P. d' Nesle.
P. S. Bernar.
P. S. Jacque.
P. S' Michel.
Royne M. (H. d' l) [20].
S. André (R.).
S' Benois.
S. Bernar [21].
S. Etienne.
S' Etiene d' gres.
S' Germin (Ab.).
S' Germin d' Prés (G. R. [22]).
S. Ilaire.
S. Ipolite.
S. J' d Beauvais (R.) [23].
S. J. d' Latran (R.).

---

[1] C'est en réalité la rue des Mathurins.
[2] Le collége de Cluny.
[3] Le couvent des Cordeliers.
[4] Le couvent des Cordelières de la rue de Lourcine.
[5] La porte Dauphine, construite à son extrémité, n'existe pas encore.
[6] Faubourg.
[7] La fausse porte Saint-Marcel est indiquée, mais non nommée.
[8] La foire Saint-Germain.
[9] Rue Galande.
[10] Rue des Mauvais-Garçons.
[11] Dans la rue de Condé actuelle, alors rue de Gondy.
[12] Ferme située au milieu des champs.
[13] Sans doute la Grenouillère.
[14] Le collége de Marmoutiers.
[15] Rue des Maçons-Sorbonne; chacune de ses extrémités est munie d'une porte. Il en est de même de la rue de Sorbonne.
[16] Le collége de Montaigu.
[17] Sur l'emplacement de l'hôtel actuel des Monnaies.
[18] Ferme située à l'entrée de la rue d'Enfer, et appartenant à l'Hôtel-Dieu.
[19] Porte.
[20] L'hôtel de la reine Marguerite, dans la rue de Seine. Voy. ci-dessous le plan de Mérian.
[21] Le couvent des Bernardins.
[22] Grande rue.
[23] Le Puits-Certain est indiqué à l'extrémité de la rue.

S. Marceau.
S. Médard.
S. Père.
S. Sevrin.

S. Yves.
S. Geneviefve.
Serbonne.
Tournon (R' d').

RIVE DROITE.

Arsenac (l') [1].
Asis (R' des) [2].
Aubri le Bouché (R').
B'bon [3].
B. Poiré (R') [4].
Bastille (la).
Biletes (R. des) [5].
Blans Manteaux (les).
Bons Anfans (R' d').
Bons Hommes (L') [6].
Bou du monde (R. d').
Bouloy (R' d').
Bourdonnois (R' d').
Bourl'bé (R' d) [7].
Boutibour (R.).
Braque (R' de).
Bretonnerie (R. d' la).
Capuchines (L).
Capuchins.
Chatelet (l').
Cicile (R. d. R de) [8].

Cochonnerie (L.) [9].
Coquile (R') [10].
Coutelerie (R. d' la).
Cul de sac (R. du) [11].
2 Ecus (R. d').
Engouleme (L. d') [12].
Etuve (R' d' v') [13].
Faire (R. du) [14].
Ferronnerie (R' d' la).
Feulans (L) [15].
Fille bieu [16].
Fobour d'Monmatre.
F. S' Denis.
F. S' Honoré.
F' S' Martin.
Four (R. d') [17].
Friperie.
Grenele (R. d') [18].
Grenetal (R.).
Grenier St Ladre (R.) [19].
Guinguenpois (R').

---

[1] L'Arsenal.
[2] Rue des Arcis.
[3] L'hôtel du Petit-Bourbon.
[4] Rue Bertin-Poirée.
[5] Rue des Billettes.
[6] Le couvent des Bons-Hommes ou Minimes de Chaillot.
[7] Rue Bourg-l'Abbé.
[8] Rue du Roi-de-Sicile.
[9] Rue de la Cossonnerie.
[10] Rue Coquillière.
[11] Cette inscription, qui se trouve sur l'emplacement de la rue Beaubourg, désigne sans doute l'impasse Berthaud. Peut-être est-ce lui qu'a voulu désigner Rabelais, quand il parle des « lupanaires de Cul de sac ».
[12] Cet hôtel, commencé dans la rue Pavée par Diane, fille naturelle de Henri II, n'était pas encore achevé en 1620. Il ne faut pas le confondre avec l'hôtel d'Angoulême mentionné sur le plan de Tapisserie. Voy. p. 26.
[13] Rue des Vieilles-Étuves-Saint-Honoré.
[14] Rue au Fer.
[15] Le couvent des Feuillants-Saint-Honoré.
[16] Le couvent des Filles-Dieu.
[17] Rue du Four-Saint-Honoré.
[18] Rue de Grenelle Saint-Honoré.
[19] Rue Grenier-Saint-Lazare.

88   PLAN DE FRANÇOIS QUESNEL.

Guise (H. de).
H'driete ¹.
Hale (L. G.) ².
Hostel de Ville (l') ³.
Huleu (L. G.) ⁴.
Huomerie (R.) ⁵.
Ioui (R' d') ⁶.
Lavandières (R' d').
Lonbars (R. des).
Lostruche (R' d') ⁷.
Louvre (L').
Manége ⁸.
Marché au Chevos ⁹.
Mauvaises Paroles (R').
Michel le Comte (R.).
Mondorgueuil (R.).
Monmartre (R' d').
Mortelerie (R' d' l').
Ours (R' au).
Pallemail ¹⁰.
Paradis (R. de).
Pestiferés (L' Mais' des) ¹¹.
Petis Champs (R' d').
Pinmolet (R. J.) ¹².
Place Royalle (la) ¹³.

P. o Veaus. ¹⁴.
Platrière (R. d' la).
Ponceau.
P. ¹⁵ S' Paul.
P. ¹⁶ neufve.
P. S' Denis.
P. S' Honoré.
P. du Temple.
Poulie (R' d) ¹⁷.
Prouvelle (R. de) ¹⁸.
R'pantie (L) ¹⁹.
Recoles ²⁰.
Rosiers (R' d').
S' Anthoine (L' G' R') ²¹.
S' Anthoine d' Chapns ²².
S. Bon.
S' Denis (L' Gr' R') ²³.
S' Eustache.
S. Germain d' l'Auxerrois (la G' R').
S' Germin d' laxe. ²⁴.
S' Honoré (R').
S' Iacques d l' ²⁵.
S. Iaque d' la Boucherie. (R.).
S. Ian (L' C') ²⁶.
S' Iermin (R' d' Fo') ²⁷.

---

¹ Les Haudriettes.
² La grande Halle.
³ Il est terminé.
⁴ Rue du Grand-Hurleur.
⁵ Rue de la Heaumerie.
⁶ Rue de Jouy.
⁷ Devenue rue de l'Oratoire. Voy. p. 29.
⁸ Il longe le jardin des Tuileries, sur l'emplacement de la rue de Rivoli actuelle.
⁹ En dehors du mur d'enceinte, entre la porte Saint-Honoré et la porte Montmartre.
¹⁰ En dehors du mur d'enceinte, entre la porte Saint-Honoré et la porte Montmartre.
¹¹ L'hôpital Saint-Louis actuel.
¹² Rue Jean-Pain-Mollet.
¹³ Elle paraît achevée.

¹⁴ Place aux Veaux.
¹⁵ Port.
¹⁶ Porte.
¹⁷ Rue des Poulies.
¹⁸ Rue des Prouvaires.
¹⁹ Les Filles Repenties, dans la R. d' Grenele.
²⁰ Le couvent des Récollets.
²¹ La grande rue Saint-Antoine.
²² L'abbaye Saint-Antoine-des-Champs.
²³ La grande rue Saint-Denis.
²⁴ L'église Saint-Germain-l'Auxerrois.
²⁵ Saint-Jacques-de-l'Hôpital.
²⁶ Le cimetière Saint-Jean. On y voit une croix et une potence.
²⁷ Rue des Fossés-Saint-Germain-l'Auxerrois.

S. Iervais ¹.
S' Iulian ².
S' Lazare.
S' Leu.
S' Lorent.
S' Martin ³.
S' Martin (la G' R').
S. Mederic.
S' Nicolas ⁴.
S' Nicolas ⁵.
S' Paul ⁶.
S' Soveur (R.).
S' Thomas (R.).
S' Avoye (R.).
S' Catherine ⁷.
S. Catherine (Hôp. ⁸).
S. Crois ⁹.
S. Légiptiene ¹⁰.
S. Opportune.
Séjour (R. d') ¹¹.
Sélestins (l') ¹².

Sépulcre (le).
Simon le Fran (R.).
Tableterie (R').
Talet (P.) ¹³.
Tample (R. du).
Tanerie (R' d' la).
Temple (l').
Temple (V. R' du) ¹⁴.
Thibode (R') ¹⁵.
Tisseranderie (R' d' la).
Titonne (R') ¹⁶.
Trenité (l').
Tuilerie (les).
Vallée de misère (la).
Vanerie (R. d' la).
Venise (R').
Verrerie (R. d' la).
Vielle Mounoie (R.).
Vieus Agustins (R') ¹⁷.
Vint (l' 15).

---

¹ L'église Saint-Gervais, avec son ancienne façade démolie vers 1615.
² Saint-Julien-des-Ménétriers.
³ Saint-Martin-des-Champs.
⁴ Des Champs.
⁵ Du Louvre.
⁶ L'église.
⁷ Le couvent de Sainte-Catherine.
⁸ Hôpital.
⁹ Sainte-Croix-de-la-Bretonnerie.

¹⁰ Chapelle de Sainte-Marie-l'Égyptienne, dite de la Jussienne.
¹¹ Devenue rue du Jour.
¹² Le couvent des Célestins.
¹³ Le Pont-Alais, à la pointe Saint-Eustache.
¹⁴ Vieille-rue-du-Temple.
¹⁵ Rue Thibault-aux-Dez, auj. comprise dans la rue des Bourdonnais.
¹⁶ Rue Tiquetonne.
¹⁷ Rue des Vieux-Augustins.

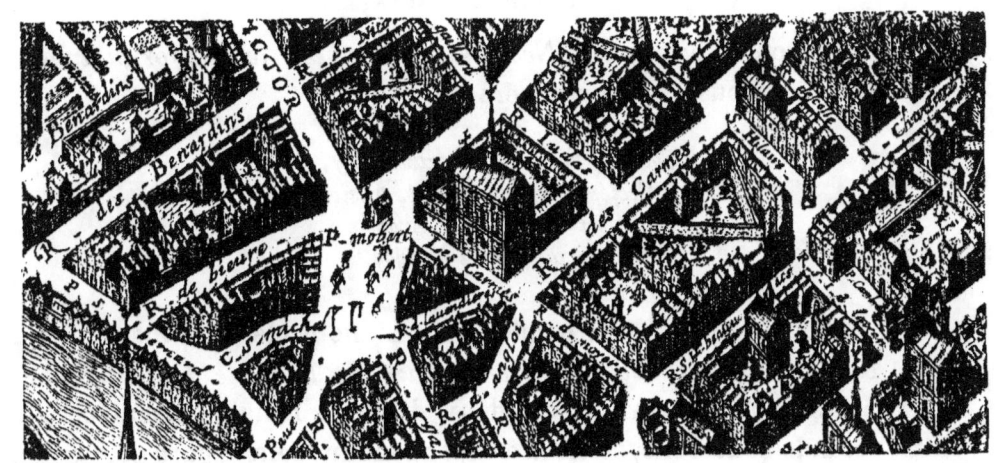

PLAN DE VASSALIEU.

— 1609 —

De tous les plans français du xviie siècle, celui-ci est le plus inexact. Il se compose de quatre feuilles qui ont trente-cinq centimètres de hauteur sur cinquante de largeur.

A gauche de la première feuille, une banderolle flottante porte ces mots : Portrait de la Ville, Cité et Vniversité de Paris, avec les favbours d'icelle. Dédié au Roy.

Au-dessous figure un double écusson aux armes de France et de Navarre. A la base des écussons est une H couronnée et ornée de deux branches de laurier.

A droite de la deuxième feuille, et faisant pendant aux ornements de la précédente, on a représenté, dans un cadre assez élégant, Henri IV vêtu d'une armure, et foulant aux pieds de son cheval richement caparaçonné des armes brisées et des cadavres; une femme, couverte d'une longue robe semée de fleurs de lys, lui présente le navire qui symbolise la ville de Paris. Au-dessus du cadre, on lit ces mots : *Nec pietate fuit belli nec major in armis*, et au-dessous ces quatre vers :

Sovbs le règne de ce grand Roy,
Trèsclément, trèsvaillant, trèsivste,
Paris est comme sovbs Avgvste
Fvt Rome dv Monde l'effroy.

Plus bas sont deux banderolles. L'une porte cette inscription : A PARIS, *chez Iean le Clerc, Rue S. Iean de Latran*, A LA SALEMANDRE ROYALLE; ces deux derniers mots se lisent sur la seconde banderolle, où ils accompagnent une salamandre grotesque. Les deux banderolles reposent sur un cartouche, qui contient un renseignement important :

Faict par
VASSALIEV DIT NICOLAY
TOPOGRAPHE ET INGENIEUR
ordinaire de l'artillerye
DE FRANCE

La troisième feuille est terminée à gauche par une boussole, surmontant un compas qui indique l'échelle des toises.

Enfin, au bas de la quatrième feuille, les armoiries de Paris sont gravées avec soin.

Ce plan, qui est d'une extrême rareté, a pour complément cinq feuillets d'un texte insignifiant, mais dont le titre nous fournit une date. Il est ainsi conçu : *Remarqves singvlières de la ville, cité et vniversité de Paris, sommairement recveillies de bons avtheurs tant anciens que modernes, par E. C. I. C. Lyonnois*. 1609.

Certains détails auraient pu faire assigner à ce plan une date postérieure. On y représente, par exemple, comme entièrement terminée la *Maison d. Pestiferez* (hôpital Saint-Louis), qui ne fut achevée qu'en 1611. Le *Palmail*, situé entre l'Arsenal et la Seine, est ici ombragé par une triple rangée de grands arbres, qui avaient cependant été plantés sur l'ordre de Henri IV. En outre, on voit figurée sur le terre-plain du Pont-Neuf la statue de ce prince, qui n'y fut placée qu'en 1614. Mais ce sont là des inexactitudes relativement bien insignifiantes dans un plan où l'on donne à la place Dauphine la forme d'un fer à cheval, où les tours de la Bastille composent une enceinte presque circulaire, etc., etc.

En revanche, ce plan est vigoureusement gravé, et l'on s'est efforcé, non sans succès, de lui donner un aspect gai et vivant. Au marché aux chevaux, à tous les jeux de palmail, dans les grandes rues des faubourgs, sur les places publiques, dans les champs, autour des moulins à vent figurent de petits personnages qui galoppent, jouent, courent, labourent, conduisent des animaux ou des voitures. Sur la place de l'Estrapade, une exécution est représentée et trente-cinq personnages y assistent.

Une seconde édition du texte qui accompagne ce plan fut publiée en 1614, mais sans autre changement que le nom de Louis XIII substitué à celui de Henri IV.

NOMENCLATURE.

CITÉ ET COURS DE LA SEINE.

Calende (R. de la) [1].
Chanoines (R. d.) [2].
Colombe (R. d. l.) [3].

H. Moulin (R. d.) [4].
H. Dieu [5].
Isle Louvies [6].

---

[1] Rue de la Calandre.
[2] C'est la rue Chanoinesse.
[3] Elle est ici parallèle à la Seine, au lieu de lui être perpendiculaire.
[4] Rue du Haut-Moulin. Elle est ici presque perpendiculaire à la Seine, au lieu de lui être parallèle.
[5] L'Hôtel-Dieu.
[6] L'île Louviers. Une ceinture d'arbres, et deux petites maisons au centre.

PLAN DE VASSALIEU. 93

Isle N^re Dame [1].
Isle au Vaches [2].
Madeleine (la).
M. neuf [3].
Marmousetz (R. d.).
N. Dame.
N. Dame (C. [4]).
N. Dame (R.).
Pallais (le).
Pelleterie (R.).
Place Dauphine [5].
Pont (P.) [6].
P. au Change.

P. aux Marchans.
Po. neuf (le) [7].
P. N. Dame.
P. S. Michel.
S. Cristofle.
S. Denis de la Charte.
S. Landre [8].
S. Chapelle.
Seine (la Rivière de).
Surgins (R.) [9].
Terrin (le).
Vielle Drapperie (R. d. l.).

RIVE GAUCHE.

Ablon (R. d').
Amandiers (R. des).
Anglois (R. d.).
Augustins (R. des) [10].
Bénardins (les) [11].
Bénardins (R. des).
Bièvre (R. de).
Boncourt (Collége de).
Bon Puis (R. du).
Bourdelle (R.) [12].

Bucherie (R. de la).
Carmelins [13].
Carmes (les).
Carmes (R. des).
Cambrai (C.) [14].
Card. Le Moine (Collége du).
Chans Gaillard (R. du) [15].
Chartière (R.).
Chartreuz (l.) [16].
Chartreuz (R. des) [17].

---

[1] On y voit une douzaine d'arbres, mais aucune maison.

[2] Une petite maison, mais point d'arbres.

[3] Le Marché-Neuf. Il est orné d'une potence.

[4] Cloître.

[5] Elle a ici exactement la forme d'un fer à cheval.

[6] Le Petit-Pont.

[7] On y trouve la statue équestre de Henri IV, qui n'y fut placée qu'en 1614.

[8] L'église Saint-Landry.

[9] Nom presque illisible placé sur l'emplacement de l'une des rues des Ursins.

[10] Rue des Grands-Augustins.

[11] Le couvent des Bernardins.

[12] Auj. rue Descartes.

[13] Le couvent des Carmélites de la rue d'Enfer.

[14] Le collége de Cambrai; il venait cependant de perdre ce nom, et était devenu le « Collége royal ».

[15] Commence rue Clopin et finit rue de la Montagne-Sainte-Geneviève, emplacement de la rue Traversine. Mérian commet la même erreur. Quant à la véritable rue du Champ-Gaillard, elle porte ici son nouveau nom de rue Clopin, mais sa direction est inexacte.

[16] Le couvent des Chartreux.

[17] Elle va de la rue d'Enfer à l'entrée du couvent des Chartreux. Voyez plus loin, au plan de Mérian, la note qui accompagne le nom de cette rue.

Châtelet (P.).
Cheval vert (R. d.).
Chieux (R. des) [1].
Cime. S. André [2].
Ciseaux (R. d.) [3].
Clopin (R.) [4].
Clugny [5].
Cœur vollant (R. du).
Copeaus (R. de) [6].
Cordeliers (l.) [7].
Cordières (R. des) [8].
Coulombier (R. du) [9].
Dauphine (R.).
2 Portes (R. d.) [10].
Enfer (R. d').
Escolle (R. d') [11].
Esperon (R. d. l').
Faubours S. Jacques.
Faubours S. Marcel.
Faubours S. Victor.
Foin (R. du) [12].
Fossoieu (R. du) [13].
Four (R. du) [14].
Gallende (R.) [15].
Garencie (R.) [16].
Gille Cœur (R.).
Gondy (l'Ostel de) [17].
Harpe (R. de la).
Hautefuelle (R. de).
Hostel Dieu (F. d') [18].
Huchette (R. de la).
Irondelle (R. d. l.) [19].
Jacobins.
Jacobins (Clos d.) [20].
Judas (R.).
Lavendières (R. d.) [21].
Luzembour (l'Ostel de) [22].
Mâcon (R. d.).
Ma. gar (R.) [23].
Marmoutiers (C. [24]).
Massons (R. d.) [25].
Maturins (R. des).
Mont S. Geneviève [26].
Montaigu (Collége de).

---

[1] Rue des Chiens, devenue plus tard Jean-Hubert.
[2] Cimetière Saint-André-des-Arts.
[3] Il y a ici une erreur, car la rue ainsi désignée ne peut être que la rue de l'Égout.
[4] Voyez *Chans Guillard* (*R. du*).
[5] Le collége de Cluny.
[6] La rue Lacépède actuelle.
[7] Le couvent des Cordeliers.
[8] Rue des Cordiers.
[9] Rue du Vieux-Colombier.
[10] De la rue de la Harpe à la rue Hautefeuille.
[11] C'est la rue d'Écosse, mais sa direction est ici mal indiquée; on la représente comme parallèle à la rue Saint-Hilaire, tandis qu'elle lui était perpendiculaire.
[12] Saint-Jacques.
[13] Rue des Fossoyeurs, devenue rue Servandoni.
[14] Saint-Germain.
[15] Rue Galande.
[16] Rue Garancière.
[17] Dans une rue non nommée, qui est la rue de Condé actuelle.
[18] Derrière le Clos des Jacobins. Il y avait là une ferme qui appartenait à l'Hôtel-Dieu.
[19] Rue de l'Hirondelle.
[20] Situé hors des murs, entre la rue du *Faubours S. Jacques* et la *R. d'Enfer*.
[21] Commence *R. Gallende*, et finit *R. d. Noyers*.
[22] Sur l'emplacement du Petit-Luxembourg actuel.
[23] Rue des Mauvais-Garçons.
[24] Collége.
[25] Rue des Maçons-Sorbonne.
[26] La rue de la Montagne Sainte-Geneviève.

Morfondus (R. des) [1].
Murier (R. du) [2].
Navare (Collége de).
Neuve d. Boulengers (R.).
Neuve S. Geneviève (R.).
Nevers (L. d.) [3].
Noyers (R. d.).
Ospital S. Germain (l') [4].
Paon (R. du).
Parcheminerie (R. de la).
Pavé (le) [5].
Pavée (R.) [6].
Percée (R.).
Petit Lion (R. du).
Pie (R. de la) [7].
P. Sarazin (R.).
P. Cambrai [8].
P. Mobert [9].
Plastre (R. du).
Poirées (R. des).
P. S. Bernard [10].
P. de Bussy [11].

P. de Nelle [12].
P. S. Germain.
P. S. Jacques.
P. S. Marceau.
P. S. Michel.
P. S. Victor.
Porte de la Tournelle.
Postes (R. des).
Pot de fer (R.) [13].
Pot de fer (R.) [14].
Poupée (R.).
Prestres (R. d.) [15].
Prestres (R. d.) [16].
Puis qui parle (R.).
Quay des Augustins [17].
Ratz (R. des) [18].
Reins (R. des) [19].
R. Margueritte (Jardin de la) [20].
Royne Margueritte (l'Ostel de la) [21].
Sacalie (R.) [22].
S. André (R. de) [23].
S. Benoist.

---

[1] Devenue rue Neuve-Saint-Étienne.
[2] C'est le premier plan qui lui donne ce nom, qu'elle a conservé. La Tapisserie, Ducerceau et Truchet la nomment rue Pavée d'Andouilles.
[3] L'hôtel de Nevers, sur le quai de ce nom, entre le Pont-Neuf et la porte de Nesle.
[4] La Charité actuelle.
[5] Près de la place Maubert.
[6] Saint-André-des-Arts, auj. rue Séguier.
[7] Nom inscrit sur l'emplacement d'une rue parallèle à la rue Cassette (nommée ici par erreur R. Pot de Fer), et qui n'a, je crois, jamais existé.
[8] Place Cambrai.
[9] La place Maubert. — On y voit plusieurs personnages, deux potences et une croix adossée à une espèce de petite chapelle.
[10] Port Saint-Bernard.
[11] Porte de Bussi.

[12] Porte de Nesle.
[13] Saint-Marcel.
[14] C'est, en réalité, la rue Cassette, et la vraie rue du Pot-au-fer est nommée ici R. des Prestres.
[15] Saint-Séverin.
[16] Ce ne peut être que la rue du Pot-de-fer. Nous retrouverons cette même erreur sur le plan de Mérian.
[17] C'est le seul quai qui soit nommé sur ce plan.
[18] C'est la rue d'Arras.
[19] Rue de Reims.
[20] Vassalieu est, avec Quesnel et Mérian, le seul qui indique l'hôtel et les jardins de la reine Marguerite. Comme toujours, le dessin de Vassalieu est beaucoup moins exact que celui de Mérian.
[21] Au commencement de la rue de Seine.
[22] Rue Zacharie.
[23] Des Arts.

S. Cosme.
S. Estienne des Grez.
S. Estienne des Grez (R.).
S. Estienne du Mont.
S. Germain (Abaye).
S. Germain (H.) [1].
S. Germain (G. R.) [2].
S. Hilaire.
S. Jacques (R.).
S. Jacques du hauts Pas.
S. J. Beauvais (R.) [3].
S. J. d. Latran.
S. J. d. Latran (R.).
S. Julian [4].
S. Lambert (R.) [5].
S. Michel (C.) [6].
S. Nicolas (R.) [7].

S. Nicolas du Chardonneret.
S. Père [8].
S. Sévrin.
S. Sévrin (R.).
S. Suplice [9].
S. Suplice (R. d.) [10].
S. Victor [11].
S. Victor (R.).
S. Yves.
S. Geneviève [12].
Seine (R. de) [13].
Serbonne (R. de) [14].
Serpente (R.).
Tarine (R.) [15].
Tournon (R. de).
Vaugerard (R. de).
Versaille (R. de).

RIVE DROITE.

Arcenat [16].
Arcenat (P. de) [17].
Autruche (R. de l').
Ave Maria.

Baletz (R. d.) [18].
Barrée (R.) [19].
Barres (R. des) [20].
Bastille (la) [21].

---

[1] La foire Saint-Germain.
[2] Grande rue Saint-Germain-des-Prés, auj. comprise dans la rue de l'École-de-Médecine.
[3] Rue Saint-Jean-de-Beauvais.
[4] L'église Saint-Julien-le-Pauvre.
[5] Nom inscrit sur l'emplacement de la rue des Quatre-Vents actuelle.
[6] Le collége de Chanac.
[7] Du Chardonnet.
[8] La chapelle de Saint-Père.
[9] L'église Saint-Sulpice.
[10] C'est la rue Férou actuelle.
[11] L'abbaye.
[12] L'abbaye.
[13] Saint-Germain.
[14] Rue de Sorbonne.
[15] On a sans doute voulu désigner ainsi la rue Taranne, mais elle est perpendiculaire à la rue du Four au lieu de lui être parallèle ; ce nom est en réalité donné ici à la rue du Dragon actuelle, alors rue du Sépulcre.
[16] L'Arsenal.
[17] Porte de l'Arsenal.
[18] Rue des Ballets.
[19] De la *R. au Lions* (rue Saint-Paul) à la *R. des Fauconniers*. — C'est la rue des Barrés, auj. rue de l'Ave-Maria.
[20] Derrière l'église Saint-Gervais.
[21] Dessin ridiculement inexact. En revanche, Vassalieu est le premier qui indique la courtine terminée en pointe qui fut construite derrière la forteresse au milieu du XVIe siècle. C'est sur l'emplacement de cette courtine que s'élève auj. la colonne de Juillet.

PLAN DE VASSALIEU.

Baudrairie (R. d. l.) [1].
Beau repaire (R.).
Beautraillis (R. du) [2].
Biauvais (R. d.) [3].
Billettes.
Blanc Manteaux.
Bons Enfans (R. d.) [4].
Bouc (R. du) [5].
Boulloy (R. du).
Bourbon [6].
Bourdonnois (R. d.).
Bout du monde (R. du).
Boutibout (R.) [7].
Bracq (Chapelle de).
Bracq (R. d.).
Bretonnerie (R.) [8].
C. Langevin (R.) [9].
Capuchines [10].
Capuchins [11].
Célestins.
Cemetière (R. du) [12].
Champ fleurz (R.) [13].
Chantre (R. du).
Chapon (R.).
Châtelet (G.) [14].

Cimetière S. Jan.
Conte d'Artois (R.).
Coq (R. du) [15].
Coq (R. du) [16].
Cossonnerie (R.).
Courte Villain (R.).
Coutelleri (R. de la).
Couture S. Caterine.
2 Escus (R. d.).
2 Porte (R. d.) [17].
Egiptiene (R. de l') [18].
Enfans rouges (R. des).
Escoufles (R. d.).
Estuves (R. d.) [19].
Faubour M. Martre.
Faubour S. Denis.
Faubours S. Honorée.
Faubour S. Martin.
Fauconniers (R. des).
Fèvre (R. le) [20].
Figuier (R. du) [21].
Foire (R. au) [22].
Four (R. du) [23].
Franc Bourgeois [24].
Fueillans (les) [25].

---

[1] Auj. rue Maubué.
[2] Elle occupe ici, par erreur, la place de la rue du Petit-Musc.
[3] Rue de Beauvais. Mais elle occupe ici, par erreur, la place de la rue Fromenteau. La vraie rue de Beauvais est régulièrement tracée, mais ne porte aucun nom.
[4] Saint-Honoré.
[5] C'est la rue Béthisy. Le plan de Truschet la nomme « R. du Bout ».
[6] L'hôtel de Bourbon, sur la place du Louvre.
[7] Rue Bourtibourg.
[8] C'est la partie de la R. Ste Croix de la Bretonnerie comprise entre la Vielle rue du Temple et la R. Boutibout (Bourtibourg).
[9] Rue Geoffroi-l'Angevin.
[10] Du faubourg Saint-Honoré.
[11] Du faubourg Saint-Honoré.
[12] Rue du Cimetière-Saint-Nicolas-des-Champs, dans la rue Saint-Martin.
[13] Rue Champ-Fleuri.
[14] Grand-Châtelet.
[15] Saint-Honoré.
[16] Saint-Jean.
[17] Saint-Jean.
[18] Rue de la Jussienne.
[19] Saint-Martin.
[20] C'est la rue Renault-Le-Fèvre.
[21] Saint-Paul.
[22] Rue aux Fers.
[23] Saint-Honoré.
[24] Voyez Poulies (R. d.)
[25] Du faubourg Saint-Honoré.

Geofroy Lasnier (R.).
Gravilliers (R. d.).
Grenelle (R. de) [1].
Gre. S. Ladre (R.) [2].
Grève (la).
Guillory (Carrefour).
Guise (Hostel de) [3].
Hale (l.) [4].
Haudriettes (R. d.).
Homer (R.) [5].
Hostel de Ville.
Jamet (Hostel de) [6].
Jardins (R. au) [7].
J. S. Denis (R.) [8].
Jésuistes (les) [9].
Jour (R. d.).
Jouy (R. de).
Juifz (R. d.).
Lavendières (R. de).
Lingerie (la).
Lions (R. au) [10].
Lonbars (R. d.).
Louvre (le).
Maine (Hostel du) [11].

Marché aux Chevaux (le) [12].
Mare [13].
M. Garçons (R. d.) [14].
Ménestriés (R. d.).
Michel le Conte (R.).
Monmorancy (R.).
Monnoye (la) [15].
Mont foucon.
Mont Martire.
Mont martre (R.).
Mont orgueil (R. de).
Mortellerie (R. d.).
Neufve S. Merry (R.).
Neuve de S. Paul (R.).
Nonnain d'ierre (R. de).
Oportane [16].
Ours (R. aux).
Pain Mollet (R. du).
Palmail (le jeu du) [17].
Palmail (le jeu du) [18].
Paradis (R. du).
Patourelle (R.).
Payens (R. d.) [19].
Pestiferez (Maison d.) [20].

---

[1] Saint-Honoré.
[2] Rue Grenier-Saint-Lazare.
[3] Dans la rue du Chaume, qui n'est pas nommée.
[4] Les Halles.
[5] Rue au Maire.
[6] Hôtel de Zamet, situé à l'angle de la rue de la Cerisaie et de la rue du Petit-Musc, qui est appelée ici par erreur rue Beautreillis.
[7] Saint-Paul.
[8] Rue Jean-Saint-Denis.
[9] Rue Saint-Antoine. Ils venaient d'établir là leur Maison professe sur les ruines de l'hôtel du prévôt de Paris.
[10] Vassalieu nomme ainsi, par erreur, la rue Saint-Paul.
[11] Rue Saint-Antoine, près de la Bastille, et attenant à l'hôtel Zamet.
[12] Hors de la porte Saint-Honoré.
[13] Au faubourg Saint-Martin, derrière l'hôpital Saint-Louis.
[14] Rue des Mauvais-Garçons.
[15] Dans la rue de la Monnaie.
[16] L'église Sainte-Opportune.
[17] Hors des murs, entre la porte Saint-Honoré et la porte Montmartre.
[18] Il s'étend tout le long de l'Arsenal jusqu'à la Seine. On y entre par un espace réservé, à côté de la porte de l'Arsenal. Huit personnages armés de raquettes y figurent.
[19] C'est la rue Payenne.
[20] L'hôpital Saint-Louis. Il ne fut achevé qu'en 1611.

Petitz Champs (R. d.) [1].
P. Champs (R. d.) [2].
Place Royalle.
P. au Veaux.
Plastrière (R. d. l) [3].
Platière (R. de) [4].
Ponceau [5].
Port au Foing [6].
Port S. Paul [7].
P. de Bodais (la) [8].
P. M. M. [9].
P. Neuve.
Porte S. Anthoine.
P. S. Denis.
P. S. Honorée.
P. S. Martin.
P. du Temple.
Portefoin (R.).
Potterie (R. d. l.) [10].
Poulies (R. des) [11].
Poulies ou Franc Bourgeois (R. d.) [12].
Prescheurs (R. d.).
Prouvelles (R. d.) [13].
4 Filz Emon (R. d.) [14].

15 Vins (les) [15].
Quiquempois (R.).
Quiquetonne (R.) [16].
Renard (R. du).
Repenties (les) [17].
Roquelor (Hostel de) [18].
Rosiers (R. d.).
Roy (C. du) [19].
Roy (G. du) [20].
Roy Sicille (R. du).
S. Anthoine [21].
S. Anthoine (R.).
S. Anthoine des Champs.
S. A. de Champs (Chemin de) [22].
S. Bon.
S. Denis (R.).
S. Eustache.
S. Germain l'Aucerois.
S. Germain (R. de) [23].
S. Gervais.
S. Honoré.
S. Honorée (R.).
S. J [24] de la Boucherie.
S. J. [25] d. l'ospital.

---

[1] De la rue du Bouloi à la rue Saint-Honoré.
[2] De la rue Transnonnain à la rue Saint-Martin.
[3] Devenue rue de la Corroierie.
[4] C'est la rue de la Plâtrière, devenue rue Jean-Jacques-Rousseau.
[5] Dans la rue Saint-Denis.
[6] Sur le quai des Ormes.
[7] On y voit un porteur d'eau ayant sur ses épaules un bâton auquel sont suspendus deux seaux.
[8] La porte Baudoyer.
[9] La porte Montmartre.
[10] Devenue rue de la Poterie-des-Arcis.
[11] Auj. rue du Louvre.
[12] Rue des Francs-Bourgeois actuelle.
[13] Rue des Prouvaires.
[14] Rue des Quatre-Fils.
[15] Les Quinze-Vingts, près de la porte Saint-Honoré.
[16] Rue Tiquetonne.
[17] Les Filles Pénitentes, dans la rue Saint-Denis.
[18] Devenu la prison de la Force, dans la R. d. Baletz (rue des Ballets).
[19] Grand bâtiment situé sur le quai, entre le *Port S. Paul* et le *Port au Foing*. Peut-être est-ce la partie conservée en 1606 du « Chantier du Roi ». Voy. Jaillot, Quartier Saint-Paul, p. 9.
[20] Inscription placée près du Louvre.
[21] L'hôpital dit du Petit-Saint-Antoine.
[22] Chemin de l'abbaye Saint-Antoine-des-Champs, auj. rue du faubourg Saint-Antoine.
[23] L'Auxerrois.
[24] Saint-Jacques.
[25] Saint-Jacques.

S. Jan [1].
S. Julien [2].
S. Laurens.
S. Lazare.
S. Leu.
S. Marry.
S. Martin (R.).
S. Martin des Champs.
S. Nicolas d. Champ.
S. Sauver (R.) [3].
S. Sauveur.
S. Thomas du Louvre (R.).
S. Tomas [4].
S. Avoÿe (R.)
S. Catharine [5].
Ste Croix (R.) [6].
S. Innocentz.
Sélestins (les).
Sens (Hostel de) [7].
Sépulcre (le).
Simon l. franc (R.).

Soissons (l'H. de) [8].
Tanerie (R. de la).
Temple (le).
Temple (R. du).
Tirboudin (R.) [9].
Tirechape (R.).
Tirouis (R. †) [10].
Tissanderie (R. de la).
Tonnellerie (R.).
Trace Nonain (R.) [11].
Trinité (la).
Trousse Vache (R.).
Tuilleries.
Tuilleries (Jardin des).
Vallée de misère.
Vanerie (R. d. la).
Verrerye (R. de la).
Vielle rue du Temple.
Vieux Augustins (R. d.).
Vitri (H. de) [12].

---

[1] L'église Saint-Jean-en-Grève.
[2] Saint-Julien-des-Ménétriers, dans la rue Saint-Martin.
[3] Rue Saint-Sauveur.
[4] L'église Saint-Thomas-du-Louvre.
[5] Sainte-Catherine-du-Val-des-Écoliers, dans la rue Saint-Antoine.
[6] De la Bretonnerie. — Voy. *Bretonnerie*.
[7] Dans la rue du Figuier.
[8] L'hôtel de Soissons, dans la *R. d. 2 Escus*.
[9] Auj. rue Marie-Stuart.
[10] Rue de la Croix-du-Tiroir, aujourd'hui comprise dans la rue Saint-Honoré.
[11] Transnonnain.
[12] Hôtel de Vitry. Dans une rue non nommée, devenue rue Saint-Louis, et auj. rue de Turenne, qui fut établie sur l'égout longeant la place Royale.

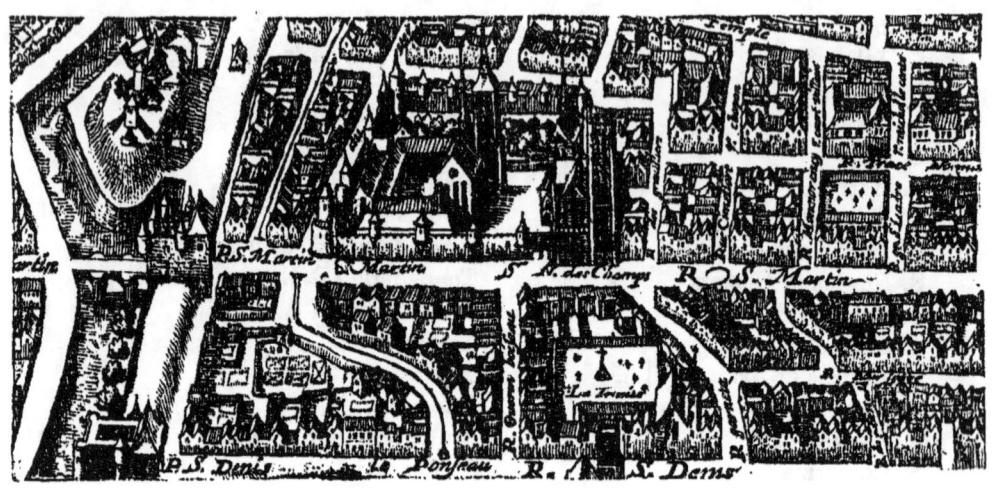

PLAN DE MATHIEU MÉRIAN.

— 1615 —

E joli plan est composé de deux feuilles in-folio, mesurant chacune cinquante et un centimètres sur trente-huit. A chaque feuille s'ajoute latéralement une bande divisée en compartiments où sont représentés des personnages en costume du XVIIᵉ siècle; enfin, au bas du plan complet s'adaptent deux feuilles de texte imprimées sur trois colonnes, datées de 1615, et qui n'offrent aucun intérêt historique.

En haut, une banderolle fort peu gracieuse contient le titre :

LE PLAN DE LA VILLE, CITÉ, VNIVERSITÉ ET FAVXBOVRGS DE PARIS AVEC LA DESCRIPTION DE SON ANTIQVITÉ ET SINGVLIARITÉS.

A gauche de la première feuille figurent, entre le *Chasteau de Vincennes* et *les Marets du Temple*, les armes de Paris, au milieu d'une couronne de lauriers, et à côté les armes de France et de Navarre entourées du collier de l'ordre du Saint-Esprit. Puis, au-dessous de *la Grange Batellière,* un cartouche où on lit ces quatre vers :

> *Ceste ville est vn autre monde*
> *Dedans vn monde florissant,*
> *En peuples et en biens puissant*
> *Qui de toutes choses abonde.*

A côté, sur la droite, le nom de l'auteur : *Mathæus Merian Basiliensis fecit.*

La deuxième feuille n'a pour ornement qu'une sorte de grosse boussole placée au milieu de la *Rivière de Seine,* à l'extrémité du *Iardin des Tuilleries.*

Le plan de Mérian a été l'objet de nombreuses contrefaçons. Nous citerons seulement celle qui fut publiée par Melchior Taver-

nier en 1630. Elle diffère de l'original, dont nous donnons ci-dessus un second fragment, par des modifications assez nombreuses et qui ne manquent pas d'intérêt. Par exemple, le pont de bois qui précédait la porte de Nesle est remplacé par un pont de pierre, et le tourillon que Mérian avait placé à l'est est régulièrement reporté au sud; l'égout du Ponceau ne coule plus à ciel ouvert; les îles Notre-Dame et aux Vaches sont réunies en une seule; le palais actuel du Luxembourg s'élève à côté de l'hôtel du même nom; l'hôtel et les jardins de la reine Marguerite ont disparu, et sont remplacés par des rues déjà bâties en partie.

Comme nous l'avons fait pour le plan de Tapisserie au *seizième siècle,* nous indiquerons, pour le *dix-septième* les tenants et les aboutissants de toutes les rues mentionnées sur le plan de Mathieu Mérian.

NOMENCLATURE.

CITÉ ET COURS DE LA SEINE.

Dauphine (Place) [1].
H. Dieu [2].
Louviere (L'isle) [3].

Magdelène (La) [4].
M. Neuf [5].
Marmousets (R. des) [6].

---

[1] Entre *le pont neuf,* le quai de l'Horloge, la rue de Harlay et le quai des Orfèvres; ces trois derniers non nommés. — Elle est bien dessinée, et semble terminée. On y voit deux issues, l'une sur la rue de Harlay, l'autre sur *le pont neuf.* C'est en 1607 que cet emplacement fut accordé au président de Harlay; mais les constructions marchèrent très-lentement, et n'étaient pas encore achevées en 1620.

[2] L'hôtel-Dieu, entre le parvis *Notre Dame,* la *R. Neuve N^{re} Dame* et une rue non nommée, qui était la rue du Marché-Palu (auj. rue de la Cité). — Du côté du *Petit pont* un des bâtiments est flanqué d'une tourelle.

[3] Trois maisons sur la rive gauche de l'île, et en face sur le quai un escalier de pierre. La partie orientale de l'île est couverte d'arbres.

[4] Dans une rue non nommée qui était alors la rue de la Juiverie, et est auj. la rue de la Cité. — Dessin plus inexact que celui des autres églises de la Cité.

[5] Le Marché-Neuf, entre le *Petit pont* et *le Pont S. Michel.* — Les trois maisons isolées que l'on aperçoit sur le bord de la rivière étaient des boucheries.

[6] Commence rue de la Colombe, et finit rue de la Lanterne (auj. rue de la Cité), toutes deux non nommées. Elle est séparée de la rue Chanoinesse (non nommée) par un

Neuve n^tre Dame (R.) [1].
Nostre Dame [2].
Nostre Dame (Lisle) [3].
Palais (Le) [4].
Pompe (La) [5].
Pont (Petit) [6].
Pont aus Changes [7].
Pont aus Marchant [8].

Pont neuf (Le) [9].
Pont Nostre Dame [10].
Pont S. Michel (le) [11].
S. Bartélemi [12].
S. Christofe [13].
S. Denis de la Chartre [14].
S. G. le Vieux [15].
S. Chapelle (la) [16].

---

bâtiment qui est la chapelle Saint-Aignan (non nommée) et au centre duquel s'ouvre une large porte.

[1] Commence au parvis *Nostre-Dame,* et finit à une rue non nommée qui était alors la rue du Marché-Palu, et est auj. la rue de la Cité.

[2] Dessin élégant et exact. Au sud, on distingue vaguement l'archevêché.

[3] Des arbres, des piles de bois à brûler, des bateaux en construction. On voit figurer à gauche un pont de bateaux qui relie l'île au quai Saint-Bernard (non nommé) : Marie, entrepreneur-général des ponts de France, l'avait commencé en 1614.

[4] Dessin curieux et assez exact. On distingue successivement : la chapelle Saint-Michel; la porte qui servait d'entrée à la cour de la Sainte-Chapelle et celle de la grande cour du Palais, toutes deux flanquées de tourelles; la tour carrée, dite de l'horloge, surmontée d'un clocheton; trois grosses tours rondes sur le quai de l'horloge; la grande salle brûlée en 1618, avec ses hautes fenêtres ogivales.

[5] La Samaritaine, sur *le pont neuf.* Elle est placée devant la deuxième arche en partant du quai, s'élève sur pilotis jusqu'à la hauteur du tablier et est surmontée d'un clocher.

[6] Commence au Petit-Châtelet, et finit rue de la Juiverie, tous deux non nommés.

[7] Commence à la *P. de Paris* (Grand-Châtelet), et finit devant l'horloge du Palais. — Il est bordé de maisons à pignons dessinées avec un soin extrême.

[8] Commence au quai de l'Horloge (non nommé), et finit à la *Vallée de misère* (auj.

quai de la Mégisserie). — Il est bordé de maisons à pignons. Il venait d'être reconstruit (1609) et fut brûlé en 1621, aussi le plan de Mérian est-il le dernier sur lequel il figure.

[9] Commence à *l'Escolle S. Germain* (quai de l'École), et finit *gaye des Augustins.* — Sur le terre-plain, qui forme un demi-cercle, figure la statue équestre dressée en 1614. Le pont a exactement la même forme qu'aujourd'hui, mais les trottoirs paraissent plus élevés. Il y a quatre arches de la *R. Dauphine* au terre-plain et sept arches du terre-plain à *l'Escole Saint-Germain.*

[10] Commence à une rue non nommée qui était la rue Planche-Mibray, et finit rue de la Lanterne (non nommée). — Six arches très-nettement accusées; des deux côtés des maisons à pignons.

[11] Commence au *M. neuf* (Marché-Neuf), et finit *gaye des Augustins.* Il est en dos d'âne et couvert de maisons. Il fut emporté en 1616.

[12] Dans une rue non nommée, qui était alors la rue Saint-Barthélemy, devenue rue de la Barillerie, et aujourd'hui boulevard du Palais.

[13] L'église Saint-Christophe, à l'angle de la rue Saint-Christophe, qui n'est pas nommée, et du parvis *Nostre Dame.* — Dessin fort exact.

[14] Dans une rue non nommée, qui était alors la rue de la Lanterne (auj. rue de la Cité). — Dessin inexact, le clocher est mal placé et de dimensions très-exagérées.

[15] L'église Saint-Germain-le-Vieux, au *M. neuf* (Marché-Neuf). — Dessin très-exact.

[16] Dans l'enceinte du *Palais.* Dessin très-soigné.

PLAN DE MATHIEU MÉRIAN.

Seine (la rivière de) [1].
Terrien (Le) [2].

Vaches (L'isle aus) [3].
Vielle draperie (R. de la) [4].

RIVE GAUCHE.

Augustins (Les) [5].
Augustins (le gaye des) [6].
Bernardins (les) [7].
Bernardins (R. des) [8].

Bièvre (r. de) [9].
Bucherie (R. de la) [10].
Cardi. Moine (C. du) [11].
Carmes (les) [12].

---

[1] On distingue son cours depuis *Charenton* jusqu'à la rue du Bac actuelle.
Voici quel est l'état des berges.
RIVE GAUCHE : Depuis *Charenton* jusqu'à la *P. S. Bernard*, la berge s'avance en pente douce jusqu'au fleuve. — De là à la hauteur de la rue de Pontoise actuelle, quelques travaux de consolidation semblent avoir été faits sur les bords. — De là au *pont S. Michel*, partout des maisons, sauf à l'ouverture de cinq rues qui se terminent par des escaliers descendant à la rivière. — Du *pont S. Michel* à la *Porte de Nelle* (auj. l'Institut), le *gaye des Augustins* a un revêtement en pierre. — De là à l'extrémité du *Iardin de la Royne Marguerite*, la berge est nue.
RIVE DROITE : De *Charenton* au quai des Célestins, la berge est nue. — De là au pont Saint-Louis, quelques travaux. — De là à l'extrémité de la *Grève*, la berge seule. — De la *Grève* au *pont aus changes*, des maisons bordent le fleuve. — De là au *Chasteau des tuilleries*, un quai bien indiqué porte successivement les noms de *Vallée de misère* (quai de la Mégisserie) et d'*Escolle S. Germain* (quai de l'École et quai du Louvre).

[2] A la pointe orientale de la Cité. — Il est situé trop au sud et sa forme est inexacte. On y voit quelques arbres.

[3] Sur la *Seine*, entre *l'isle Louvière* et *l'isle Nostre Dame*. — Une maison, deux arbres et quelques piles de bois à brûler.

[4] Commence rue de la Juiverie, auj. rue de la Cité, et finit rue Saint-Barthélemy, auj. boulevard du Palais, toutes deux non nommées.

[5] Sur *le gaye des Augustins*. — Les bâtiments de ce couvent couvrent tout l'espace compris entre le quai, la *R. dauphine*, la rue des Grands-Augustins et la rue Christine ; ces deux dernières indiquées mais non nommées.

[6] Commence *Pont S. Michel*, et finit au *pont neuf*. — Il est bordé partout de parapets en pierre. La suite du quai, jusqu'au mur d'enceinte (quai de Nevers), n'est pas nommée.

[7] Dans la *R. des Bernardins*. — Dessin plus exact que celui de Gomboust, qui a omis la flèche élevée dont était surmonté ce couvent.

[8] Commence dans une rue non nommée qui est la rue des Grands-Degrés, et finit *R. S. Victor*. — Les bâtiments élevés qui sont situés à l'angle nord-est de cette rue représentent la célèbre demeure qui porta successivement les noms d'hôtel de Bar, de Lorraine, de Montpensier et de Nesmond.

[9] Commence dans une rue non nommée qui est la rue des Grands-Degrés, et finit *Place Maubert*. — Elle oblique beaucoup trop à l'ouest, car elle devrait aboutir dans la *R. S. Victor*.

[10] Commence au *Pavé* (auj. rue du Haut-Pavé), et finit dans une rue non nommée qui est la rue du Petit-Pont. — A son extrémité se trouve un petit bâtiment qui servait alors de barrière.

[11] Dans la *R. S. Victor*. — Les bâtiments sont mal représentés et mal placés ; le collége du Cardinal-Lemoine avait sa façade plus près de la porte Saint-Victor, au-dessous des Bernardins.

[12] Au coin de la *R. des noiers* et de la *R. des Carmes*. — Les bâtiments sont repro-

Carmes (R. des) [1].
Champ gaillart (R. du) [2].
Clugny [3].
Cordelliers (Les) [4].
Cordiers (R. des) [5].
Dauphine (R.) [6].
Deux portes (r. des) [7].

Foin (r. du) [8].
Galande (R.) [9].
Gille cœur (r.) [10].
Harpe (R. de la) [11].
Haute feuille (r.) [12].
Huchette (R. de la) [13].
Irondelles (R. des) [14].

duits avec exactitude; on sait qu'ils ont été démolis lors de la construction du marché des Carmes.

[1] Commence *R. des noiers* (auj. boulevard Saint-Germain), et finit dans une rue non nommée qui est la rue Saint-Hilaire.

[2] Commence dans une rue non nommée qui est la rue d'Arras, et finit *M. S. Geneviève* (rue de la Montagne-Sainte-Geneviève. — Il y a ici une erreur. La rue que Mérian désigne sous le nom de *R. du Champ gaillart* était alors la rue Traversière, aujourd'hui rue Traversine. Quant à la vraie rue du Champ-Gaillard, elle est indiquée, mais non nommée.

[3] Le collége de Cluny est situé au coin de la *R. de la Harpe* et de la *r. des poirées*. — La flèche qui surmonte la chapelle est d'une hauteur exagérée.

[4] Dans une rue non nommée, qui était alors la rue des Cordeliers (auj. rue de l'École-de-Médecine). — Dessin exact, au moins quant à la partie qui longe la rue; l'église, détruite par un incendie, venait d'être reconstruite.

[5] Commence *R. S. Iacques*, et finit soit *r. des poirées*, soit dans une rue non nommée qui serait la rue Neuve-des-Poirées. (Voy. *r. des poirées*). — La rue Neuve-des-Poirées pourrait être représentée aujourd'hui par la rue Restaut.

[6] Commence sur le *gaye des Augustins*, et finit *P. de Bussy*. — Elle était alors toute nouvelle, car elle ne fut ouverte qu'en 1607. Sa direction au sud n'est pas exacte. Au lieu de s'infléchir vers l'est pour aboutir à la *P. de Bussy*, elle devrait traverser le mur d'enceinte, et aboutir au dehors de la ville au-dessous de cette porte.

[7] Commence *R. de la Harpe*, et finit *r. Haute feuille*. — Elle a été englobée dans le parcours du boulevard Saint-Germain.

[8] Commence *R. S. Iacques*, et finit *R. de la Harpe*. — Un pont qui passe au-dessus de la rue fait communiquer le couvent des Mathurins avec les bâtiments situés du côté opposé. La rue du Foin a disparu dans le parcours du boulevard Saint-Germain.

[9] Commence *Place Maubert*, et finit dans la rue du Petit-Pont, qui n'est point nommée.

[10] Commence sur le *gaye des Augustins*, et finit *R. S. André* (des Arts). — On écrit aujourd'hui rue Gît-le-Cœur. Le grand bâtiment qui fait le coin du quai était l'hôtel de Luynes.

[11] Commence dans une rue non nommée qui est la rue de la Vieille-Bouclerie, et finit *P. de S. Michel*. — Plus de la moitié de cette rue a disparu dans le parcours du boulevard Saint-Germain, qui passe sur l'emplacement de la *R. du Foin*. Les deux grands bâtiments qui la terminent au-dessus de l'église *S. Cosme* sont le collége de Justice et le collége d'Harcourt (auj. lycée Saint-Louis), mais le dessin de ces deux établissements est loin d'être exact.

[12] Commence *R. S. André* (des Arts), et finit dans une rue non nommée qui était la rue des Cordeliers (auj. rue de l'École-de-Médecine).

[13] Commence dans la rue du Petit-Pont, et finit dans la rue de la Vieille-Bouclerie, toutes deux non nommées.

[14] Commence place du Pont-Saint-Michel (non nommée), et finit *r. Gille cœur* (auj. rue Gît-le-Cœur). — C'est aujourd'hui la rue de l'Hirondelle. Le grand bâtiment qui fait le coin de la *R. S. André* est le collége d'Autun.

Jacobins (Les)¹.
Judas (r.)².
Macon (r. de)³.
Marche (C. de la)⁴.
Marmontier (C. de)⁵.
Mathurins (Les)⁶.
Mathurins (R. des)⁷.

Maubert (Place)⁸.
Montégu⁹.
Navarre¹⁰.
Nevers (H. de)¹¹.
Noiers (R. des)¹².
Parcheminerie (R. de la)¹³.
Pavé (Le)¹⁴.

---

¹ Au coin de la *R. S. Iacques* et de la *R. des Cordiers*.

² Commence *M. S. Geneviève* (rue de la Montagne-Sainte-Geneviève), et finit r. *des Carmes*. — Le grand bâtiment que l'on aperçoit à gauche ne peut être que le collége des Lombards, mais ses dimensions sont exagérées, et la chapelle devrait être plus rapprochée de la rue des Carmes. — La rue Judas est devenue, en 1838, rue du Clos-Bruneau.

³ Commence *R. S. André* (des Arts), et finit *R. de la Harpe*. — Sa direction est ici mal indiquée. La rue de Mâcon, que Gomboust appelle « rue Mascon », était d'abord perpendiculaire à la rue Saint-André-des-Arts; elle rejoignait ensuite la rue de la Harpe en formant un angle presque droit. Le percement du boulevard Saint-Michel a emporté tout le commencement de cette rue, la partie conservée sert aujourd'hui de continuation à la rue Saint-Séverin.

⁴ *M. S. Geneviève* (rue de la Montagne-Sainte-Geneviève). — Le collége de la Marche est ici le bâtiment qui est placé au coin de la rue appelée par erreur *R. du Champ gaillart* (rue Traversine).

⁵ *R. S. Iacques*. — C'est le collége de Marmoutiers, qui, en 1641, fut réuni au collége Louis-le-Grand (alors collége de Clermont). Ce dernier, beaucoup plus important, n'est pas cité, mais ses bâtiments sont dessinés avec exactitude.

⁶ Au coin de la *R. S. Iacques* et de la *R. des Mathurins*. — Comme sur le plan de Ducerceau, le couvent semble communiquer par un pont avec des bâtiments situés *R. du Foin*.

⁷ Commence *R. S. Iacques*, et finit *R. de la Harpe*. — Au-dessous du couvent des *Mathurins*, on peut reconnaître à ses tourelles l'hôtel de Cluny, qui d'ailleurs est assez mal représenté.

⁸ A la rencontre des rues *S. Victor*, *M. S. Geneviève*, *des noiers*, des *Trois-Portes*, *Le Pavé* (rue du Haut-Pavé), r. *S. Michel* (rue Maître-Albert), et *de Bièvre*. — A l'angle de la *R. S. Victor*, de la *M. S. Genevieve* (rue de la Montagne-Sainte-Geneviève) se trouve une fontaine qui, déplacée et reconstruite en 1674, a été récemment démolie.

⁹ Ce collége est situé entre trois rues, dont deux ne sont pas nommées, la rue Jean-Hubert (alors rue des Chiens) et la rue des Sept-Voies; la troisième est la *R. S. Estienne des grez*.

¹⁰ *M. S. Geneviève* (rue de la Montagne-Sainte-Geneviève). — Le monument ainsi désigné est le collége de Navarre; la flèche qui surmonte sa chapelle n'a jamais existé; le bâtiment situé au-dessus, et qui porte également une flèche élevée, est le collége de Boucourt; la rue qui sépare ces deux établissements a été supprimée, et leur réunion forme auj. l'École Polytechnique.

¹¹ Sur un quai non nommé qui était alors le quai de Nevers et est auj. le quai Conti. Il couvre l'emplacement de l'Hôtel des Monnaies actuel.

¹² Commence *Place Maubert*, et finit *R. S. Iacques*. — Elle se confond maintenant dans toute sa longeur avec le boulevard Saint-Germain.

¹³ Commence *R. S. Iacques*, et finit *R. de la Harpe*. — On voit au commencement de la rue un espace entouré de murs, c'était le cimetière de la paroisse Saint-Séverin.

¹⁴ Commence à la *Seine*, et finit à une rue

Pavée (r.) [1].
Percée (r.) [2].
Pierre sarasin (R.) [3].
Poirées (r. des) [4].
Port S. Bernard [5].

P. de Bussy [6].
Porte de Nelle [7].
P. S. Bernard [8].
P. S. Germain [9].
P. S. Jacques [10].

---

non nommée qui est la rue des Trois-Portes. — C'est aujourd'hui la rue du Haut-Pavé; mais, depuis 1806, elle s'arrête à la *R. de la Bucherie*, le reste a été compris dans la *Place Maubert*.

[1] Commence sur le *gaye des Augustins*, et finit *R. S. André* (des Arts). — Son nom a souvent varié : Gomboust l'appelle « R. Pavée d'Andouilles ». C'est, depuis 1865, la rue Séguier.

[2] Commence *R. de la Harpe*, et finit *r. Haute feuille*. — Le percement du boulevard Saint-Michel l'a fait disparaître. Elle est d'ailleurs ici mal dessinée et devrait être oblique en sens contraire à la *r. Haute feuille*.

[3] Commence *R. de la Harpe*, et finit *r. Haute feuille*. — Elle commence auj. au boulevard Saint-Michel, qui a supprimé cette partie de la *R. de la Harpe*. Le bâtiment que l'on aperçoit à gauche doit être le collége de Dainville.

[4] Commence *R. S. Iacques*, et finit dans une rue non nommée qui est regardée tantôt comme la continuation de la *R. des Cordiers*, tantôt comme une rue différente que l'on nomme rue Neuve-des-Poirées. — Ducerceau ne fait finir la *r. des Poirées* que dans la rue de la Harpe; peut-être était-ce aussi l'intention de Mérian : au milieu de la rue qui commence ici à la suite de la *r. des Poirées,* on lit seulement le mot *Cluny,* qui désigne plutôt le collége qu'une rue nouvelle. — La rue des Poirées se nomme, depuis 1864, rue Gerson.

[5] Sur un quai non nommé qui est auj. le quai de la Tournelle. — Pas un bateau, deux chevaux se baignent dans le fleuve.

[6] La porte de Bussy, à l'extrémité de la *R. S. André* (des Arts).

[7] A l'extrémité d'un quai non nommé, qui était alors le quai de Nevers et est auj. le quai Conti. — Dessin plus inexact que celui de Ducerceau. Le pont est en bois au lieu d'être en pierre; on ne distingue pas les deux tours engagées qui flanquaient la porte. La tourelle qui contenait l'escalier de la grosse tour de Nesle lui était adossée du côté du midi et non du côté du nord, comme l'indique Mérian. (Voy. ci-dessus, p. 102).

[8] Au commencement du quai Saint-Bernard. — Bien dessinée. La porte se trouve au milieu d'un pavillon qui se relie d'un côté à l'enceinte de Philippe-Auguste, de l'autre à un bâtiment situé sur le bord de la Seine ; ce dernier est surmonté de quatre tourelles. — Le quai Saint-Bernard n'est pas nommé ; il est planté d'arbres, plusieurs bateaux sont attachés au rivage. Au-dessus de cette porte, la Bièvre débouche par une ouverture naturelle, et non maçonnée comme on le voit sur le plan de Vassalieu. Vassalieu et Gomboust écrivent « Porte de la Tournelle ».

Le pont de la Tournelle est indiquée, mais ce n'est encore qu'un pont de bateaux ; l'ancien pont avait été, en effet, emporté par les eaux, et on commença à le reconstruire en 1614.

La porte Saint-Bernard était située à l'endroit où se rencontrent aujourd'hui la rue des Fossés-Saint-Bernard, le boulevard Saint-Germain et le quai de la Tournelle.

[9] A l'extrémité d'une rue non nommée, qui était alors la rue des Cordeliers (auj. rue de l'École-de-Médecine). — Cette porte avait été refaite en 1598; c'est un lourd bâtiment qu'aucune tour n'appuie. Contrairement au dessin de Gomboust et à la vérité, elle fait face plutôt à la rue du Paon qu'à la rue de l'École-de-Médecine. A gauche de la porte, quelques maisons, le pied dans le fossé, sont bâties le long du chemin de contrescarpe ; à droite elles forment une ligne non interrompue jusqu'à la *P. de Bussy*.

[10] A l'extrémité de la *S. R. Iacques*. —

P. S. Marcel [1].
P. de S. Michel [2].
P. S. Victor [3].
Poupée (r.) [4].
Prestres (r. des) [5].
S. André [6].
S. André (R.) [7].

S. Benoist [8].
S. Cosme [9].
S. Estienne des grez [10].
S. Estienne des grez (R.) [11].
S. Hilaire [12].
S. Iacques (R.) [13].
S. Iean de Beauvais (r.) [14].

Dessin certainement copié sur celui de Quesnel ; mais sur le plan de Quesnel le chemin de contrescarpe est vide, tandis qu'ici on aperçoit de chaque côté de la porte un groupe de maisons appuyées au fossé.

[1] A l'extrémité d'une rue non nommée que Ducerceau appelle « R. Bordelle » et qui est auj. la rue Descartes. — Un lourd bâtiment flanqué de deux grosses tours. Dessin inexact, au moins si l'on s'en rapporte aux plans de Ducerceau, de Belleforest et de Gomboust, qui s'accordent à donner à cette porte une toute autre physionomie.

[2] A l'extrémité de la *R. de la Harpe*. — Un lourd bâtiment flanqué de deux fortes tours crénelées. On distingue bien le pont jeté sur le fossé.

[3] Au commencement de la *R. S. Victor*. — Dessin fort confus. Cette porte, refaite en 1569, avait alors deux corps de bâtiments parallèles qu'il ne serait pas impossible de retrouver ici. Celui qui est du côté de la ville, semble un reste de l'ancienne porte. C'est aujourd'hui le point où se rencontrent la rue des Fossés-Saint-Victor, la rue Saint-Victor, la rue du Cardinal-Lemoine et la rue des Fossés-Saint-Bernard.

[4] Commence *R. de la Harpe*, et finit *r. Haute feuille*. — Sa direction n'est pas exacte, elle devrait être oblique à la rue Hautefeuille en sens contraire. Elle a disparu lors du percement du boulevard Saint-Michel.

[5] Commence *R. S. Séverin*, et finit *R. de la parcheminerie*. — L'espace entouré de murs qui forme l'angle sud de cette rue était le cimetière de la paroisse Saint-Séverin.

[6] Église située à l'angle de la *R. S. André* (des Arts) et de la *r. Haute feuille*.

[7] Commence rue de la Vieille-Bouclerie (non nommée et aujourd'hui détruite), et finit à la *P. de Bussy*. — C'est à peu près son parcours actuel, car la porte de Bussy était située presque exactement à l'endroit où s'ouvre auj. le passage du Commerce.

[8] Dans la *R. S. Iacques*. — Auprès de l'église se trouve une tour que nous n'avons rencontrée sur aucun autre plan. Le cloître a deux entrées : l'une à ciel ouvert sur la *R. des Mathurins*, l'autre défendue par une porte sur la *R. S. Iacques* ; c'est exactement le contraire du dessin de Ducerceau. Ce dernier indique en outre, au milieu du cloître, une fontaine qui n'existe pas ici.

[9] Église située au coin de la *R. de la Harpe* et d'une rue non nommée qui était la rue des Cordeliers.

[10] Dans la *R. S. Estienne des grez*. — L'impasse que l'on aperçoit derrière l'église, dans la *R. S. Iacques*, s'appelait rue de la Bretonnerie.

[11] Commence dans une rue non nommée qui est la rue des Sept-Voies, et finit *R. S. Iacques*. — Les bâtiments que l'on aperçoit sur la gauche, au-dessus de *S. Estienne des grez*, sont ceux du collége de Lisieux. Depuis 1864, cette rue est devenue la rue Cujas.

[12] Cette église est située ici au coin de trois rues, qui sont : la rue Saint-Hilaire, la rue des Sept-Voies et la rue du Four ; mais elle était séparée de cette dernière par un cimetière que l'on n'aperçoit point.

[13] Commence *R. Galande*, et finit à la *P. S. Iacques*. — L'impasse que l'on aperçoit à l'extrémité se composait de deux rues aboutissant l'une dans l'autre et qui étaient nommées rues de la grande et de la petite Bretonnerie. La rue Saint-Jacques finit aujourd'hui rue de Port-Royal, c'est-à-dire au delà des limites du plan de Mérian.

[14] Commence *R. des noiers* (auj. boule-

S. Michel (r.) ¹.
S. Séverin (R.) ².
S. Victor (R.) ³.
S. Geneviève ⁴.

S. Geneviève (M.) ⁵.
Serpente (r.) ⁶.
Zacarie (r.) ⁷.

RIVE DROITE.

Arcenal (l') ⁸.
Autruche (r. de l') ⁹.

Ave Maria (L') ¹⁰.
Balets (R. des) ¹¹.

---

vard Saint-Germain), et finit à une rue non nommée qui est la rue Saint-Hilaire. — Les trois monuments qui s'élèvent sur sa gauche sont : le collége de Presles, le collége de Beauvais et l'École de Droit. — A l'extrémité de cette rue se trouve un puits qui portait le nom de Puits-Certain.

¹ Commence dans une rue non nommée qui est la rue des Grands-Degrés, et finit *Place Maubert*. — C'est ici le seul plan où cette rue soit ainsi désignée, car depuis le xiv⁰ siècle, elle portait le nom de rue Perdue ; une ordonnance de 1844 l'a changé en celui de rue Maître-Albert, qu'elle porte aujourd'hui. — Le second des bâtiments que l'on aperçoit à gauche doit être le collége de Chanac ou de Saint-Michel qui avait été fondé vers 1350.

² Commence *R. S. Iacques,* et finit *R. de la Harpe.* — Le clocher de l'église et la flèche qui la surmonte devraient être plus élancés. L'espace entouré de murs qui borde l'église au sud est le cimetière de la paroisse.

³ Commence *P. S. Victor*, et finit *Place Maubert.*

⁴ Cette abbaye a ici pour limites : le mur d'enceinte, la rue des Sept-Voies, la place Sainte-Geneviève, la rue des Prêtres, et la rue Bordelle (auj. rue Descartes) ; aucune de ces voies n'est nommée. Les bâtiments sont rendus assez exactement, mais trop rapprochés du mur d'enceinte.

⁵ Commence *Place Maubert,* et finit *P. S. Marcel.* — C'est la rue de la Montagne-Sainte-Geneviève, mais elle devrait finir à l'endroit où se trouve une fontaine ; là commençait une nouvelle rue, la rue Bordelle (Ducerceau) ou Bourdel (Gomboust), auj. rue Descartes.

⁶ Commence *R. de la Harpe,* et finit *r. Haute feuille.* — Depuis 1851, elle commence au boulevard Saint-Michel, qui est venu se placer entre elle et la *R. de la Harpe,* et finit rue de l'Éperon (non nommée ici). La rue qui lui sert de continuation est la rue du Battoir. La rue Serpente avait à droite deux édifices qu'il est presque impossible de retrouver ici : le collége de Tours et l'hôtel Serpente.

⁷ Commence *r. de la Huchette,* et finit *R. S. Séverin.* — Elle commence auj. à la Seine (quai Saint-Michel), car on y a joint la petite rue non nommée qui est située en face, et qui s'appelait alors rue des Trois-Chandeliers.

⁸ On distingue très-nettement ses quatre cours (une cinquième fut ajoutée plus tard) et son entrée sur la rue du Petit-Musc qui n'est pas nommée. La porte est bien dessinée.

⁹ Commence *R. des Fossés S. Germain* l'Auxerrois, et finit *R. S. Honoré.* — Nom écrit là, par erreur, sur l'emplacement de la rue des Poulies. La vraie rue de l'Autruche est celle qui est nommée ici *r. du Coq.*

¹⁰ Dans une rue non nommée qui est la rue du Fauconnier.

¹¹ Commence *R. S. Antoine,* et finit à *La vielle Rue du Temple.* Elle est ici fort mal indiquée. Ces mots *R. des Balets* indiquent en réalité l'emplacement de la rue du Roi-de-Sicile.

Bastille (la) [1].
Beaurepaire (R.) [2].
Bétisi (R.) [3].
Blanc Menteau (R. des) [4].
Bons enfans (R. des) [5].
Bouloy (r. du) [6].
Bourdonnois (r. des) [7].
Bour l'abbé (R.) [8].
Bout du monde (R. du) [9].
Brac (C. de) [10].
Briboucher (R.) [11].

Célestins (les) [12].
Chanq fleur (r. du) [13].
Chantre (r. du) [14].
Chapon (r.) [15].
Cimetière (rue) [16].
Conté d'Artois (R.) [17].
Coq (r. du) [18].
Coquillière (R.) [19].
Court villain (r.) [20].
Coutellerie (R. de la) [21].
Crucifi S. Iacque (R. du) [22].

---

[1] Mal dessinée. Elle forme un parallélogramme régulier, tandis que les deux tours centrales, du côté du faubourg, avançaient sur la courtine. Celle-ci est exactement rendue, ainsi que la promenade plantée d'arbres située au sud de la forteresse.

[2] Commence R. des deux Portes, et finit R. Mont-orgueil.

[3] Commence r. des Bourdonnois, et finit rue de l'Arbre-Sec, nommée ici par erreur r. des Poulies.

[4] Commence dans La vielle Rue du Temple, et finit R. des enfans rouges.

[5] Commence R. S. Honoré, et finit au mur d'enceinte.

[6] Commence R. des petits champs, et finit R. Coquillière.

[7] Commence R. bétisi, et finit R. S. Honoré. — On voit à gauche l'impasse des Bourdonnais, alors cul-de-sac de la Fosse-aux-Chiens.

[8] Commence R. aux ours, et finit R. Garneta (rue Grénétat).

[9] Commence R. Mont-orgueil, et finit à la Porte Mont Marthe.

[10] Sans doute la chapelle de Braque, dans la rue de Braque, qui n'est pas nommée.

[11] Commence R. S. Martin, et finit R. S. Denis. — C'est la rue Aubry-le-Boucher.

[12] Dans une rue non nommée qui était alors la rue des Célestins et est devenue la rue du Petit-Musc.

[13] Commence dans une rue non nommée qui est la rue de Beauvais, et finit R. S. Honoré. — La rue Champ-Fleuri était la deuxième de celles que recevait la rue de Beauvais, c'est donc celle qui est nommée ici par erreur r. du Chantre.

[14] Commence dans une rue non nommée qui est la rue de Beauvais, et finit R. S. Honoré. — Voy. la note précédente.

[15] Commence R. du Temple, et finit R. Trace Nonnain (Transnonnain).

[16] Commence R. Trace Nonnain, et finit R. S. Martin. — C'est la rue du Cimetière-Saint-Nicolas.

[17] Semble commencer à la pointe Saint-Eustache, et finir R. Tireboudin, auj. rue Marie-Stuart.

[18] Commence à l'Escolle S. Germain, et finit R. S. Honoré. — La rue ainsi désignée était la rue de l'Autruche ; la vraie rue du Coq est celle qui est nommée ici r. du Chanq fleur (rue du Champ-Fleuri).

[19] Commence r. du Four, et finit R. des petits champs.

[20] Commence R. du Temple, et finit R. Trace Nonnain (rue Transnonnain).

[21] Semble commencer rue du Mouton et finir rue Jean de l'Épine, toutes deux non nommées. Elle commençait en réalité à cette dernière.

[22] Semble commencer R. de la Coutellerie, et finit R. S. Denis. — C'est l'emplacement de la rue Saint-Jacques-la-Boucherie. La vraie rue du Crucifix passait devant le portail de l'église, et serait représentée ici par les mots S. I. de la boucherie.

Deux escus (Ruë des) [1].
Deux Portes (R. des) [2].
Egiptiene (Rue) [3].
Enfans rouges (R. des) [4].
Espernon (H. d') [5].
Fair (R. au) [6].
Feronnerie (R. de la) [7].
Filles Dieu [8].
Filles pénitente (les) [9].
Fossés S. Germain (R. des) [10].
Four (r. du) [11].

Franc-bourgois (R. des) [12].
Garneta (R.) [13].
Gravilliers (R. des) [14].
Grenelle (r. de) [15].
Gr. S. Ladre (R.) [16].
Guérin Boiseau (R.) [17].
Guillory (C.) [18].
Guise (H. de) [19].
Halles (les) [20].
H. de Ville [21].
Jamet (H. de) [22].

---

[1] Commence r. des prouvelles, et finit r. de grenelle.

[2] Commence R. du petit lion, et finit R. S. Sauveur.

[3] Commence R. Coquillière, et finit R. Mont-Marthe. — Gomboust la nomme déjà rue de la Jussienne.

[4] Commence R. S. Croix de la bretonnerie, et semble finir r. de Paradis.

[5] L'hôtel d'Épernon, entre la r. de la platrière (auj. rue Jean-Jacques-Rousseau), une rue non nommée qui est la rue Pagevin, et la Rue Egiptiene (auj. rue de la Jussienne). — C'est auj. l'Hôtel des Postes.

[6] Commence R. S. Denis, et finit r. de la lingerie. — Devenue rue aux Fers, et depuis 1853 rue Berger.

[7] Commence R. S. Denis, et finit rue des Déchargeurs, nommée ici par erreur R. des lavendiers.

[8] Dans la R. S. Denis.

[9] Dans la R. S. Denis, où elles s'étaient installées en 1572.

[10] Commence rue de l'Arbre-Sec, nommée ici par erreur r. des Poulies, et finit rue des Poulies, nommée ici par erreur r. de l'autruche.

[11] Commence R. S. Honoré, et finit R. Coquillière

[12] Commence à une rue non nommée qui pourrait être la rue Payenne, et finit dans la vielle Rue du Temple.

[13] Commence R. S. Martin, et finit R. S. Denis. — C'est auj. la rue Grénétat.

[14] Commence dans une rue non nommée qui est la rue Frépillon, et finit R. S. Martin. — Elle occupe ici la place de la rue Au Maire, et la vraie rue des Gravilliers n'est même pas indiquée.

[15] Commence R. S. Honoré, et finit R. Coquillière.

[16] Commence R. Trace Nonnain (rue Transnonnain), et finit R. S. Martin. — C'est la rue Grenier-Saint-Lazare.

[17] Commence R. S. Martin, et finit R. S. Denis.

[18] Carrefour situé à la rencontre des rues de la Coutellerie, de la Tisserandrie, et de deux rues non nommées qui sont la rue Jean de l'Épine et la rue de la Poterie; ces deux dernières sont d'ailleurs placées trop à l'est.

[19] L'hôtel de Guise, dans une rue non nommée qui est la rue du Chaume. — On distingue la jolie porte à tourelles, qui existe encore.

[20] Leur forme est assez exacte. On distingue une fontaine, le pilori et la croix.

[21] Dessin très-confus, mais où l'on retrouve cependant les deux pavillons et la façade du Boccador.

[22] Le célèbre hôtel de Zamet, à l'angle de deux rues non nommées, dont l'une est la rue des Célestins, auj. rue du Petit-Musc, et l'autre la rue de la Cerisaie. — Les héritiers de Zamet le vendirent à François de Lesdiguières, aussi Gomboust le nomme-t-il Hostel Desdiguières.

J. S. Denis [1].
Jour (r. du) [2].
Jouy (R. de) [3].
Lavendiers (R. des) [4].
Lingerie (R. de la) [5].
Lions (R. aus) [6].
Lombards (R. des) [7].
Longueville (H. de) [8].
Louvre (le) [9].
Louvre (les galleries du) [10].

Marché au bled [11].
Marets du Temple [12].
Michel le conte (R.) [13].
Mobué (R.) [14].
Moine (H. du) [15].
Monconseil (R.) [16].
Monmorency (R.) [17].
Mont-Marthe (R.) [18].
Mont-orgueil (R.) [19].
Mortellerie (R. de la) [20].

---

[1] Commence à une rue non nommée qui était la rue de Beauvais, et finit *R. S. Honoré.* — Il y a ici une erreur : la rue Jean-Saint-Denis, au lieu d'être la troisième de celles que reçoit la rue de Beauvais, devrait être la quatrième.

[2] Commence *R. Coquillière,* et finit *R. Mont-Marthe.*

[3] Commence rue Saint-Paul, appelée ici par erreur *R. aus lions,* et finit à la *P. Baudet.*

[4] Commence dans une rue non nommée qui est la rue des Mauvaises-Paroles, et finit *R. de la Feronnerie.* — Ce nom est donné ici à la rue des Déchargeurs ; la vraie rue des Lavandières est bien indiquée, mais non nommée.

[5] Commence *R. de la Feronnerie,* et finit *R. au Fair* (rue aux Fers).

[6] Commence au *P. S. Paul,* et finit *R. S. Antoine.* — C'est en réalité la rue Saint-Paul. La vraie rue des Lions est indiquée à sa place, mais non nommée.

[7] Commence *R. S. Martin,* et finit *R. S. Denis.*

[8] Dans la rue des Poulies, nommée ici par erreur *r. de l'Autruche.* — Il est mal dessiné ; on ne distingue pas les jardins, qui s'étendaient jusqu'à la rue de l'Autruche, nommée ici par erreur *r. du Coq.*

[9] On y voit encore quatre tours, dont trois au nord sont rangées sur une même ligne ; elles ont chacune trois étages et sont surmontées d'un toit conique. Il y en a une quatrième à l'angle sud-est. Un jardin du côté du quai. Au nord un jardin plus grand entouré de berceaux, le mur qui l'entoure à l'est est crénelé et flanqué de deux tours rondes, c'est un reste de l'enceinte de Philippe-Auguste.

[10] Elles s'étendent entre les Tuileries et le Louvre, du pavillon de Flore au pavillon Lesdiguières actuels.

[11] Entre les rues *de la Tonnellerie,* de la Fromagerie et de la Cordonnerie, ces deux dernières indiquées, mais non nommées.

[12] Vaste espace situé derrière le Temple. Le plan de Ducerceau les nomme « la Cousture du Temple ».

[13] Commence *R. du Temple,* et finit *R. Trace Nonnain* (rue Transnonnain).

[14] Commence *R. du Temple,* et finit *R. S. Martin.* — Gomboust écrit « rue Maubué ».

[15] L'hôtel du Maine, dans la *R. S. Antoine,* près de la Bastille.

[16] Commence dans une rue non nommée qui est la rue Verdelet, et finit *r. Conté d'Artois.*

[17] Commence *R. Trace Nonnain* (rue Transnonnain), et finit *R. S. Martin.*

[18] Commence *R. Conté d'Artois,* et finit *Porte Mont-Marthe.*

[19] Semble commencer *R. Tire-boudin,* auj. rue Marie-Stuart, et finit au mur d'enceinte, à l'endroit nommé *les petits carreaux.*

[20] Semble commencer rue Saint-Paul (nommée ici *R. aus Lions*), et finit *P. de Grève.*

N. S. Méry (R.) [1].
Neuve S. Paul (R.) [2].
Ours (R. aux) [3].
Palmail [4].
Paradis (R. de) [5].
Pavée (R.) [6].
Petit Heulé (R. du) [7].
Petit Lion (R. du) [8].
Petits carreaux (les) [9].
Petits Champs (R. des) [10].
P. de Grève [11].
Place Royalle (la) [12].

Platrière (R. de la) [13].
Ponseau (le) [14].
P. au foin [15].
P. S. Paul [16].
P. Baudet [17].
Porte Mont-Marthe [18].
P. neuve [19].
P. de Paris [20].
Porte S. Antoine [21].
P. S. Denis [22].
Porte S. Honoré [23].
P. S. Martin [24].

---

[1] Rue Neuve-Saint-Merri. — Commence à une rue non nommée qui était la rue Barre-du-Bec, et finit R. S. Martin.

[2] Commence dans une rue non nommée qui était alors la rue des Célestins et est auj. la rue du Petit-Musc, et finit dans la rue Saint-Paul, nommée ici par erreur R. aus Lions.

[3] Commence R. S. Martin, et finit R. S. Denis.

[4] Sur le quai des Célestins, le long de l'Arsenal. Il avait été orné d'arbres par Henri IV.

[5] Commence dans la vielle Rue du Temple, et finit dans une rue non nommée qui est la rue du Chaume.

[6] Commence R. des deux Portes, et finit r. Conté d'Artois.

[7] Rue du Petit-Hurleur. — Commence R. Bour l'abbé, et finit R. S. Denis.

[8] Commence R. S. Denis, et finit R. des deux Portes.

[9] Rue du Petit-Carreau. — Commence R. S. Sauveur, et finit au mur d'enceinte (rue de Cléry).

[10] Semble commencer r. du Bouloy, et finit R. Coquillière. — Devenue rue Croix-des-Petits-Champs. La « croix des Petits Champs », située à l'entrée de la r. du Bouloy est indiquée.

[11] Place de Grève. — Sa forme est assez exacte. On y voit une croix, mais pas de fontaine.

[12] La rue de Biragueactuelle est indiquée, mais non nommée.

[13] Commence R. Coquillière, et finit R. Mont-Marthe. — C'est auj. la rue Jean-Jacques-Rousseau.

[14] Dans la R. S. Denis.

[15] Le port au Foin, au-dessus de la P. de Grève.

[16] Le port Saint-Paul, au commencement de la rue Saint-Paul, nommée ici, par erreur, R. aus Lions.

[17] La porte Baudoyer, à l'extrémité de la R. S. Antoine.

[18] A l'extrémité de la R. Mont-Marthe.

[19] A l'extrémité de l'Escolle S. Germain (auj. quai de l'École et quai du Louvre).

[20] A l'extrémité du Pont aus changes. — C'était une voûte qui passait sous le Grand-Châtelet.

[21] Au commencement de la R. S. Antoine et au nord de la Bastille. — Il y a en réalité deux portes : l'une sur la même ligne que le commencement du fossé de la Bastille, la seconde au milieu du petit pont qui couvrait le fossé. Celle-ci est une sorte d'arc de triomphe élevé sous Henri II et dont les sculptures étaient de Jean Goujon.

[22] La porte Saint-Denis à l'extrémité de la R. S. Denis.

[23] A l'extrémité de la R. S. Honoré.

[24] Porte Saint-Martin, à l'extrémité de la R. S. Martin.

PLAN DE MATHIEU MÉRIAN.

Porte du Temple [1].
Poulies (r. des) [2].
Prouvelles (r. des) [3].
Quinquenpoy (R. de) [4].
Quinzes Vingts (Les) [5].
Renard (R. du) [6].
Roy de Sicile (R. du) [7].
S. Antoine (R.) [8].
S. Bon (r.) [9].
S. Denis (R.) [10].
S. Eustache [11].
S. Germain (l'escolle) [12].

S. Germain (R.) [13].
S. Ger. de l'auxeroy [14].
S. Gervaiz [15].
S. Honoré [16].
S. Honoré (R.) [17].
S. J. de l'hôpital (R.) [18].
S. J. de la boucherie [19].
S. Jean [20].
S. Julien [21].
S. Leu S. Gille [22].
S. Leufroy. [23].
S. Martin [24].

---

[1] A l'extrémité de la R. du Temple.
[2] Commence R. des fossés S. Germain, et finit R. S. Honoré. — Nom inscrit par erreur dans la rue de l'Arbre-Sec; la vraie rue des Poulies est celle qui est appelée ici R. de l'Autruche.
[3] Rue des Prouvaires. — Commence R. S. Honoré, et finit à une rue non nommée qui était la rue Traînée.
[4] Commence R. Briboucher (rue Aubry-le-Boucher), et finit R. aux Ours.
[5] Dans la R. S. Honoré. — La flèche de l'église est beaucoup trop élevée. On n'aperçoit pas le cimetière qui se trouvait au sud.
[6] Commence R. S. Denis, et finit R. des deux Portes.
[7] Commence dans la vielle Rue du Temple, et finit R. du Temple. — Mais elle est ici mal placée et devrait figurer sur l'emplacement où se trouvent les mots R. des Balets. L'emplacement nommé ici R. du Roy de Sicile appartenait à la rue de la Verrerie.
[8] Commence à la Bastille, et finit à la P. Baudet. Elle est relativement trop large devant la Bastille. On distingue la fontaine qui se trouvait en face de la rue Culture-Sainte-Catherine; celle-ci est indiquée, mais non nommée.
[9] Commence à une rue non nommée qui est la vraie rue Saint-Bon, et finit R. S. Martin. Elle occupe donc ici, par erreur, l'emplacement de la rue de la Lanterne des Arcis.
[10] Commence à la P. de Paris (Grand-Châtelet), et finit à la P. S. Denis.
[11] Au commencement des rues Conté d'Artois et Mont-Marthe.
[12] Commence au pont neuf, et finit à la P. neuve. Elle représente donc le quai de l'École et le quai du Louvre. Elle est ici partout bordée de parapets.
[13] Commence R. S. Denis, et finit au chevet de l'église Saint-Germain-l'Auxerrois.
[14] L'église Saint-Germain-l'Auxerrois.
[15] Près la P. Baudet.
[16] Dans la R. S. Honoré.
[17] Commence r. de la Lingerie, et finit Porte S. Honoré.
[18] Rue Saint-Jacques de l'Hôpital. — Commence R. S. Denis, et finit dans une rue non nommée qui est la rue Verdelet.
[19] L'église Saint-Jacques-la-Boucherie, dans la R. du Crucifi S. Iacque.
[20] L'église Saint-Jean-en-Grève, derrière l'H. de Ville.
[21] L'église Saint-Julien-des-Ménétriers, dans la R. S. Martin.
[22] Dans la R. S. Denis.
[23] Entre le Pont aus changes et le Pont aus marchant. — La hauteur de la flèche est ici fort exagérée.
[24] L'abbaye de Saint-Martin-des-Champs, à l'extrémité de la R. S. Martin.

S. Martin (R.) [1].
S. Merry [2].
S. Nicaise [3].
S. Nicolas [4].
S. N. des Champs [5].
S. Paul [6].
S. Sauveur [7].
S. Sauveur (R.) [8].
S. Thomas [9].
S. Thomas du Louvre (R.) [10].
Ste Catherine [11].
S. Croix de la Bretonnerie (R.) [12].
S. Oportune [13].
S. Marie Egiptienne [14].
S. Innocens [15].
Semetière S. Jean [16].
Sépulchre (le) [17].
Soison (H. de) [18].
Temple (Le) [19].
Temple (R. du) [20].
Tennerie (R. de la) [21].
Tictonne (R.) [22].
Tire-boudin (R.) [23].
Tirechappe (r.) [24].
Tisserendrie (R. de la) [25].
Tonnellerie (r. de la) [26].
Trace Nonnain (R.) [27].
Trinité (La) [28].

---

[1] Semble commencer à la *Seine*, et finit à la *P. S. Martin*.

[2] Dans la *R. S. Martin*.

[3] Dans une rue non nommée qui était la rue Saint-Nicaise.

[4] *R. S. Thomas du Louvre*. Il y a ici confusion entre l'église Saint-Nicolas et l'église Saint-Thomas-du-Louvre. L'église *S. Nicolas* est appelée *S. Thomas* et vice versâ.

[5] L'église Saint-Nicolas-des-Champs, dans la *R. S. Martin*.

[6] Dans la rue Saint-Paul, nommée ici par erreur *R. aus Lions*.

[7] Dans la *R. S. Denis*.

[8] Commence *R. S. Denis*, et finit *R. Mont-orgueil*.

[9] Voy. *S. Nicolas*.

[10] Commence dans une rue non nommée qui était la rue des Orties, et finit *R. S. Honoré*.

[11] L'hôpital Sainte-Catherine, à l'angle de la *R. S. Denis* et de la *R. des Lombards*.

[12] Commence dans *la vielle Rue du Temple*, et finit dans une rue non nommée, qui était la rue Barre-du-Bec.

[13] Dans la *R. S. Denis*.

[14] A l'angle de la *R. Mont-Marthe* et de la *Rue Egiptiene* (rue de la Jussienne).

[15] Au nord du cimetière, qui n'est point nommé ici.

[16] Entre la *R. de la Tisserendrie* et la *R. du Roy de Sicile*.

[17] Dans la *R. S. Denis*.

[18] L'Hôtel de Soissons, entre les rues *des Deux escus, du Four, Coquillière* et *de Grenelle*.

[19] Dans la *R. du Temple*.

[20] Semble commencer *R. de la Coutellerie*, et finit à la *Porte du Temple*.

[21] Commence *P. de Grève*, et finit *R. S. Martin*.

[22] Rue Tiquetonne. — Commence *R. Montorgueil*, et finit *R. Mont-Marthe*.

[23] Commence *R. des deux Portes*, et finit *R. Mont-orgueil*. — Auj. rue Marie-Stuart.

[24] Commence *R. Bétisi*, et finit *R. S. Honoré*.

[25] Commence à la *P. Baudet*, et finit au *C. Guillory*.

[26] Commence *R. S. Honoré*, et finit à une rue non nommée qui était la rue de la Fromagerie.

[27] Rue Transnonnain. — Commence *R. N. S. Méry* (rue Neuve-Saint-Merri), et finit dans la rue au Maire, nommée ici par erreur *R. des Gravilliers*.

[28] A l'angle de la rue Saint-Denis et de la *R. Garneta* (Grénétat).

Truendrie (R.) [1].
Vallée de misère [2].
Vannerie (R. de la) [3].
Ver bois (R. du) [4].

Verrerie (R. de la) [5].
Vielle Rue du Temple (la) [6].
Vieux Augustins (r. des) [7].

FAUBOURGS.

RIVE GAUCHE.

Bisestre [8].
Cannetes (r. des) [9].
Carmellines (les) [10].

Carmes réformés [11].
Chartreux (les) [12].
Chartreux (R. des) [13].

---

[1]. Commence R. S. Denis, et finit R. Conté d'Artois.

[2] Commence au *Pont aux changes*, et semble finir au *pont neuf*. — C'est auj. le quai de la Mégisserie.

[3] Commence à la *P. de Grève*, et finit *R. S. Martin*.

[4] Commence *R. du Temple*, et finit *R. S. Martin*.

[5] Commence *R. du Temple*, et finit *R. S. Martin*. — Elle devrait commencer *Vielle Rue du Temple*, mais une partie de son emplacement est nommée ici *R. du Roy de Sicile*, tandis que la vraie rue du Roi-de-Sicile porte le nom de *R. des Balets*.

[6] Semble commencer *R. du Roy de Sicile*, et finit aux *Marets du Temple*, qui sont limités eux-mêmes par le mur d'enceinte.

[7] Commence à une rue non nommée qui est auj. la rue Pagevin, et finit *R. Mont-Marthe*.

[8] Il n'y a pas de village. Sur une éminence s'élève le vieux château, presque ruiné.

[9] Commence *R. du Four*, et finit *R. du Coulombier* (rue du Vieux-Colombier).

[10] *Fauxbourg S. Iacques* et *Ruë de Fer* (rue d'Enfer).
Dubreul, contemporain de Mérian, nomme également Carmelines ces religieuses. Elles venaient (1604) d'être installées dans ce couvent, appelé auparavant Notre-Dame-des-Champs.

[11] Dans la *R. de Vaugirard*. — Ils s'y étaient installés en 1611 seulement. La jolie église qu'indiquent les plans postérieurs à Mérian ne fut achevée qu'en 1620.

[12] Dans la *Ruë de Fer* (rue d'Enfer). — Joli dessin, mais inexact sur bien des points. On entrait dans le couvent par une avenue plantée d'arbres et presque perpendiculaire à la rue d'Enfer, et non par la rue nommée ici *R. des Chartreux*.

L'église a la forme d'une croix latine, erreur que Vassalieu lui-même n'a pas commise.

Autour du cloître, on voit seulement quatorze cellules, c'est ce qu'avait possédé le couvent à son origine, car elles avaient été fondées en 1291 par Jeanne de Châtillon; mais avant 1350 leur nombre était déjà porté à trente.

A droite de l'église est une lourde tour que nous croyons être un dessin de fantaisie.

Le petit Luxembourg n'existe pas; sur l'emplacement qu'il occupera s'élève l'*H. de Luxembour*. A l'endroit qu'occupe le palais actuel sont quelques maisons, et derrière elles un vaste espace planté d'arbres au milieu duquel figure un moulin à vent.

[13] Commence *Ruë de Fer* (rue d'Enfer), et finit devant le couvent des Chartreux.

Mérian copie certainement ici Vassalieu. Tous deux ont sans doute voulu désigner l'avenue qui conduisait de la rue d'Enfer à

Ciseaux (r. des) [1].
Cœur vollant (r. du) [2].
Cordellières (les) [3].
Coulombier (R. du) [4].
Coulombier (R. du) [5].

Coypeau (Butte) [6].
Fauxbourg S. Jacques [7].
Fauxbourg S. Marcel [8].
Fauxbourg S. Victor [9].
Fer (Ruë de) [10].

---

[1] l'entrée principale du couvent. Mais c'était une allée plantée d'arbres et non une rue, et elle était fermée par une lourde porte en maçonnerie. Enfin cette avenue se dirigeait du sud au nord, tandis que la rue indiquée ici oblique en sens contraire.

[1] Commence à la rencontre de la rue Sainte-Marguerite (auj. rue Gozlin) et de la rue Taranne, toutes deux non nommées, et finit *R. du Four.* — Nom donné ici par erreur à la rue de l'Égout. La vraie rue des Ciseaux est celle qui se trouve immédiatement à l'est et parallèle à celle qui porte ici ce nom.

[2] Commence *R. S. Germain* (auj. rue de l'École-de-Médecine), et finit *r. S. Lembert* (auj. rue des Quatre-Vents). — C'est, depuis 1851, la seconde partie de la rue Grégoire de Tours.

[3] Dans la rue de Lourcine, qui n'est pas nommée. — Les bâtiments qui sont dessinés ici n'ont aucun rapport avec ceux que donnent les plans de Gomboust et de Jouvin de Rochefort. Mérian nous fournit donc sans doute ici une vue de l'ancien couvent, qui avait été à moitié détruit, en 1590, par les troupes de Henri IV.

[4] Commence *R. de Seine,* et finit devant le *Iardin de la Royne Marguerite,* dans une rue non nommée, qui est la rue des Saints-Pères. — Cet emplacement appartient auj. à la rue Jacob, mais il formait autrefois trois rues différentes. Gomboust et Jouvin de Rochefort copient Mérian. Lacaille appelle « R. du Colombier » la partie comprise entre la rue de Seine et la rue des Petits-Augustins (auj. rue Bonaparte) et « Ruë Jacob » l'espace compris entre la rue des Petits-Augustins et la rue des Saints-Pères.

[5] Commence *r. S. Sulpice* (auj. rue Férou), et finit au carrefour de la Croix-Rouge qui n'est pas nommé, — C'est auj. la rue du Vieux-Colombier.

[6] Au *Fauxbourg S. Victor.* — Cette éminence était primitivement surmontée d'un moulin qui dépendait de l'hôtel dit de Copeau, Copeaus, Coipeaux, Coipiaus, Coippeaulx, Coupeaulx, Coupeaux ou Cupels, et qui figure sur plusieurs plans. Ici, cette éminence, qui est représentée trop haute et trop large, a son sommet couvert d'arbres. — La butte Copeau est auj. le labyrinthe du Jardin des Plantes, et la rue Copeau est devenue la rue Lacépède.

[7] Commence à la *P. S. Iacques,* et finit à la bordure du plan; celui-ci s'arrête à peu près à la hauteur de la rue actuelle des Feuillantines. — La rue du Faubourg-Saint-Jacques commence auj. à la rue des Capucins, beaucoup plus loin que les limites de notre plan.

[8] A son extrémité se trouve la fausse porte Saint-Marcel, qui n'est point nommée. Vers le milieu, entre la rue de Lourcine et la rue des Trois-Couronnes (toutes deux indiquées, mais non nommées), figure le *Pont aus trippes.* — Dès le plan de Gomboust, la rue du Faubourg-Saint-Marcel devient « Rue Mouftar ».

[9] Le nom de faubourg Saint-Victor n'existe plus. La rue Saint-Victor actuelle commence à peu près à l'endroit où se trouve ici le mot *Victor,* en face de l'abbaye; elle prend ensuite les noms de rue Linné, rue Geoffroy-Saint-Hilaire et rue des Fossés-Saint-Marcel.

[10] Commence au chemin de contrescarpe, sur l'emplacement qu'occupe auj. l'extrémité de la rue Paillet (anc. place Saint-Michel), et finit à la bordure du plan. — La rue d'Enfer commence auj. à peu près à la hauteur des *Carmellines;* jusque-là, elle

Ferre (r. de) [1].
Fossoieus (R. des) [2].
Four (R. du) [3].
Garencière (R.) [4].
Gentilli [5].

Gondi (R. de) [6].
Hospital de la Charité [7].
Luxembour (H. de) [8].
Marets (R. des) [9].
Mauvais garson (R.) [10].

---

a disparu lors de la création du boulevard Saint-Michel.

[1] *Commence r. neuve S. Geneviefve* (auj. rue Tournefort), et finit *R. des Postes*. — C'était alors, et c'est encore auj. la rue du Pot-de-Fer, mais elle devrait commencer au *Fauxbourg S. Marcel* (rue Mouffetard actuelle).

[2] *Commence dans une rue non nommée qui est la rue du Canivet, et finit R. de Vaugirard.* — Le cimetière Saint-Sulpice entourait l'église; quand il fut supprimé, on ouvrit sur la partie orientale, ici cachée par le clocher, une rue qui, appelée d'abord rue du Cimetière, est devenue la rue Palatine. C'est là que commence auj. la rue Servandoni, nom actuel de la rue des Fossoyeurs.

[3] *Commence à la rencontre de la R. S. Germain* (auj. rue de l'École-de-Médecine) et de la rue de Buci, et finit carrefour de la Croix-Rouge, qui est indiqué, mais non nommé.

[4] *Commence dans une rue non nommée, qui était alors la rue du Petit-Bourbon et est devenue la rue Saint-Sulpice, et finit R. de Vaugirard.*

[5] On n'aperçoit guère que l'église qui se dresse au milieu de quelques maisons; au reste, une partie de ce village, arrosée par la Bièvre, n'a pu, faute d'espace, figurer sur le plan. On n'y voit pas non plus une maison de campagne alors célèbre, et appartenant au président Chevalier.

[6] *Commence r. S. Lembert* (auj. rue des Quatre-Vents), et finit *R. de Vaugirard.* — C'est auj. la rue de Condé. On voit dans cette rue un vaste hôtel qui, avec ses dépendances, couvre presque tout l'espace auj. compris entre les rues de Vaugirard, de Condé et Monsieur-le-Prince. Cette demeure appartenait à Albert de Gondi, duc de Retz, maréchal de France. Vassalieu la cite sous le nom de « l'ostel de Gondy ». Elle fut vendue, en 1612, à Henri de Bourbon, prince de Condé. Démolie en 1773, on a bâti sur son emplacement le théâtre de l'Odéon (d'abord Comédie française) et percé les rues Corneille, Crébillon, Racine, de l'Odéon et Voltaire (auj. rue Casimir Delavigne).

[7] Entre deux rues non nommées, dont l'une est la rue Saint-Guillaume (alors rue des Rosiers) et l'autre la rue de Grenelle. — Il est placé ici trop au sud.

[8] *Rue de Vaugirard.* — Cet hôtel venait d'être vendu (27 septembre 1611) par Henri de Luxembourg, duc de Pinei, à Marie de Médicis. — D'un assez joli style, il a deux entrées, l'une en face de la *R. Garencière*, l'autre en face de la *r. des Fossoieus* (auj. rue Servandoni). A droite s'élèvent quelques maisons accompagnées de jardins et d'un vaste clos, au milieu duquel figure un moulin à vent. C'est sur cet espace que furent placés le palais actuel et son parc. Sur l'emplacement de l'*H. de Luxembour*, Richelieu fit construire, vers 1629, un autre hôtel, qui porte déjà sur le plan de Gomboust le nom de « Petit-Luxembourg ».

[9] *Commence R. de Seine*, et finit dans une rue non nommée qui après avoir été la rue des Petits-Augustins est auj. la rue Bonaparte. — La rue qui sert ici de continuation à la rue des Marais n'a, je crois, jamais existé.

[10] *Commence dans une rue non nommée qui est la rue de Buci, et finit R. S. Germain* (auj. rue de l'École-de-Médecine). — Une ordonnance royale de 1846 lui a donné le nom de rue Grégoire-de-Tours.

Neuve S. Geneviefve (r.) [1].
Nevers (H. de) [2].
Petit Lion (R. du) [3].
Pont aus trippes [4].
Postes (R. des) [5].
Pot (R. du) [6].

Pot de fer (r. du) [7].
Prestres (r. des) [8].
Puit qui parle (R. du) [9].
Reyne Margueritte (L'Hostel de la) [10].
Royne Marguerite (le Iardin de la) [11].
S. Germain (R.) [12].

[1] Commence au chemin de contrescarpe, en face de l'abbaye de *S. Geneviève* (auj. rue de Blainville), et finit *R. des Postes*. — C'est auj. la rue Tournefort.

[2] Sur le *gaye des Augustins*. — Cet hôtel, qui ne fut jamais aussi complétement terminé qu'on le représente ici, occupe l'emplacement de l'Hôtel des Monnaies actuel. Le petit bâtiment que l'on aperçoit en face, est le Château-Gaillart, d'ailleurs très-mal dessiné.

[3] Commence *R. de Gondi* (auj. rue de Condé), et finit *R. de Tournon*. — C'est auj. le commencement de la rue Saint-Sulpice.

[4] Petit pont jeté sur la Bièvre, à l'endroit où elle traverse le *Fauxbourg S. Marcel* (auj. rue Mouffetard). — Nous ne trouverons plus le pont aux Trippes mentionné que sur le plan de Jaillot.

[5] Commence place de l'Estrapade et finit rue de l'Arbalète, toutes deux non nommées. — Elle est à peine bâtie, surtout sur la droite.

[6] Commence *Fauxbourg S. Marcel* (auj. rue Mouffetard), et finit *r. Neuve S. Geneviefve* (auj. rue Tournefort). — Il n'y a jamais eu de rue en cet endroit, tous les plans antérieurs et postérieurs à Mérian en font foi. La rue du Pot-de-Fer-Saint-Marcel que Mérian avait sans doute en vue ici était et est encore située à l'endroit qu'occupe au-dessus la *r. de Ferre*.

[7] Commence *R. du Coulombier* (auj. rue du Vieux-Colombier) et finit *R. de Vaugirard*. — Mérian, qui nomme par erreur la rue du Pot-de-Fer *r. des Prestres*, appelle *r. du Pot de fer* la rue Cassette. Vassalieu avait fait la même confusion.

[8] Commence *R. du Coulombier* (auj. rue du Vieux-Colombier), et finit *R. de Vaugirard*. — C'est en réalité la rue du Pot-de-Fer.

[9] Commence *r. Neuve S. Geneviefve* (auj. rue Tournefort), et finit *R. des Postes*. — La *R. du Pot*, qui fait sa continuation ne devrait pas exister : il n'y a jamais eu de rue en cet endroit.

[10] Au commencement de la *R. de Seine*. — Deux pavillons reliés par des bâtiments à un lourd pavillon central surmonté d'un dôme et d'une lanterne. Du côté des jardins une vaste terrasse règne sur toute la longueur de l'édifice; deux escaliers opposés, droits, et non en fer à cheval comme les représente le plan de Quesnel, descendent à un parterre triangulaire. Au delà, séparé par un mur, peut-être même par une rue, commence un jardin plus grand que le premier et carré; on y remarque la chapelle ronde, avec dôme et lanterne, que Marguerite avait fait élever en 1610 pour les Augustins déchaussés. On sait qu'ils furent remplacés, dès 1613, par les Petits-Augustins, et que ceux-ci utilisèrent cette chapelle dans l'église qu'ils construisirent.

[11] Immense espace planté d'arbres, divisé en parterres et en larges allées, non clos, et plus élevé peut-être que les rues environnantes. Il commence rue des Saints-Pères, à la suite de deux autres jardins dépendant aussi de *L'Hostel de la Reyne Margueritte*, et finit à la hauteur de la rue du Bac actuelle. A gauche, il est dominé par une butte surmontée d'un moulin à vent; à droite, il ne s'étend pas jusqu'au quai. Sur l'espace qu'il couvre, on a ouvert les les rues de l'Université, de Verneuil et de Lille.

[12] Commence *P. S. Germain* (auj. carrefour de l'Odéon), et finit à la rencontre de

S. Germain (la foire) [1].
S. Germain des prez (Abay.) [2].
S. Hipolitte [3].
S. I. du haut pas [4].
S. Lembert (r.) [5].

S. Marcel [6].
S. Médard [7].
S. Père [8].
S. Sulpice [9].
S. Sulpice (r.) [10].

---

la *R. du Four* et d'une rue non nommée qui est la rue de Buci. — C'est auj. la rue de l'École-de-Médecine; mais elle commence boulevard Saint-Michel (alors *R. de la Harpe*).

[1] Deux vastes bâtiments, dont les toits sont percés de nombreuses lucarnes; le tout au milieu d'une vaste place bordée de maisons. Il y a trois entrées : la première, formée de deux arches, sur la *R. du Cœur vollant;* la seconde, énorme voûte ouverte, sur la *R. S. Germain;* la troisième, semblable à la seconde, sur la *R. du Four.* — En l'année 1486, les religieux de Saint-Germain avaient fait construire pour cette foire trois cent quarante petites boutiques en bois. Dès 1511 elles tombaient de vétusté; l'abbé Guillaume Briçonnet les fit alors rétablir plus solidement. Pendant la nuit du 16 mars 1762, elles devinrent la proie des flammes; l'incendie avait éclaté avec une telle violence, qu'en cinq heures tout fut détruit. La reconstruction fut immédiate. Le marché actuel fut commencé en 1813 et terminé cinq ans après.

[2] Située entre quatre rues, dont une seule est nommée : la *R. du Coulombier* (auj. rue du Vieux-Colombier), la rue de l'Échaudé, la rue Gozlin (alors rue Sainte-Marguerite) et la rue Saint-Benoît. — Dessin assez exact. L'abbaye est entourée d'une double muraille flanquée de tours; l'entrée principale ouvre sur la rue de l'Échaudé. Sur la place Sainte-Marguerite se trouve le pilori. La justice de l'abbaye est encore représentée, au bas du plan, derrière le *Iardin de la Royne Marguerite,* par un gibet où pendent deux cadavres.

[3] Dans la rue Saint-Hippolyte, qui n'est pas nommée.

[4] Dans le *Fauxbourg S. Iacques.* — Ce bâtiment surmonté d'une flèche aiguë, n'a aucune ressemblance avec l'église actuelle de Saint-Jacques-du-Haut-Pas; celle-ci date, en effet, de 1630 seulement. A côté est l'hôpital du même nom, et plus loin un clos dans lequel se trouve un énorme moulin à vent. Une partie de cet emplacement est auj. occupé par l'institution des Sourds-Muets.

[5] Commence *R. de Gondi* (auj. rue de Condé), et finit *R. du Cœur vollant* (auj. rue Grégoire de Tours), en face d'une des portes de *la foire S. Germain* (auj. marché Saint-Germain). — C'est auj. la rue des Quatre-Vents.

[6] Au nord, un groupe de maisons, parmi lesquelles il faut peut-être reconnaître la petite église Saint-Martin. Pour limite de ce côté, une rue non nommée qui était la rue du Petit-Moine. A l'est et au sud, des champs, avec de nombreux moulins à vent. La rue des Francs-Bourgeois est indiquée, mais non nommée, un lourd pavillon la ferme.

[7] Dans le *Fauxbourg S. Marcel.* — Cette église venait (1586) d'être presque entièrement reconstruite. Le dessin est peu exact, surtout à l'est.

[8] Chapelle située à l'angle de deux rues non nommées, dont l'une est la rue des Saints-Pères et l'autre la rue Taranne. — Démolie en 1613, elle venait d'être reconstruite.

[9] Entre les rues *Garencière, des Fossoieus* (auj. rue Servandoni), du Canivet, *S. Sulpice* (auj. Férou), et Saint-Sulpice. — Dessin assez exact, mais le cimetière qui entourait cette église est à peine indiqué.

[10] Commence dans une rue non nommée que Gomboust nomme « R. des Prestres », qui devint la rue des Aveugles et est auj. la rue Saint-Sulpice, et finit *R. de Vaugirard.* — C'est auj. la rue Férou.

S. Victor [1].
Seine (R. de) [2].
Tarrine (r.) [3].

Tournon (R. de) [4].
Vaugirard (R. de) [5].

RIVE DROITE.

Capucines (les) [6].
Capucins (les) [7].
Charenton [8].

Conflan [9].
Faubourg Mont-Marthe [10].
Fauxbourg S. Denis [11].

---

[1] *Fauxbourg S. Victor.* — Dessin charmant et assez exact. L'abbaye est entourée de murailles sans tourelles. La rue non nommée qui la limite à l'est est la rue de Seine, auj. rue Cuvier; au nord quelques maisons bordent le quai Saint-Bernard. Tout cet emplacement est occupé auj. par l'entrepôt des vins. Au-dessus de l'abbaye s'élève la *Butte Coypeau,* auj. le labyrinthe du Jardin des Plantes. La Bièvre traverse l'abbaye à ciel ouvert; à sa droite commencent les jardins, qui étaient célèbres et qu'on représente ici remplis d'arbres. La jolie tour octogone que l'on voit au chevet de l'église devrait être plus élancée; c'est la tour Alexandre, qui servait, dit-on, autrefois de maison de correction pour les jeunes débauchés.

[2] Commence quai Malaquais, et finit rue de Buci, tous deux non nommés. — Elle a été continuée (1811) jusqu'à la *R. de Tournon,* où elle arrive en ligne droite.

[3] Commence rue Taranne, et finit carrefour de la Croix-Rouge, tous deux non nommés. — C'est la rue du Dragon, alors rue du Sépulcre, que Mérian, imitant Vassalieu, désigne ainsi par erreur.

[4] Commence *R. du Petit Lion* (auj. rue Saint-Sulpice), et finit *R. de Vaugirard.* — Le grand hôtel que l'on aperçoit à droite et qui est auj. transformé en caserne, était à cette époque occupé par le maréchal d'Ancre, assassiné au Louvre en 1617. Après sa mort, cette demeure fut réservée aux ambassadeurs extraordinaires, c'est le nom qu'elle porte sur le plan de Gomboust.

[5] Commence à une rue non nommée qui est la rue Monsieur-le-Prince, et finit à la bordure du plan, qui se termine un peu au-dessus de la. r. *du pot de fer* (rue Cassette). — On n'y voit de remarquable que l'*H. de Luxembour* (Voy. ce nom).

[6] Dans le *Faubourg S. Honoré.*

[7] Dans le *Faubourg S. Honoré.*

[8] Le monument élevé et à toit aigu qui se trouve tout à fait à gauche est sans doute le pavillon dit de Gabrielle. On voit ensuite, en se rapprochant du pont, l'église Saint-Maurice, remarquable par son élégant clocher; puis un lourd bâtiment formant carré long, c'est le célèbre temple construit par les protestants en 1606 et qui fut brûlé en 1621; le dessin paraît exact et ne figure sur aucun autre plan. Près de l'église se détache une prison flanquée de quatre tourelles, et les ruines d'une chapelle qui dépendait d'un Hôtel-Dieu fondé au XIVe siècle. Le pont, dont les huit arches sont indiquées, n'est plus fortifié, mais porte encore quelques maisons à son extrémité septentrionale.

[9] Conflans. — Le village n'est point indiqué, mais seulement la célèbre maison qui servit si longtemps de campagne aux archevêques de Paris. En 1615, elle appartenait à Nicolas de Neufville, seigneur de Villeroi, celui dont on possède de curieux mémoires.

[10] Commence à la porte *Porte Mont-Marthe,* et finit à la bordure du plan, au delà de *la Grange Batellière.*

[11] Commence à la *P. S. Denis,* et finit à la bordure du plan, vers la rue de Chabrol actuelle.

PLAN DE MATHIEU MÉRIAN.

Faubourg S. Honoré [1].
Fauxbourg S. Martin [2].
Feuléans (les) [3].
Grange Batellière (la) [4].
Jacobins réformés [5].
Manége (Le) [6].
Marché aux chevaux [7].
Mare (La) [8].
Marets (les) [9].
Marets du Temple (les) [10].
Palmail (le) [11].

Picq-puce. [12].
Recolez (les) [13].
S. Antoine des champ [14].
S. Laurens [15].
S. Lazare [16].
S. Louys (H.) [17].
S. Roch [18].
Tuilleries (Chasteau des) [19].
Tuilleries (le Iardin des) [20].
Vincennes (chasteau de).

---

[1] Commence à la *Porte S. Honoré*, et finit à la bordure du plan, qui s'arrête un peu en deçà de la rue Royale actuelle.

[2] Commence à la *P. S. Martin*, et finit à la bordure du plan, vers la rue de Strasbourg actuelle.

[3] Le couvent des Feuillants, au *Faubourg S. Honoré*.

[4] Petit groupe de maisons entouré de murs et situé au milieu des champs.

[5] Dans le *Faubourg S. Honoré*.

[6] Au nord du *jardin des Tuilleries*. —C'est là que Pluvinel donnait ses leçons.

[7] Au nord de la *Porte S. Honoré*, derrière *S. Roch*.

[8] Devant l'hôpital *S. Louys*.

[9] Entre le faubourg Saint-Denis et le faubourg Montmartre.

[10] Cette inscription est placée dans une rue que représente auj. la rue du Faubourg-du-Temple.

[11] En dehors de l'enceinte, entre la *Porte S. Honoré* et la *Porte Mont-Marthe*.

[12] Picpus.

[13] Le couvent des Récollets, dans le *Fauxbourg S. Martin*.

[14] Au delà de la *Porte S. Antoine*.

[15] Dans le *Fauxbourg S. Martin*.

[16] Dans le *Fauxbourg S. Denis*.

[17] L'hôpital Saint-Louis, entre *les Marets du Temple* et le *Fauxbourg S. Martin*.

[18] Au *Faubourg S. Honoré*.

[19] Deux gros pavillons reliés à un pavillon central qui est surmonté d'un dôme entouré de quatre tourelles. La place actuelle du Carrousel est un jardin qui s'étend jusqu'au rempart et qui devint sous Louis XIV « le parterre de Mademoiselle » (Gomboust).

[20] Il est séparé du château par une large allée bordée d'un mur. — Dessin plus pittoresque qu'exact.

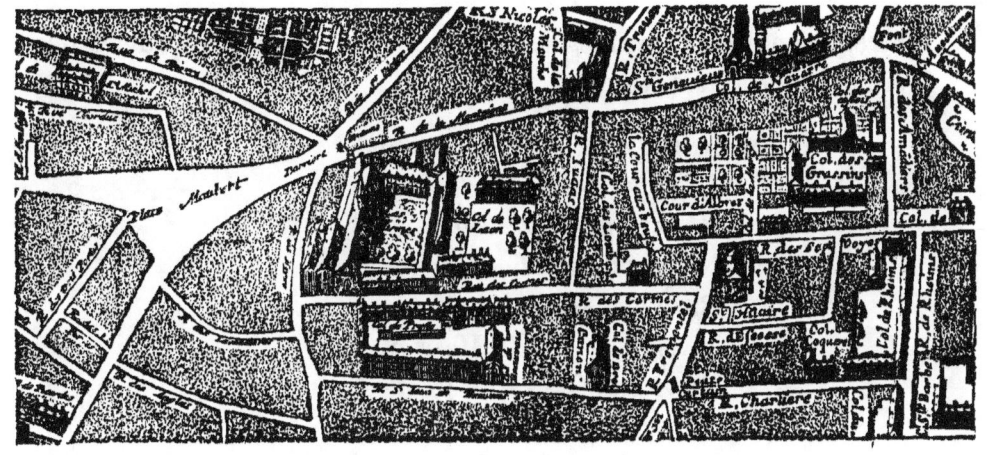

PLAN DE J. GOMBOUST.

— 1647 —

Gomboust nous apprend lui-même que ce plan lui coûta cinq années de travail, et, sans affecter de fausse modestie, il énumère les avantages très-réels qu'il présente sur tous les plans antérieurs. Son œuvre, publiée en 1652, donne, en effet, une image élégante et fidèle de Paris en 1647.

Le plan proprement dit se compose de neuf feuilles mesurant chacune cinquante centimètres sur quarante-quatre, et que nous supposerons numérotées de gauche à droite. Il ne porte d'autre titre que ces mots : LUTETIA. PARIS. Aux quatre angles figurent : les *armes de la Ville*, celles de *M. le mareschal de L'Hospital, gouverneur de Paris*, celles de *M. Le Febvre, prévost des marchands*, et celles de *M. de St Brisson, prévost de Paris*. Au bas du plan, et en dehors de la bordure de chêne qui l'entoure, l'auteur a représenté les demeures seigneuriales les plus remarquables des environs de Paris, ce sont :

<blockquote>

Anet, *à M. de Vandosme.*
Dampierre, *à M. de Chevreuse.*
Rosny, *à M. de Sully.*
Nanteuil, *à M. de Schomberg.*
Bury-Rostaing, *à M. de Rostaing.*
Maison, *à M. de Maison.*
Pont les Caves, *à M. de Chavigny.*
Courances, *à M. Gallard.*
Le Rincy, *à M. Bordier.*
Mesnil-Habert, *à M. de Montmor.*
Neuville, *à M. de Bourdeaux.*

</blockquote>

En haut de la feuille I, un grand cartouche nous montre *Paris veu de Montmartre.* Sur une draperie qui pend au-dessous, on lit :

<blockquote>

Notez, qu'on n'a icy représenté que le commencement du Fauxbourg St Anthoine, parce que pour le mettre tout entier et dans sa grandeur il eut fallu faire cette carte d'une moitié justement plus haute qu'elle n'est, et les costez fussent demeurez vuides, y ayant autant de distance depuis le bout du dit fauxbourg jusques audit commencement que d'iceluy jusques au pont au change, qui est de 900 toises. Il consiste en trois grandes rues de touté cette longueur, croisées et traversées de plus^{rs} autres. Dans celle du milieu, qui est la principale, plus large et plus peuplée, il y a une fort grande et ancienne Abbaye de filles, dont tout ce faux bourg relève et en a pris le nom. Il y a aussi, dans la mesme rue, un séminaire de petits garçons, et dans les autres et aux environs d'iceluy quantité de Couvents et une Église sucursale nommée Ste Marguerite, despandante de celle de St Paul dans la Ville, outre un hospital pour les malades de la pierre.

</blockquote>

En tête de la feuille III, et servant de pendant au cartouche de la feuille I, on trouve une vue très-complète de la *Galerie du Louvre*, accompagnée d'une légende qui est reproduite dans notre nomenclature au mot *Louvre (Galerie du).*

Au bas de la feuille IV commence la longue note suivante, qui se termine sur la feuille VII :

Ce n'est pas assez d'avoir dict cy à costé les fautes générales des Plans de Paris qu'on a fait jusqu'icy, il en faut cotter de particulières et remplir ce petit espace d'une partie des plus grossières. Les uns ont fait les faces du bastion de l'Arsenal deux fois plus grandes quelles ne sont, la courtine avec un angle rentrant au lieu d'une ligne droicte, et sur icelle un grand bastion pour un petit ravelin. D'autres, la porte de Montmartre sur la face d'un bastion qui est sur une courtine de 134 toises de longueur, qu'ils ont faite de 470, celle d'entre les portes S. Honoré et la Conférence de 190, qui n'en a que 124. D'autres ont fait tous les bastions de la ville neuve d'une construction aussi nouvelle, contre toutes les règles de fortification, c'est à dire de lignes courbes et d'angles spériques avec des orillons ronds pour des flancs quarrez et des faces droictes. Il n'y a pas une rue dans ses justes longueurs, largeurs et allignements; qu'on regarde celles de derrière et autour du Palais Cardinal de Richelieu on en verra la preuve, et dans l'isle N^{re} Dame ils en font où il n'y en a point, comme au contraire d'autres en retranchent, et mesme de considérables, comme celle de St Thomas du Louvre. Le Palais Royal ou Cardinal a 200 toises de longueur, ils y en mettent 460. Le jardin des Thuilleries en a près de 300 de longueur, ils en mettent 480. La grande Galerie en a 232, ils la marquent de 320. Le bastiment du Louvre, celuy des Thuilleries et les Hostels des Princes n'y sont que très faussement représentez, et la grande escurie du Roy en quelques plans est mesme oubliée, aussi bien que l'Hostel de Longueville en d'autres. Le pont rouge n'a que 80 toises de long^r, ils le font de 220, et par conséquent la rivière deux ou trois foys plus large qu'elle n'est, et les ponts de mesme hors de toute mesure et vérité, ce qui fait bien voir qu'ils n'ont observé aucunes règles ny proportions; aussi n'ont ils point mis d'eschelles en la pluspart de ces mauvais plans, pour couvrir d'autant mieux leurs fautes, qui ne sont pas en moindre nombre dans le deffaut que dans l'excès de leurs mesures. A S. Merry, un clocher pointu à gauche pour une tour quarrée à droite, de mesme en tout le reste de ces malheureux plans, copiez presque tous les uns sur les autres, pour se ressembler d'autant mieux à la fausseté et ignorance, qu'ils sont contraires à la vérité. Ce qui les rend plus propres à parer des boutiques et des cabarets qu'à tenir place dans des sales, galleries et Bibliothèques de gens de Condition.

Sur l'exemplaire assemblé et collé sur toile que possède la Bibliothèque nationale, et qui est sans doute celui qui fut présenté au roi, cette longue note est remplacée par la dédicace suivante :

AU ROY.

SIRE,

Voici le Plan de vostre incomparable ville de Paris que j'ose présenter à Vostre Majesté. J'ay creu que cet ouvrage n'en estoit pas tout à fait indigne, et que repré-

sentant fidellement la première ville du plus florissant royaume de toute la terre, il pourroit estre favorablement reçeu de son Roy, qu'on reconnoist le Premier et le plus Puissant Roy de tout le monde. Les autres plans de cette mesme ville qui ont paru jusqu'à présent ont esté méprisez, comme faux entièrement, ou du moins sans mesures et proportions; il y a sujet d'espérer que celuy-cy, estant faict selon les règles de géometrie, sera considéré non-seulement à cause des grands advantages qui s'en peuvent tirer pour le service mesme de V. M., mais aussy pour faire que dans les pays les plus esloignez ceux qui ont creu la réputation de Paris au-dessus de la vérité, admirent sa grandeur et sa beauté. C'est sans doute pour ces raisons que le deffunct Roy Louis le Juste, Estimateur des choses excellentes, avoit désiré ce Plan en l'estat auquel il est, et ces mesmes raisons me font encore présumer qu'il ne sera pas dés-agréé de V. M. et qu'elle ne désapprouvera pas le dessein que j'ay de faire les autres grandes villes de France de la mesme méthode. Celuy-cy seul est un travail de cinq années, mais je ne puis employer plus glorieusement toutes celles de ma vie qu'à me faire paroistre avec autant de respect que le doit,

SIRE,

De Vostre Majesté,

Le très-humble, très-fidel et très-obéissant serviteur et sujet,

JACQUES GOMBOUST.

On lit encore dans un grand cartouche placé à droite des feuilles VI et IX :

Après tant de faux plans et de mauvaises Représentation de cette grande Ville, qu'on a veu jusqu'icy paroistre à son deshonneur et de tant d'habiles Géomètres qui ont soufert l'ignorance et lavarice de ceux qui les onts faites prévaloir à la vérité. Voicy tout ce que l'art et l'usage des Instruments de Mathématique peuvent donner au jour de parfait : C'est un ouvrage de cinq ans entiers, que l'ayde et les conseils de M^r. PETIT, Intendant des Fortifications et très jntelligent en toutes sortes de belles lettres, ont encores abrégé de plus de la moitié par la facilité des pratiques nouvelles et rares Inventions, que l'exercice continuel qu'il en a fait despuis 25 ans luy ont acquis en cette profession, dont le Public et moy le premier luy sommes obligez. Aussi sans un secours extraordinaire comment pensez vous qu'un particulier eut pû sortir de ce labyrinthe? Considérez la quantité des rues, le nombre des Églises, Couvents, Hospitaulx, Colléges, Hostels, Ponts, Quays, et autres lieux publics qui sont dans cette Carte. Et représentez vous pour en tirer le plan et l'élévation d'un chacun en ses justes mesures, de longueurs, largeurs et hauteurs, combien il a fallu faire d'observations, puisque l'Ichnographie et contour d'une Citadelle donne bien de la peyne. Aussi ne faut il pas s'estonner si tous les Plans qui ont paru *jusquicy de cette jncomparable Ville sont tous remplis de fautes, estant plustost leffect de limagination de ceux qui les ont faits tels sans mesures et sans jugement, que des règles de la Géométrie et des pratiques du compas et de la boussole. Les rues y sont sans proportion de longueurs et largeurs, et telle qui na que six pieds de largeur est de 50 dans ces mauvais plans, le hazard mesme n'en ayant pas fait une seule dans ses justes mesures. Les Églises à leurs fantaisies, sans ressemblance aucune de leurs figures, frontispices, et clochers quils ont faits pointus indifféremment en pyramides, au lieu des grandes tours quarrées superbes et magnifiques dont elles sont ornées. L'enceinte des murailles toute corrompue. Les Courtines, flancs et bastions faux dans leurs angles et longueurs. Il y en a mesme d'obmis tous entiers, et d'autres imaginaires qui ne furent jamais que dans leurs Idées. Les Hostels et Pulais tout à fait dépravez ny en ayant pas un seul qui ayt esté desseigné autrement qeu* (sic) *par le caprice du graveur et la pointe de son burin, non plus que les Couvents et Colléges qu'ils ont bastis a leur discrétion, comme la bastille dont ils ont fait une place ronde avec des tours également espacées. Bref on peut dire qu'autant de traits qu'il y a dans ces malheureux plans sont autant de grossières fautes que l'ignorance lavarice et la négligence ont laissé courir par toute l'Europe, au préjudice de la Vérité, laquelle pour ne point altérer, on a mesme jugé à propos de ny représenter pas les maisons bourgeoises, et dont on ne pouvoit mettre les grandeurs et figures au vray, sans un temps infiny ; outre que leur élévation eut couvert quantité des rues, et ofusqué les Églises et Hostels de conséquence au nombre de plus de 400 qui sont représentez au naturel avec leurs jardins et parterres. Mais on a pointillé la surface de tous les bastimens particuliers, en sorte que partout où il y a des points, figurez vous que ce sont des maisons, soit dans la Ville soit dans les fauxbourgs. Et du tout il en fault avoir l'obligation particulière à* Monseigneur Séguier, Chancelier de France, *dont le mérite et la vertu ne sçauroient estre assez hautement louez, tant pour les grands services qu'il a rendus et rend tout les jours à cette Monarchie que pour estre le véritable Protecteur des Arts et des Sciences, et qui par l'honneur de son aprobation a fait espérer à ce* Plan, *en le rendant public, un acceuil favorable de toutes les Nations où sa gloire et son Nom peuvent estre portez par*

Son trèshumble trèsobéissant et tresobligé serviteur,

Jacques Gomboust, *Ingénieur du Roy.*

1652

Les feuilles VII et IX sont presque entièrement remplies par deux immenses piédestaux, dont l'un est surmonté des armes de France, l'autre de celles du chancelier Séguier, à qui, comme on vient de le voir, le plan est dédié. Les piédesteaux sont eux-mêmes divisés en carrés inégaux, où l'on a représenté les *Maisons royalles et remarquables aux environs de Paris;* ce sont : *Monceaux, Villers Cotrait, Fontainebleau, Limours, Bois le Vicomte, Chantilly, Escouan, Madrid, Versailles, Sainct Germain, Vincennes, Bisestre, Ruel, acq. d'Arcueil.* Au bas des piédestaux, on trouve encore les *Eschelles des mesures,* et l'adresse de l'éditeur qui n'est pas la même sur tous les exemplaires; c'est tantôt : *A Paris, rue Neuve S. Honoré, près l'Église St Roch, à l'hostel du S. Esprit, et au Palais, dans la galerie des Prisonniers,* et tantôt : *A Paris, rue de la Truenderie, près St Eustache, chez M. de St Amour, proc^r au Chatelet. M. Heince les vend.*

Le privilége a été rejeté à la fin d'un texte imprimé qui accompagne le plan et qui contient une notice sur le Paris du xve siècle. Il est ainsi conçu :

EXTRAICT DU PRIVILÉGE DU ROI.

Par grâce et privilége particulier du Roy donné à Paris le dernier décembre 1649 *et vérifié en la cour de parlement. Sur ce qui a esté représenté à Sa Majesté que la pluspart de ceux qui se sont employez jusques icy à faire les cartes des provinces, plans et élévations des villes, ports et havres, n'y ont travaillé qu'à veue d'œil, ou sur de vieux exemplaires pleins de fautes, sans y avoir apporté aucune mesure ny observations mathématiques, notamment dans les plans de la ville de Paris désiré avec tant de passion de tous ses subjets et des estrangers, Sa Majesté auroit fait commander par monsieur le chancelier à Jacques Gomboust, conducteur d'ouvrages de fortifications, de travailler au plan de ladite ville et faux-bourgs de Paris, avec toutes les rues dans leurs mesures, mesmes de représenter au naturel toutes les églises, colléges, hospitaux, couvents, palais, hostels, ponts, places, fontaines, et autres lieux publics et particuliers. A quoy ledit Gomboust ayant travaillé continuellement pendant quatre ans, il se seroit si dignement acquitté de ce commandement au jugement des experts et connoissans qui auroient esté commis pour examiner ledit ouvrage, que Sa Majesté auroit créé et estably ledit Gomboust son ingénieur pour l'élévation des plans des villes et maisons royales, et luy auroit permis de graver ou faire graver, imprimer, vendre et débiter par luy seul lesdits plans et perspectives, avec les discours concernans l'explication d'iceux. Faisant inhibitions et défenses à toutes personnes de copier et contrefaire lesdits plans, ou partie d'iceux, en quelque forme et grandeur que ce soit; comme aussi de graver ou faire graver à l'advenir aucuns plans, perspectives ou représentations de la Ville de Paris et autres, sans le consentement dudit Gomboust, à peine de trois mille livres d'amende et confiscation des planches et exemplaires : révoquant à cet effect toutes lettres à ce contraires et priviléges cy-devant accordez pour semblables plans qui n'ont point encores esté publiez et exposez en vente, comme il est plus amplement porté par ledit privilége, signifié où besoin a esté.*

Le dit plan se vend à Paris, rue Neuve S. Honoré, près l'Église St Roch, à l'hostel du S. Esprit, et au Palais, dans la galerie des Prisonniers.

Bien que Gomboust eut obtenu un privilége de quinze années pour la reproduction et la vente exclusive de son plan, et que la perfection de ce travail ait dû en rendre le débit facile, on n'en connaît plus aujourd'hui que sept exemplaires. Mais, en 1858, la Société des Bibliophiles français l'a fait graver de nouveau avec autant de luxe que d'exactitude; cette publication est accompagnée d'une nomenclature complète et d'une notice intéressante due à la plume de M. Paulin Paris.

NOMENCLATURE.

CITÉ ET COURS DE LA SEINE.

Abrevoir [1].
Abrevoir [2].
Abrevoir [3].
Abrevoir [4].
Abrevoir du Louvre [5].
Archevesché.

Astry (M. d') [6].
Barillerie (R. de la).
Barnabites.
Bertonvilliers (M.) [7].
Bertonvilliers (R.) [8].
Boucherie [9].

---

[1] *Quay des Augustins*, devant le couvent.
[2] A l'extrémité du *Terrain N^{re} Dame*.
[3] *Quay des Orphèvres*.
[4] *Quay d'Orléans*, dans l'île Saint-Louis.
[5] Au commencement de la *R. du Louvre*.
[6] Hôtel situé *Quay Daufin* (aujourd'hui quai de Béthune), dans l'île Saint-Louis.
[7] L'hôtel Bretonvilliers, à l'extrémité orientale de l'île Saint-Louis.
[8] Rue Bretonvilliers.
[9] Au *Marché Neuf*, sur le bord de la Seine.

PLAN DE J. GOMBOUST.

Bureau des Pauvres [1].
Calandre (Rue).
Canettes (R. des) [2].
Charron (M.) [3].
Chef S. Landry (R. du).
Cheval de Bronze [4].
Cloistre Nostre Dame.
Cocatrix (R.).
Colombe (R. de la).
Conciergerie.
Descarcuissons (R.) [5].
Deux Ponts (Rue des) [6].
Enfer (Rue d') [7].
Esselin (M.) [8].
Feure (R. au) [9].
Fontaine [10].
Fontaine [11].
Gallard (M.) [12].
Gervais Laurent (R.).
Glatigny (R.).
Guillaume (R.) [13].
Harlay (Rue de).

Haut Moulin (R. du).
Hostel Dieu.
Iuifverie ou Marché Palut (R. de la).
Lambert (M.) [14].
Lanterne (R. de la).
Licorne (R. de la).
Louviers (l'isle) [15].
Magdelaine (la).
Marché Neuf.
Marché Palut [16].
Marmouzets (R. des).
Meillant (M.) [17].
Moulins [18].
Moulins [19].
Nostre Dame (R.) [20].
Palais (Cour du).
Palais (Isle du) [21].
Palais (Orloge du).
Palais (Poterne du) [22].
Parvis N^{re} Dame.
Pelleterie (R. de la).
Perpignan (R. de).

---

[1] Au *Parvis N^{re} Dame*.

[2] Commence *R. St Christophle*, et finit *R. de la Licorne*.

[3] Hôtel situé *Quay de Bourbon*, dans l'île Saint-Louis.

[4] Sur le terre-plein du *Pont Neuf*.

[5] Devenue rue des Cargaisons.

[6] Dans l'île Saint-Louis.

[7] Auj. quai Napoléon.

[8] Hôtel situé à l'angle de la *R. Pouletterie* (auj. rue Poulletier) et du *Quay Daufin* (auj. quai de Béthune).

[9] Nommée plus souvent rue aux Fèves ou aux Fèvres.

[10] Au *Parvis N^{re} Dame*.

[11] Dans la *R. de la Barillerie*, en face du *Palais*.

[12] Hôtel situé à droite de la *Rue St Louys* en l'île.

[13] Auj. rue Saint-Guillaume. Elle devait son nom à Guillaume Père, l'un des derniers entrepreneurs des bâtiments de l'île Saint-Louis.

[14] L'hôtel Lambert, à l'extrémité orientale de l'île Saint-Louis.

[15] C'est un immense chantier de bois à brûler; trois petites maisons seulement réunies sur la rive nord.

[16] Voy. *Iuifverie (R. de la)*.

[17] Hôtel situé à l'angle de la *R. Pouletterie* (rue Poulletier) et de la *Rue St Louys* en l'île.

[18] Sur la Seine, entre la place de Grève et le *Pont N^{re} Dame*.

[19] Sur la Seine, entre le *Pont N^{re} Dame* et le *Pont au Change*, mais plus rapprochés du premier. — Dès le XIVe siècle, il y avait en cet endroit des moulins dits de Gort ou de Guort-l'Évêque.

[20] Devenue rue Neuve-Notre-Dame, puis supprimée.

[21] Voy. *Place Dauphine*.

[22] Sur le *Quay des Orphèvres*.

Place Dauphine (Isle du Palais ou).
Pompe [1].
Pont (Petit).
Pont de Bois [2].
Pont au Change.
Pont de l'Hostel Dieu.
Pont Marie [3].
Pont Neuf.
Pont N^{re} Dame.
Pont rouge [4].
Pont S. Michel.
Pont de la Tournelle [5].
Port du Mulet [6].
P. aux Œufs [7].
Port St Landry [8].
Pouletterie (R.) [9].
Quay d'Alençon ou d'Anjou [10].
Quay de Bourbon [11].
Quay Daufin [12].
Quay du Grand Cours d'Eau [13].
Quay d'Orléans [14].
Quay des Orphèvres.
Regratière (Rue) [15].
St Aignan (Chappelle).
S. Barthellemy.
St Christophle.
St Christophle (R.).
St Denis de la Chartre.
St Denis du pas.
St Eloy.
St Germain le Vieil.
St Jean le Rond.
S. Landry.
St Landry (R.) [16].
St Louis (R.) [17].
St Louys [18].
St Louys (Rue) [19].
St Marcial.
S. Michel [20].
S. Pierre (R.) [21].
S. Pierre aux bœufs.
St Pierre aux Liens [22].
S. Sinforion [23].
Ste Chapelle.
Ste Croix de la Cité.
Ste Geneviefve des ardans.
Ste Marine.
Samaritaine (la).

---

[1] Sur le *Pont rouge*, auj. Pont-Royal.

[2] Du *Quay de Bourbon* dans *l'isle Saint-Louys* à la *Rue d'Enfer* dans la Cité. — Situé très en amont du pont Saint-Louis actuel.

[3] Il est couvert de maisons.

[4] Auj. Pont-Royal, mais il était alors dans l'axe de la *R. de Beaune*.

[5] Il est en pierre et sans maisons. On le représente ici complétement achevé, quoiqu'il ne l'ait été qu'en 1656.

[6] Sur le *Quay de la Tournelle*. C'est celui que les autres plans nomment port Saint-Bernard.

[7] Sur le bord de la *Seine* près du *Pont au Change* et au commencement d'une rue indiquée, mais non nommée, qui était la rue du Port-aux-Œufs.

[8] Entre la *Seine* et la *Rue d'Enfer* (auj. quai Napoléon).

[9] Auj. rue Poulletier, dans l'île Saint-Louis.

[10] Auj. quai d'Anjou, dans l'île Saint-Louis.

[11] Dans l'île Saint-Louis.

[12] Auj. quai de Béthune, dans l'île Saint-Louis.

[13] Auj. quai de l'Horloge.

[14] Dans l'île Saint-Louis.

[15] Auj. rue Le Regrattier, dans l'île Saint-Louis.

[16] Voy. *Chef* et *Port*.

[17] Auj. quai des Orfèvres.

[18] L'église Saint-Louis en l'île.

[19] En l'île.

[20] Dans l'enceinte du *Palais*.

[21] Rue Saint-Pierre-aux-Bœufs.

[22] Saint-Pierre-des-Arcis.

[23] L'église Saint-Symphorien, en la Cité.

Savatterie (la).
Seine (la Rivière de).
Sintot (M.) [1].
Terrain Nre Dame.

Ursins (Hostel des) [2].
Venise (R. de) [3].
Vieille Drapperie (R. de la) [4].

RIVE GAUCHE.

Ablon (R. d') [5].
Abrevoir Mascon (R. de l').
Académie [6].
Accadémie [7].
Accadémie d'Arnaulfiny [8].
Acad. du Sr del Campo [9].
Académie de Mr. Forestier [10].
Amandiers (R. des).
Ambassad. extraord. (H. des) [11].
Amboise (R. d').
Anglois (R. des).
Anjou (R. d') [12].

Aras (C. d') [13].
Aras (R. d') [14].
Arbaleste (R. de l').
Augustines (Relig.) [15].
Augustins (les) [16].
Augustins (R. des) [17].
Augustins Réformez [18].
Authun (Col. d') [19].
Ave Maria (C.) [20].
Barq (R. du) [21].
Barre (R. de la) [22].
Barrière [23].

---

[1] Hôtel situé *Quay Daufin* (auj. quai de Béthune).

[2] Dans une rue indiquée, mais non nommée, qui était la rue Basse-des-Ursins. Gomboust indique également sans les nommer la rue haute des Ursins et la rue du milieu des Ursins.

[3] Commence *R. Nostre Dame* et finit *R. St Christophle*.

[4] Depuis 1838, rue de Constantine.

[5] Auj. rue Neuve-Saint-Médard.

[6] Dans la *R. des Esgousts* Saint-Germain.

[7] A l'angle de la *R. des Canettes* et de la *R. du Vieil Colombier*.

[8] A l'angle des *Fossez* (auj. rue Monsieur-le-Prince) et de la *R. Neufve St Lambert* (auj. rue de Condé).

[9] *R. du Four* et *R. du Vieil Colombier*, près de *la Croix Rouge*.

[10] A gauche de la *Rue de Sorbonne* (auj. rue de l'Université.)

[11] L'hôtel des ambassadeurs extraordinaires, ancien hôtel d'Ancre, entre la *R. de Tournon* et la *R. Garancé* (rue Garancière).

[12] Commence *R. Dauphine*, et finit *R. de Nevers*.

[13] Le collége d'Arras, dans la rue de ce nom.

[14] Rue d'Arras.

[15] Dans la *R. des Postes*, entre la *R. du Cheval Verd* et la *R. du Puits qui parle*.

[16] Les Grands-Augustins sur le quai de ce nom. — Voy. *Petits*.

[17] Auj. rue des Grands-Augustins. — Voy. *Quay*.

[18] A droite de la *R. des Petits Augustins* (auj. rue Bonaparte.)

[19] Le collége d'Autun, dans la *R. St André des Arts*.

[20] Le collége de Hubant ou de l'Ave Maria.

[21] Rue du Bac. — Voy. *Petite*.

[22] Auj. rue Scipion.

[23] A la fin de la *R. de la Bucherie*, près du *Petit Chastelet*.

134 PLAN DE J. GOMBOUST.

Barrière [1].
Barrière [2].
Barrière [3].
Barrière [4].
Batoit (R. du) [5].
Batoit (Rue du) [6].
Bayeux (Col. de).
Beaune (R. de).
Beauvais (Col. de).
Belle Chasse [7].
Bernardines de Ste Cécile [8].
Bernardins (Les).
Bernardins (Rue des).
Bibliotèque du Roy [9].
Bièvre (R. de) [10].
Bièvre (Rue de) [11].
Boncours (Col. de).
Bon Puits (R. du).
Bons Enfans (C. des) [12].
Boucherie [13].
Boucherie [14].
Boucherie [15].
Boucheries (Rue des) [16].
Bouclerie (R. de la) [17].
Boulangers (R. des).
Bourbe (R. de la).
Bourbon (R. de) [18].
Bourdel (R.) [19].
Bourg de Brie (R.) [20].
Bourgogne (Col. de).
Bourguignons (R. des).
Bretonnerie (R. de la) [21].
Brienne (H. de) [22].
Bucherie (R. de la).
Bussy (R. de).
Calvaire (le) [23].
Cambray (C. [24] de).
Canettes (R. des) [25].
Canivet (R. du).
Capètes [26].

---

[1] A la rencontre de la *Rue St Victor* et de la *R. de la Montaigne Ste Geneviève*.

[2] En dehors de la *Porte S. Victor*.

[3] Au milieu du carrefour formé par les rues : *de Bussy, des Boucheries, Ste Marguerite* et *du Four*.

[4] Au milieu de la petite place qui sert d'entrée à la *R. de la Harpe*.

[5] Rue du Battoir-Saint-André (auj. réunie à la rue Serpente).

[6] Auj. rue du Battoir-Saint-Victor.

[7] Terrain planté d'arbres et situé à droite de la *R. de Sainct Dominique*.

[8] A droite de la *R. du Pot de fer* (auj. rue Bonaparte).

[9] A droite de la *R. de la Harpe*, entre *S. Cosme* et le *Col. de Iustice*.

[10] Auj. rue des Gobelins.

[11] Commence aux *Grands degrez*, et finit *Rue St Victor*.

[12] Le collége des Bons-Enfants, dans la *Rue St Victor*.

[13] Au commencement de la *Rue S. Iaques*, en face du *Petit Chastelet*.

[14] A l'entrée de la *R. Ste Marguerite*, près de *St Germain des Prez*.

[15] A gauche de la *R. Mouftar*, près de la *R. du Fer à moulin*.

[16] Commence *R. de Bussy*, et finit *Porte St Germain*. — C'est le premier plan qui lui donne ce nom, on la nommait jusqu'alors rue Saint-Germain. Elle est, depuis 1846, comprise dans la rue de l'École-de-Médecine.

[17] Commence *Rue de la Huchette*, et finit *Rue St Séverin*.

[18] Auj. rue de Lille. — Voy. *Petit Bourbon*.

[19] Auj. rue Descartes.

[20] Auj. rue Boutebrie.

[21] A l'extrémité de la *R. S. Iaques*.

[22] Hôtel situé sur le *Quay Malaquais*, près de la *R. des Petits Augustins* (auj. rue Bonaparte).

[23] A gauche de la *R. de Vaugirard*.

[24] Collége.

[25] Saint-Sulpice.

[26] Voy. *Montaigu (Col. de)*.

PLAN DE J. GOMBOUST.   135

Capucins (les) [1].
Card. le Moyne (Col.) [2].
Carée (Host. de la) [3].
Carmélites (les) [4].
Carmes (Les) [5].
Carmes (Rue des).
Carmes Deschaussez [6].
Carpentier (R.).
Cassette (R.).
Champ de l'Alouette [7].
Chantier de Boys Flotté [8].
Charbonniers (R. des).
Charité (la) [9].
Charitez St Denis (Hostel des) [10].
Chartière (R.).
Chartreux (les).
Chartreux (Enclos des).
Chasse midy (R. de) [11].
Chasteau Gaillard [12].
Chastelet (petit).
Chat qui pêche (R. du).
Cheval verd (R. du).
Chevalier honoré (R. du) [13].

Chèze (R. de la) [14].
Chiens (R. des).
Chirurgie (Col. de) [15].
Christine (R.).
Cimetière [16].
Cimetière [17].
Cimetière (R. du) [18].
Cimetière des Prétendus Réformez [19]
Cimetière St André [20].
Cimetière St André (R. du) [21].
Cimetière S. Benoist (R. du).
Cizeaux (R. des).
Clef (R. de la).
Clermont [22].
Cloistre St Benoist.
Clopin (Rue).
Cluny (Col. de).
Cluny, demeure des Nonces (Hostel de).
Cœur volant (R. du) [23].
Collége Royal [24].
Condé (Hostel de) [25].
Congrégation de N{re} Dame (Rel. de la) [26].
Coquerel (Col.) [27].

---

[1] Du *Fauxbourg St Iaques*.
[2] Le collége du cardinal Lemoine, dans la *R. St Victor*.
[3] A droite de la *R. Dauphine*.
[4] Voy. *Nostre Dame des Champs*.
[5] De la *Place Maubert*.
[6] A gauche de la *Rue de Vaugirard*.
[7] Auj. rue Corvisart.
[8] Sur le bord de la Seine, à peu près à la hauteur de la rue de Bellechasse actuelle.
[9] A gauche de la *R. de l'Ursine* (rue de Lourcine).
[10] Dans la *R. des Grands Augustins*.
[11] Rue du Cherche-Midi.
[12] Sur le *Quay de Nevers*.
[13] Auj. rue Honoré-Chevalier.
[14] Rue de la Chaise.
[15] A gauche de la *R. des Cordelires* (rue des Cordeliers, auj. rue de l'École-de-Médecine).

[16] Saint-Étienne-du-Mont.
[17] Le cimetière Saint-Benoît.
[18] Auj. rue Palatine.
[19] A droite de la *Rue des Saincts Pères*, près de la *Rue St Guillaume*.
[20] A gauche de la *R. du Cimetière St André* (auj. rue Suger).
[21] Auj. rue Suger.
[22] Le collége de Clermont, auj. lycée Louis-le-Grand, dans la *R. S. Iaques*.
[23] Auj. comprise dans la rue Grégoire-de-Tours.
[24] Pour les autres colléges, voyez leurs noms particuliers.
[25] Entre les *Fossez* (auj. rue Monsieur-le-Prince) et la *R. Neufve St Lambert* (auj. rue de Condé).
[26] Dans la *rue de Chassemidy* (rue du Cherche-Midi).
[27] Dans la *R. Chartière*.

Cordelières (les) [1].
Cordeliers (les).
Cordelires (R. des) [2].
Cordiers (R. des).
Corne (R. de la).
Cornuaille (Col. de).
Coulombier [3].
Coulombier (Rue du) [4].
Coupeaux (R. des) [5].
Cour d'Albret [6].
Cour de Bavière [7].
Cour aux beufs (la) [8].
Cour de Rouen.
† de Clamar [9].
Croix Rouge (la) [10].
Daiville (Col.) [11].
Dau (H.) [12].
Dauphine (R.) [13].
Deux anges (R. des).

Deux Portes (R. des) [14].
Dix Vertus (les) [15].
Doctrine Chrestienne (PP. de la) [16].
Droit Canon (Col. de) [17].
Enfer (R. d') [18].
Enfer (R. d') [19].
Enfermez (les) [20].
Eschaudé (Rue de l').
Escosse (R. d').
Escossois (Col. des).
Escurie [21].
Esgousts (R. des) [22].
Espée de Bois (R. de l').
Esperon (R. de l').
Estrapade (l').
Falcoms (M^r) [23].
Fauxbourg St Iaques du haut pas.
Fer à moulin (R. du).
Féron (R.) [24].

---

[1] A gauche de la *R. de l'Ursine* (rue de Lourcine).

[2] Rue des Cordeliers, auj. rue de l'École-de-Médecine.

[3] A l'extrémité de la *R. du Vieil Colombier*.

[4] Auj. rue Jacob. — Voy. *Vieil*.

[5] Devenue rue Copeau, et auj. rue de Lacépède.

[6] Dans la *R. des Sept Voyes*.

[7] A gauche de la *R. de la Montaigne* Ste *Geneviève*.

[8] Long cul-de-sac, aboutissant à la *R. des Sept Voyes*.

[9] Au carrefour formé par les rues *des Saussayes* (auj. Poliveau), *d'Enfer* (auj. Duméril), *de la Muette* (auj. du Fer-à-Moulin) et St *Victor*. — Il n'y a plus trace ici de l'immense hôtel de Clamart, jadis propriété du comte d'Armagnac.

[10] La croix qui avait donné son nom à ce carrefour n'est pas indiquée.

[11] Le collége de Dainville.

[12] Hôtel Dau ou plutôt d'O, situé à l'angle du *Quay des Augustins* et de la *R. Gille Cœur*.

[13] Voy. *Porte*.

[14] Commence *R. de la Harpe*, et finit *R. Hautefeuille*.

[15] A l'entrée de la *R. de Sève* (rue de Sèvres).

[16] A droite de la *R. des Fossez* Saint-Victor.

[17] Rue Saint-Jean-de-Beauvais.

[18] Commence à la *Porte* St *Michel*.

[19] Auj. rue Duméril.

[20] A l'angle de la *R. St Victor* et de la *R. des Coupeaux* (rue Lacépède). — C'est auj. la Pitié.

[21] Dépendant de l'*Hostel de Nemours* situé R. Pavée d'Andouilles (auj. rue Séguier). — Cette écurie s'étend jusqu'à *la R. des* Grands *Augustins*.

[22] Commence *R. du Four* et finit *R. de Tarane*.

[23] Hôtel Falcoms ou Falconis, situé à gauche de la *Rue des Saincts Pères*.

[24] Rue Férou.

PLAN DE J. GOMBOUST.

Feuillans des SS. Anges (Le Monastère des) [1].
Feuillantines (les) [2].
Filles de St Ioseph [3].
Filles de la Visitation [4].
Foin (Rue du) [5].
Foire (R. au) [6].
Foire St Germain [7].
Fontaine [8].
Fontaine [9].
Fontaine [10].
Fontaine [11].
Fontaine [12].
Fontaine [13].
Font. [14].
Fot. [15].
F. [16].
F. [17].
Fontaine (R. de la) [18].
Fortray (Col. de) [19].
Fossez [20].
Fossez (R. des) [21].
Fossez (R. des) [22].
Fossez (Rue des) [23].
Fossoyeurs (R. des) [24].
Four (R. du) [25].
Françoise (R.) [26].
Francs bourgeois (R. des) [27].
Fromentel (R.).
Galande (Rue).
Garencé (R.) [28].
Gille Cœur (R.).
Gindre (R. du).
Gobelins (les).
Gobelins (Rivière des) [29].
Grands degrez (les) [30].

---

[1] A gauche de la *R. d'Enfer*.
[2] A gauche du *Fauxbourg St Iaques*.
[3] A droite de la *Rue de Sainct Dominique*.
[4] A gauche du *Fauxbourg St Iaques*.
[5] Commence *Rue St Iaques* et finit *R. de la Harpe*.
[6] *Rue du Fouarre*.
[7] Voy. *Porte*.
[8] A gauche de la *R. des Cordelires* (des Cordeliers, auj. rue de l'École-de-Médecine) et au coin de la *R. de la Harpe*.
[9] A gauche de la *Rue neuve des Fossez* (auj. rue de l'Ancienne-Comédie), presqu'au coin de la *Rue des Boucheries* (auj. rue de l'École-de-Médecine).
[10] Derrière l'église *St Séverin*, au coin de la *Rue St Séverin* et de la *Rue S. Iaques*.
[11] A droite du *Fauxbourg St Iaques* et en face la *R. des Marionnettes*.
[12] Place Maubert, à l'angle formé par la *Rue St Victor* et la *R. de la Montaigne Ste Geneviève*.
[13] A l'extrémité de la *R. de la Harpe*, près de la *Porte St Michel*.
[14] A l'angle de la *R. Bourdel* (auj. rue Descartes) et de la *R. de la Montaigne Ste Geneviève*.
[15] Au coin de la *R. St Iaques* et de la *R. St Iean de Latran*.
[16] Fontaine située *Quay des Augustins*, en face du couvent.
[17] Fontaine située à droite de la *Rue Neuve des Fossez* (auj. rue de l'Ancienne-Comédie).
[18] Commence *R. du Puits l'Hermite*, et finit *R. d'Orléans* (auj. rue Daubenton).
[19] C'est le collége de Fortet.
[20] De la *Porte St Michel* à la *R. Neufve St Lambert* (auj. rue de Condé). — C'est auj. la rue Monsieur-le-Prince. Située sur le fossé de l'enceinte, elle fut successivement nommée : les Fossés, rue des Fossés-Saint-Germain, puis rue des Fossés-Monsieur-le-Prince.
[21] Auj. rue Mazarine. — Voy. *Neuve*.
[22] Saint-Jacques.
[23] Saint-Victor.
[24] Auj. rue Servandoni.
[25] Saint-Germain.
[26] Auj. réunie à la *R. du Puits l'Hermite*.
[27] Saint-Marcel.
[28] C'est la rue Garancière.
[29] La Bièvre. — Voy. *Ponceau (le)*.
[30] Au commencement de la *Rue de Bièvre*.

138   PLAN DE J. GOMBOUST.

Granmont (C. de) [1].
Grassins (Col. des).
Gratieuse (R.).
Grenelle (Plaine de).
Grenelle (Rue de) [2].
Grenouillère (La) [3].
Guénégaud (Hostel de) [4].
Guillemyn (R.) [5].
Guisarde (R.).
Halle des Prez aux Clercs [6].
Harcourt (Col. de).
Harpe (R. de la).
Hautefeuille (Rue).
Hospital de la Charité (l').
Hospital des Convalescens [7].
Hospital Scipion (l') [8].
Hospital des Taigneux [9].
Huchette (Rue de la).
Incurables (les) [10].
Irondelle (Rue de l').

Iacobins (Les) [11].
Iacobins (Novitiat des) [12].
Iardin du Luxembourg.
Iardin des Plantes médicin.
Iardinet (R. du).
Iésuites [13].
Iésuites (Novitiat des) [14].
Ieu de longue paulme [15].
Ieu de longue paulme [16].
Ieu de longue paulme [17].
Iudas (R.).
Iustice (Col. de).
La Marche (Col. de).
Laon (Col. de).
Lavandières (R. des) [18].
Le Cocq (M^r) [19].
Le Cogneux (M.) [20].
Liancour (hostel de) [21].
Lionnois (R. des) [22].
Lisieux (Col. de).

---

[1] Un arrêt du Conseil d'État du 18 juin 1605 donna au collége Mignon le nom de collége de Grandmont. Gomboust cite l'ancien nom et le nouveau.

[2] Saint-Germain.

[3] C'est auj. le quai d'Orsay.

[4] Sur le *Quay de Nevers*. — C'est l'emplacement de l'hôtel des Monnaies actuel.

[5] Devenue rue Neuve-Guillemin, puis supprimée.

[6] Entre la *R. de Beaune*, la *Rue de Verneuil*, la *R. du Barq* et la *R. de Bourbon* (auj. rue de Lille).

[7] A droite de la *R. du Barq* (rue du Bac).

[8] A droite de la *R. de la Barre* (auj. rue Scipion).

[9] A droite de la *R. de la Cheze* (rue de la Chaise).

[10] A l'angle de la *R. du Barq* (rue du Bac) et de la *R. de Sève* (rue de Sèvres).

[11] Entre la *R. St Iaques* et la *R. de la Harpe*.

[12] Auj. Saint-Thomas d'Aquin.

[13] Les Jésuites du collége de Clermont, dans la *R. St Iaques*.

[14] A l'angle de la *R. du Pot de fer* (aujourd'hui rue Bonaparte) et de la *R. du Chevalier honoré* (aujourd'hui rue Honoré-Chevalier.)

[15] Dans le fossé, entre la *Porte St Michel* et la *Porte St Germain*.

[16] Dans le fossé, entre la *Por. S. Marceau* et la *Porte papale*.

[17] Devant la *Maison Abassiale* de l'abaye *St Germain des Prez*.

[18] Commence *Rue Galande*, et finit *Rue des Noyers*.

[19] Hôtel situé à l'angle de la *Rue des Saincts Pères* et de la *R. de Sorbonne* (auj. rue de l'Université).

[20] Hôtel situé à droite de la *Rue de Grenelle* Saint-Germain.

[21] *R. de Seine*, sur l'emplacement de la rue des Beaux-Arts actuelle.

[22] Rue des Lyonnais.

Lombards (Col. des).
Lorraine (Religieuses de) [1].
Luines (H. de) [2].
Luxembourg (Petit) [3].
Lyon (Hostel de) [4].
Magdelaine (R. de la) [5].
Maison Abassiale [6].
Mre Gervais (Col.) [7].
Mans (Col. du).
Marché aux Chevaux, les mercredis [8].
Marché aux Cochons [9].
Marets (Rue des) [10].
Marionettes (R. des).
Marmousets (R. des) [11].
Marmoutier [12].
Mascon (Rue) [13].
Massons (R. des) [14].
Mathurins (Les).

Mathurins (Rue des).
Mauvais garsons (Rue des) [15].
Médecine (Col. de) [16].
Mercy (Col. de la) [17].
Meurier (R. du) [18].
Mézière (R.) [19].
Mignon (Col.) [20].
Mignon (R.).
Miséricorde (la) [21].
Montaigne Ste Geneviève (R. de la).
Montaigu ou Capètes (Col. de).
Morfondus (R. des) [22].
Mouftar (R.) [23].
Muette (R. de la) [24].
Narbonne (Col. de).
Navarre (Col. de) [25].
Neelle (Tour de) [26].
Nemours (Hostel de) [27].

---

[1] Les chanoinesses du Saint-Sépulcre, plus souvent nommées religieuses de Bellechasse.
[2] Hôtel situé *Quay des Augustins*.
[3] Voy. *Jardin* et *Orléans*.
[4] Ancien hôtel de Buci, dans la *R. St André des Arts*, près de la *Porte de Bussy*.
[5] Auj. impasse Saint-Dominique.
[6] De l'*Abaye St Germain des Prez*.
[7] Le collége de Maître-Gervais, à l'angle de la *R. du Foin* et de la *R. Bourg de Brie* (Boutebrie).
[8] A droite de la *Rue des Saussayes* (auj. rue Poliveau).
[9] A droite de la *Rue des Saussayes* (auj. rue Poliveau).
[10] Commence *R. de Seine*, et finit *R. des Petits Augustins*. — C'est aujourd'hui la rue Visconti.
[11] Saint-Marcel.
[12] Le collége de Marmoutiers, dans la *R. St Iaques*.
[13] Devenue rue Mâcon, puis supprimée.
[14] Rue des Maçons-Sorbonne.

[15] Auj. comprise dans la rue Grégoire-de-Tours.
[16] A l'angle de la *R. de la Bucherie* et de la *R. des Rats*.
[17] Dans la *R. des Sept Voyes*.
[18] Rue du Mûrier-Saint-Victor.
[19] Rue de Mézières.
[20] Voy. *Granmont (C. de)*.
[21] L'Hôpital de Notre-Dame de la Miséricorde, dit aussi les Cent-Filles.
[22] Auj. rue Neuve-Saint-Étienne.
[23] On écrit auj. rue Mouffetard, et Gomboust est le premier qui lui donne ce nom; tous les plans antérieurs l'appellent rue Saint-Marceau. La nouvelle forme n'était même pas encore bien fixée, puisque, un peu plus bas, Gomboust écrit *R. Moutar*.
[24] Auj. réunie à la *R. du Fer à moulin*.
[25] Le collége de Navarre, dans la *R. de la Montaigne Ste Geneviève*.
[26] Voy. *Porte*.
[27] Ancien hôtel du connétable Gaucher de Châtillon, dans la *R. Pavée d'Andouilles* (auj. rue Séguier); les écuries s'étendent jusqu'à la *R. des Augustins*.

140   PLAN DE J. GOMBOUST.

Nesmond (M. de) [1].
Neuve des Fossez (Rue) [2];
Neufve St Lambert (R.) [3].
Neufve Ste Geneviefve (R.).
Nevers (R. de).
Normandie (Col. de) [4].
Nre Dame (R.) [5].
Nostre Dame des Champs. Les Carmélites [6].
Nre Dame de Sion [7].
Noyers (Rue des).
Orangerie du Roy [8].
Orléans (Palais d') [9].
Orléans (R. d') [10].
Pan (R. du) [11].
Paon (R. du) [12].
Paradis (R. de) [13].
Parcheminerie (R. de la).
Pavée d'Andouilles (R.) [14].

Percée (R.) [15].
Perdue (Rue).
Petit Bourbon (R. du) [16].
Petit Bourbon (R. du) [17].
Petit Brac (R. du) [18].
Petit Champ [19].
Petit Champ (Ruelle du) [20].
Petit Lyon (R. du) [21].
Petit Moyne (R. du).
Petite Corne (R. de la) [22].
Petite Rue [23].
Petite R. du Bare [24].
Petite R. du Paon [25].
Petites Maison [26].
Petits Augustins (R. des) [27].
Petits Champs (R. des) [28].
Picardie (Col. de) [29].
Pidoux (Mr) [30].
Pierre Sarrazin (R.).

---

[1] Hôtel situé à l'angle de la *Rue des Bernardins* et du *Quay de la Tournelle*. — On le trouve nommé, en 1523, hôtel du Pain.

[2] Auj. rue de l'Ancienne-Comédie.

[3] Auj. rue de Condé.

[4] A droite de la *R. au Foire* (rue du Fouarre).

[5] Auj. rue Censier.

[6] Dans le *Fauxbourg St Iaques*.

[7] A droite de la *R. des Fossez* St Victor.

[8] A droite de la *Rue de Grenelle* Saint-Germain.

[9] Auj. palais du Luxembourg. — Voy. *Jardin* et *Luxembourg*.

[10] Auj. rue Daubenton.

[11] Rue du Paon-Saint-Victor.

[12] Saint-André-des-Arts. — Voy. *Petite*.

[13] Commence *R. des Vignes*, et finit *Fauxbourg S Iaques*.

[14] La plupart des plans la nomment rue Pavée; c est, depuis 1865, la rue Séguier.

[15] Nom donné ici par erreur à la rue Poupée.

[16] Commence *Rue de Bussy*, et finit devant la *Maison Abassiale* de *St Germain des Prez*.—

C'est la rue Bourbon-le-Château, et le plan de Gomboust est le seul qui la nomme rue du Petit-Lion.

[17] Auj. comprise dans la rue Saint-Sulpice.

[18] C'est la rue des Quatre-vents actuelle.

[19] Entre la *R. de l'Espée de Bois*, la *R. des petits Champs* et la *Ruelle du Petit Champ*.

[20] Commence *R. Gratieuse*, et finit *R. d'Orléans* (auj. rue Daubenton).

[21] Auj. comprise dans la rue Saint-Sulpice.

[22] Devenue rue Beurrière, puis supprimée.

[23] C'est la Petite-rue-Taranne.

[24] Petite-rue-du-Bac, auj. rue Dupin.

[25] Devenue cul-de-sac du Paon. — Ce n'est, d'ailleurs, ici qu'une impasse.

[26] Entre la *R. de la Cheze* (rue de la Chaise), la *R. de Sève* (rue de Sèvres) et la *R. du Barq* (rue du Bac).

[27] Auj. comprise dans la rue Bonaparte.

[28] Commence *R. de l'Espée de Bois*, et finit *R. d'Orléans* (auj. rue Daubenton).

[29] A gauche de la *R. au Foire* (rue du Fouarre).

[30] Hôtel situé à l'angle de la *Rue des*

Place Maubert.
Place au Poisson [1].
Plastre (R. du) [2].
Plessis (Col. du).
Poirées (R. des).
Poitevinne (R.) [3].
Ponceau (le) [4].
Pont aux biches (R. du) [5].
Port Royal (le) [6].
Porte de Bussy.
Porte Dauphine.
Porte du Fauxbourg S¹ Iacques.
Porte de la Foire [7].
Porte Greffière [8].
Porte de Nelle.
Porte papale murée.
Porte S. Germain.
Porte S. Iaques.
Por. S. Marceau.
Porte S. Marcel (vielle).
Porte S¹ Michel.

Porte S. Victor.
Porte de la Tournelle [9].
Poste (la grande) [10].
Poste aux lettres [11].
Postes (R. des).
Pot de fer (R. du) [12].
Pot de fer (R. du) [13].
Poules (R. des).
Poupée (R.) [14].
Pré aux Clercs [15].
Pré des Enfans [16].
Prémontré (Col. de).
Presle (Col. de).
Prestres (R. des) [17].
Prestres (R. des) [18].
Prestres (R. des) [19].
Prestres (R. des) [20].
Princesse (R.).
Prison [21].
Puits [22].
Puits [23].

Saincts Pères et de la *R. de Bourbon* (auj. rue de Lille).

[1] Entre la *Seine*, la *R. de la Bucherie* et le *Petit Chastelet*.

[2] Commence *R. des Anglois*, et finit *R. S¹ Iaques*.

[3] C'est la rue des Poitevins.

[4] Petit pont jeté sur la berge au-dessus de l'*Ab. S¹ Victor*, à l'endroit (auj. quai d'Austerlitz) où la *Rivière des Gobelins* (la Bièvre) débouche dans la *Seine*.

[5] Auj. réunie à la rue de la Clef.

[6] A gauche de la *R. de la Bourbe*.

[7] De la foire Saint-Germain.

[8] Entre la *Rue des Boucheries* (auj. rue de l'École-de-Médecine) et la *Foire S¹ Germain*.

[9] La porte Saint-Bernard.

[10] A droite de la *R. S¹ Iaques*, presque en face de la *R. du Plastre*.

[11] A gauche de la *R. S¹ Iaques*, entre la *R. du Plastre* et la *Rue des Noyers*.

[12] Auj. comprise dans la rue Bonaparte.

[13] Saint-Marcel.

[14] Nom donné ici par erreur à la rue Percée.

[15] Il s'étend depuis la *R. du Barq* jusqu'à la limite du plan, un peu avant l'esplanade des Invalides.

[16] Vaste espace situé sur le bord de la Bièvre, en face des *Gobelins*, et où des enfants se promènent, jouent et dansent en rond. Ce pré n'est indiqué sur aucun autre plan.

[17] Devenue rue des Aveugles et auj. rue Saint-Sulpice.

[18] Devenue cul-de-sac Férou.

[19] S. Estienne du Mont.

[20] Saint-Séverin.

[21] La prison de l'Abbaye, au commencement de la *R. S¹ᵉ Marguerite*.

[22] A gauche de la *Rue des Boucheries*, un peu au-dessous de la *Porte Greffière*.

[23] A gauche du *Fauxbourg S¹ Iaques du haut pas*, en face des *Filles de la Visitation*.

Puits Certain [1].
Puits l'hermite (R. du).
Puits de l'Orme (R. du).
Puits qui parle (R. du).
Quay des Augustins.
Quay Malaquais.
Quay de Nevers [2].
Quay St Bernard.
Quay de la Tournelle.
Quirassis (R.) [3].
Rats (R. des).
Récoletes (les) [4].
Regard [5].
Regard [6].
Réservoir des eaues d'Arcueil (Grand) [7].
Reyne blanche (R. de la).
Rheims (Col. de).
Rheims (R. de).
Richelieu (Col. de).
Rosiers (Rue des) [8].
Ruelle (la) [9].
Sabot (R. du).
St André des Arts [10].
St André des Arts (R.).

S. Benoist [11].
St Benoist (Rue).
St Blaise [12].
S. Cosme.
St Dominique (R.) [13].
Sainct Dominique (Rue de) [14].
S. Estienne [15].
S. Esti. des Grecs.
S. Estienne des Grecs (R.).
St Germain des Prez (Abaye) [16].
St Guillaume (Rue).
St Hilaire.
S. Hypolite (R.).
St Iaques (R.) [17].
St Iean de Beauvais (R.).
S. Iean de Latran.
St Iulien le Pauvre.
St Iulien le Pauvre (R. de).
S. Magloire. PP. de l'Oratoire [18].
S. Marcel [19].
S. Martin [20].
S. Maur (R.) [21].
S. Médart [22].
St Michel (Col. de).

---

[1] A l'angle de la R. *Fromentel* et de la R. *Chartière*.

[2] Auj. quai Guénégaud.

[3] Devenue rue Pierre-Assis. On la trouve encore nommée rue Quiracie, rue Qui-Rassis, rue Pierre-Agis et même rue Pierre-Argile.

[4] A l'angle de la *Rue de Varennes* et de la *R. du Barq*.

[5] A droite de la *R. d'Enfer*, presqu'en face de la *R. St Dominique* d'Enfer.

[6] A l'angle de la *R. de Vaugirard* et d'une rue non nommée qui est auj. la rue du Regard.

[7] A l'extrémité de la *R. d'Enfer*.

[8] Commence *R. de Sainct Dominique*, et finit *Rue de Grenelle*. — Elle est auj. réunie à la rue Saint-Guillaume.

[9] C'est une impasse qui ouvre à droite de la *R. St Séverin*. On la trouve nommée rue Saille-en-bien, rue Salembien, rue Faillie-en-bien et rue de Sallembrière.

[10] Voy. *Cimetière*.

[11] Voy. *Cimetière* et *Cloistre*.

[12] Voy. *St Plaise*.

[13] Rue Saint-Dominique-d'Enfer.

[14] Nommée plus bas R. St Dominique.

[15] L'église Saint-Étienne-du-Mont. — Voy. *Cimetière*.

[16] Voy. *Foire, maison, porte*.

[17] Voy. *Porte*.

[18] Dans le *Fauxbourg St Iaques du haut pas*. — C'est en 1618 que les Pères de l'Oratoire avaient pris possession de ce couvent, où ils remplacèrent des Bénédictins.

[19] A gauche de la *R. Mouftar*. — Voy. *Porte*.

[20] A gauche de la *R. Mouftar*.

[21] Elle avoit été ouverte en 1644.

[22] A gauche de la *R. Mouftar*.

PLAN DE J. GOMBOUST. 143

Sᵗ Nicolas (R.).
Sᵗ Nicolas du Chardonneret.
Sᵗ Plaize [1].
Sᵗ Séverin.
Sᵗ Séverin (Rue).
Sᵗ Siphorien (Col.) [2].
Sᵗ Siphorien (R.) [3].
Sᵗ Sulpice.
Sᵗ Sulpice (Ayde de) [4].
Sainct Thomas (R.) [5].
Sᵗ Victor (ab. [6]).
S. Victor (R.) [7].
Sᵗ Yves [8].
Sᵗᵉ Barbe (C.) [9].
Sᵗᵉ Geneviefve, abbaye [10].
Sᵗᵉ Geneviefve (R.) [11].
Sᵗᵉ Marguerite (R.) [12].
S. Placide (R.).
Saincts Pères (Rue des).
Santé (La) [13].
Saussayes (Rue des) [14].

Sées (Col. de) [15].
Seine (Rue de) [16].
Seine (Rue de) [17].
Séminaire [18].
Sept Voyes (R. des).
Sépulchre (Rue du) [19].
Serpente (Hostel de la) [20].
Serpente (Rue).
Sève (R. de) [21].
Sorbone (La).
Sorbone (Place de la).
Sorbone (R. de) [22].
Sorbonne (Rue de) [23].
Sourdéac (Hostel de) [24].
Tapisseries (Manufact. de) [25].
Tarane (Rue de).
Tembonneau (Mʳ) [26].
Théatins (les) [27].
Tournay (C. de) [28].
Tournon (R. de).
Tours (Col. de).

---

[1] La chapelle dite de Saint-Blaise-et-Saint-Louis, entre la *Rue Galande* et la *R. de Sᵗ Iulien le Pauvre*.

[2] C'est en réalité le collége des Cholets.

[3] Devenue rue des Cholets, puis supprimée en 1845.

[4] Chapelle de la Vierge, sur les ruines de laquelle a été percée la rue Sainte-Marie (auj. rue Allent).

[5] Rue Saint-Thomas-d'Enfer.

[6] Abbaye.

[7] Voy. *Porte*.

[8] A l'angle de la *R. Sᵗ Iaques* et de la *Rue des Noyers*.

[9] Collége Sainte-Barbe.

[10] Voy. *Montaigne* et *Neufve*.

[11] Devenue rue Neuve-Sainte-Geneviève, et auj. rue Tournefort.

[12] Auj. rue Gozlin.

[13] Dans la *R. des Vignes*.

[14] Auj. rue Poliveau.

[15] Le collége de Séez, dans la *R. de la Harpe*.

[16] Saint-Germain.

[17] Saint-Victor, auj. rue Cuvier.

[18] Saint-Sulpice.

[19] Auj. rue du Dragon.

[20] A droite de la *Rue Serpente*.

[21] Rue de Sèvres.

[22] Commence *Rue des Mathurins*, et finit *R. des Cordiers*.

[23] Commence *Rue des Saincts Pères*, et finit *R. du Barq*. — C'est auj. la rue de l'Université.

[24] Entre la *R. Garancé* (rue Garancière) et la *R. des Fossoyeurs* (auj. rue Servandoni). — C'est l'ancien hôtel de Léon.

[25] A droite de la *R. de la Cheze* (rue de la Chaise).

[26] Hôtel situé à gauche de la *Rue de Sorbonne* (auj. rue de l'Université).

[27] Sur le *Quay Malaquais*, près de la *R. de Beaune*.

[28] Le collége de Tournai, dans la *R. de la Montagne Sᵗᵉ Geneviève*.

Traversière (R.) [1].
Trésoriers (Col. des).
Tripelle (R.) [2].
Trois Chandelies (R. des) [3].
Trois Portes (R. des) [4].
Ursine (R. de l') [5].
Ursulines (les) [6].
Val de Grâce (le).
Vantadour (Hostel de) [7].
Varennes (Rue de).

Vaugirard (Plaine de).
Vaugirard (R. de).
Verbe Incarné (Religieuses du) [8].
Verneuil (Rue de).
Versaille (R. de).
Vieil Colombier (R. du) [9].
Vieille Rue S. Iaques [10].
Vignes (R. des) [11].
Ville Iuifve (Chemin de) [12].
Zacharie (Rue).

RIVE DROITE.

Abrevoire Pépin (R. de l').
Académie de Mr de Poix [13].
Angoulesme (Host. d') [14].
Angoulmois (R. d') [15].
Anjou (R. d') [16].
Anjou (R. d') [17].
Arbre sec (R. de l').
Arcenal de la Ville [18].

Arche Bourbon [19].
Arche Marion (R. de l').
Argenteuil (R. d').
Arsenal (l') [20].
Arsenal (Petit) [21].
Asnier (Rue l') [22].
Assis (R. des) [23].
Assomption (Religi^{es} de l') [24].

---

[1] Commence *R. Clopin*, et finit *R. de la Montaigne Ste Geneviève*. — C'est auj. la rue Traversine.

[2] Auj. rue Triperet.

[3] Rue des Trois-Chandeliers.

[4] Commence *Place Maubert*, et finit *R. des Rats* et *Rue Galande*. — Elle comprend donc ici la rue Jacinthe.

[5] Auj. rue de Lourcine.

[6] A gauche du *Fauxbourg St Iaques*.

[7] Entre la *R. de Tournon* et la *R. Garancé* (rue Garancière).

[8] A droite de la *Rue de Grenelle* Saint-Germain.

[9] Voy. *Coulombier*.

[10] Auj. rue Censier.

[11] Commence *R. des Postes*, et finit *R. des Marionnettes*.

[12] Le chemin de Villejuif. Il fait suite à la *R. Mouftar* et à la *R. d'Enfer* (auj. rue Duméril).

[13] *R. Neuve St Honoré*, en face de *St Roch*.

[14] Devenu hôtel de Lamoignon, dans la *R. Pavée*.

[15] Auj. rue Charlot.

[16] Commence *Vieille Rue du Temple*, et finit *R. du Grand Chantier*.

[17] Auj. impasse des Provençaux, dans la *R. de l'Arbre Sec*.

[18] A gauche de la *R. de la Cousture Ste Catherine*. — Voy. *Arsenal*.

[19] Au commencement de la *R. du Petit Bourbon*.

[20] Nommé plus loin *l'Arcenal*.

[21] A gauche de *la Bastille*. — Voy. *Arcenal*.

[22] Rue Geoffroy-Lasnier.

[23] Commence *R. de la Vannerie*, et finit *R. de la Verrerie*. — Devenue rue des Arcis, et aujourd'hui comprise dans la rue Saint-Martin.

[24] A gauche de la *R. Neuve St Honoré*.

Aubray (M. d') [1].
Aubry le Boucher (R.).
Augustins deschaussés (Petits) [2].
Aumont (d') [3].
Avignon (R. d').
Baillet (R. du) [4].
Bailleul (M. de) [5].
Bailleul (R. de) [6].
Balcon [7].
Ballets (R. des).
Barbette (Rue) [8].
Barentin (Rue de) [9].
Barfours (R.) [10].
Barre du Bec (R.).
Barres (R. des) [11].
Barrière [12].
Barrière [13].
Barrière [14].
Barrière [15].
Barrière [16].

Barrières (Rue des) [17].
Bastille (la).
Bautru (M^r de) [18].
Beaubourg (Rue).
Beauiolois (Rue) [19].
Beauregard (R.).
Beaurepaire (R.).
Beausse (Rue de) [20].
Beautreillis (Rue).
Beauvais (R. de).
Belièvre (M. de) [21].
Belleville (Chem. de) [22].
Berry (Rue de) [23].
Berthaud (R.) [24].
Bestes féroces [25].
Bétisy (Rue de).
Billettes (Les).
Billettes (R. des).
Blancs Manteaux.
Blancs Manteaux (R. des).

---

[1] Hôtel situé *R. du Bouloy.*
[2] Dans la *R. N. Dame des Victoires.*
[3] Hôtel situé à gauche de la *R. des Poulies.* — Voy. Jaillot, quartier du Louvre, p. 55.
[4] Rue Baillet.
[5] Hôtel situé à l'angle de la *R. du Grand Chantier* et de la *R. de Brac* (rue de Braque).
[6] Tous les plans antérieurs la nomment rue d'Avéron.
[7] Voy. *Louvre (Galerie du).*
[8] C'est ici le premier plan où la rue Barbette soit clairement indiquée.
[9] Dit aussi impasse Saint-Faron.
[10] Ce n'est qu'une impasse, ouvrant sur la *R. St Denis,* presqu'en face de l'église *St Sauveur.*
[11] Commence *R. de la Mortellerie,* et finit à la *Porte Bodoyer.* — Elle a conservé ce nom.
[12] A la *Porte Bodoyer.*
[13] A l'angle formé par la rencontre de la *R. Montorgueil* et de la *R. Montmartre.*
[14] Dans la *R. St Anthoine,* presqu'en face des *Jésuistes St Louis.*

[15] Au coin de la *Rue des Petits Champs* (auj. rue Croix-des-Petits-Champs) et de la *R. St Honoré.*
[16] A l'angle de la *R. St Martin* et de la *R. Greneta.*
[17] Commence *Rue St Paul,* et finit *R. du Fauconier.* — Auj. rue de l'Ave-Maria.
[18] Hôtel situé *R. Neuve des Petits Champs,* et qui devint hôtel Colbert.
[19] Auj. rue de Picardie.
[20] On écrit auj. *rue de Beauce.*
[21] L'hôtel de Bellièvre, situé à l'angle de la *R. des Bourdonnois* et de la *Rue de Bétisy.* — Voy. Jaillot, quartier Sainte-Opportune, p. 14.
[22] C'est la suite du *Fauxbourg du Temple.*
[23] Auj. réunie à la rue Charlot.
[24] C'est une impasse qui ouvre à gauche de la *Rue Beaubourg,* un peu plus haut que la *R. aux Truyes* située du côté opposé, et qui est devenue l'impasse Berthauld.
[25] A l'extrémité du Jardin des Tuileries, près du *Cul de Sac* (auj. rue Saint-Florentin).

Bœuf (R. du) [1].
Bons Enfans (Col. des) [2].
Bons Enfans (Rue des) [3].
Bons Enfans (R. des) [4].
Bordier (M.) [5].
Boucherie [6].
Boucherie [7].
Boucherie [8].
Boucherie [9].
Boucherie [10].
Boucherie [11].
Boucherie [12].
Boucherie de Beauvais [13].
Boucherie (R. de la) [14].
Boucot (M.) [15].
Bouillon (H. de) [16].
Boulevart de la Porte St Antoine [17].

Bouloy (R. du).
Bourbon (R. de) [18].
Bourdeaux (M. de) [19].
Bourdonnois (R. des).
Bourgogne (Hostel de) [20].
Bourgoigne (R. de) [21].
Bourlabbé (R.).
Bourtibourg (R.).
Bout du monde (R. du) [22].
Brac (R. de) [23].
Braserie (Cul de sac de la) [24].
Bretagne (R. de) [25].
Brisemiche (R.).
Bureau [26].
Bureau des Aydes [27].
Bur. des Drappiers [28].
Bureau de l'Escritoire [29].

---

[1] Ce n'est qu'une impasse ouverte sur la *R. S. Mederic*. Dès le siècle dernier, elle était fermée par une grille.

[2] Dans la *R. des Bons Enfans* Saint-Honoré.

[3] Saint-Honoré. — Voy. *Neuve*.

[4] Auj. rue Portefoin.

[5] Hôtel situé à droite de la *Rue du Parc Royal*.

[6] La grande boucherie, située au *Grand Chastelet*.

[7] Dans l'ancien *Cimetière St Iean*.

[8] A l'angle du *Fauxbourg St Martin* et de la *R. Neuve d'Orléans* (auj. rue Sainte-Apolline).

[9] A l'angle de la *R. Montmartre* et de la *R. des Fossez* (auj. rue d'Aboukir).

[10] A l'extrémité de la *R. de Bourbon* (auj. rue d'Aboukir).

[11] La boucherie dite des Quinze-Vingts, à gauche de la *R. Neuve St Honoré*.

[12] A gauche de la *R. St Martin*, au milieu de l'espace compris entre la *R. Ognart* et la *Rue des Lombards*.

[13] Long bâtiment parallèle à la *R. de la Chaussetterie* (rue Saint-Honoré) et dont l'entrée est *R. de la Tonnellerie*.

[14] Commence *R. Neuve St Honoré*, et finit *R. de Richelieu*. — Devenue rue des Boucheries-Saint-Honoré, puis supprimée.

[15] Hôtel situé à gauche de la *R. de la Coustellerie*.

[16] Hôtel situé *R. Neuve des Petits Champs*.

[17] C'est le bastion situé au nord de la *Por. S. Anthoine* et qui aboutit à la *R. Iean Beausire*.

[18] Devenue rue de Bourbon-Villeneuve, et auj. rue d'Aboukir. — Voy. *Petit Bourbon*.

[19] Hôtel situé entre la *R. des Francs Bourgeois* et la *Rue Barbette*.

[20] Situé entre la *R. Mauconseil* et la *R. Françoise*.

[21] Auj. réunie à la rue de Bretagne.

[22] Devenue rue du Cadran.

[23] Rue de Braque.

[24] Le cul-de-sac de la Brasserie, ouvrant à droite de la *R. Traverssière* (auj. rue de la Fontaine-Molière).

[25] Commence *Vielle Rue du Temple*, et finit *Rue de Xaintonge*.

[26] A droite de la *Porte St Honoré*.

[27] *R. des Barres*, derrière St Gervais.

[28] A l'angle de la *R. de la Limace* et de la *R. des Deschargeurs*.

[29] Dans la *R. des Assis* (des Arcis), entre la *R. des Escrivons* (rue des Écrivains) et la *Rue des Lombards*.

PLAN DE J. GOMBOUST.

Bur. des Gabelles [1].
Bureau des Merciers Toalliers [2].
Butte (la) [3].
Capucins [4].
Capucins (les) [5].
Capucines (Les) [6].
Caresme prenant (Rue de).
Carmélites [7].
Carnavalet (Host. de) [8].
Caumartin (M. de) [9].
Célestins (les).
Censée (R.) [10].
Cérisay (Rue).
Champfleury (R.).
Chantiers de Boys flotté [11].
Chantiers de Boys flotté [12].
Chantiers de Boys flotté à brusler [13].

Chantre (R. du).
Chanverrerie (R. de la).
Chappelle [14].
Chapelle d'Orgemont [15].
Chapelle aux Orphèvres [16].
Chapelle de la Reine [17].
Chappon (R.).
Charenton (Rue de).
Chasteauneuf (Mr. de) [18].
Chastelet (Grand).
Chat blanc (R. du) [19].
Chaulme (R. du) [20].
Chaulnes (H. de) [21].
Chaussée [22].
Chaussée [23].
Chaussetterie (R. de la) [24].
Chavigny (Host. de) [25].

---

[1] A droite de la *R. Barre du Bec*.

[2] A droite de la *R. Quinquenpoix*, entre la *R. Aubry le Boucher* et la *R. de Venise*.

[3] La butte des Moulins, surmontée de deux moulins à vent, qui ont donné leur nom à la rue voisine.

[4] Couvent situé entre la *R. des Quatre Fils*, la *R. d'Orléans* et la *R. du Perche*.

[5] A gauche de la *R. Neuve St Honoré*.

[6] A droite de la *R. Neuve St Honoré*.

[7] A l'angle de la *R. Chappon* et de la *R. Trousse Nonain*.

[8] Entre la *R. de la Cousture Ste Catherine*, la *R. Neuve Ste Catherine* et la *R. Payenne*.

[9] Hôtel situé *Rue St Louys* (auj. rue de Turenne), presqu'au coin de la *R. Neuve Ste Catherine*.

[10] Ce n'est qu'une impasse, qui porta plus tard le nom de cul-de-sac de Fourcy.

[11] A gauche de la Bastille, hors de l'enceinte de Paris.

[12] Sur l'emplacement du quai de la Rapée actuel.

[13] A droite de la Bastille, hors de l'enceinte de Paris.

[14] A gauche de la *Rue du Petit Bourbon*.

[15] Dans le *Cimetière St Innocent*.

[16] Dans la *R. des deux Portes*, devenue rue des Orfèvres.

[17] A l'angle de la *R. Coquillière* et de la *R. de Grenelle*. — C'était une dépendance de l'*Hostel de Soissons*.

[18] Hôtel situé *R. Plastrière* (auj. rue Jean-Jacques-Rousseau); il s'étend jusqu'à la *R. du Four*.

[19] Ce n'est qu'une impasse qui ouvre à droite de la *R. St Iaques de la Boucherie*.

[20] Rue du Chaume.

[21] Hôtel situé entre la *R. des Esgoutz* et la *Place Royalle*.

[22] Du *Fauxbourg St Denis* au couvent de *St Lazare*.

[23] De la *P. de la Poissonnerie* à la *Nouvelle France*. — C'est auj. le commencement du faubourg Poissonnière.

[24] Commence *R. des Deschargeurs*, et finit *R. Tirechappe*. — Elle est depuis longtemps réunie à la rue Saint-Honoré.

[25] Hôtel situé entre la *R. des Ballets* et la *R. de la Cousture Ste Catherine*. Il devint l'hôtel, puis la prison de la Force.

148   PLAN DE J. GOMBOUST.

Ch[ler] du Guet (du) [1].
Chevreuse (Hostel de) [2].
Choisy (M. de) [3].
Cimetière [4].
Cimetière St Innocent (Grand) [5].
Cimetière St Iean [6].
Cimetier St Nicolas [7].
Cimetière Verd [8].
Cinq Diamants (R. des).
Clervaux (R. de) [9].
Cléry (R. de).
Clèves (H. de) [10].
Cloche perce (R.).
Cloistre de St Germain de Lauxerrois.
Cloistre St Jean.
Cloistre S. Médéric [11].
Cloistre St Oportune.
Cocq (R. du) [12].
Cocq (R. du) [13].

Comédiens du Marais [14].
Conception (Religieuses de la) [15].
Conroyerie (R. de la) [16].
Consuls (les) [17].
Coquerel (R.) [18].
Coquéron (R.).
Coquilière (R.).
Coquilles (R. des).
Corderie (Cul de Sac de la) [19].
Corderie (Rue de la) [20].
Cordonnerie (R. de la).
Corps de Garde [21].
Cossonnerie (R. de la).
C. de Miracle [22].
Court des Miracles [23].
Cour des morts (R. de la) [24].
Cour du Roy François [25].
Cour Ste Catherine [26].
Courderi [27].

---

[1] Le mot *rue* a été oublié. — Voy. *Place.*

[2] Entre la *R. St Thomas du Louvre* et la *R. S. Nicaise.* — Voy. Jaillot, quartier du Palais-Royal, p. 85.

[3] L'hôtel de Choisy, à l'angle de la *Rue des Poulies* et de la *Rue du Petit Bourbon.*

[4] Entre les jardins de l'*Hostel de Rambouillet* et ceux de l'*Hostel de Chevreuse.*

[5] Voy. *Chapelle.*

[6] Voy. *Marché.*

[7] A l'angle de la *R. Chappon* et de la *R. Trousse Nonain.*

[8] Dans la *R. de la Verrerie.*

[9] Ce n'était déjà qu'une impasse ouvrant à droite de la *R. S. Martin.* Elle a conservé jusqu'à aujourd'hui sa forme et son nom.

[10] Hôtel situé à gauche de la *R. du Louvre.* — Voy. Jaillot, quartier du Louvre, p. 40.

[11] Cloître Saint-Merri.

[12] Commence *R. de la Tisseranderie,* et finit *R. de la Verrerie.* — Auj. rue du Coq-Saint-Jean.

[13] Commence *R. de Beauvais,* et finit *R. St Honoré.* — C'est auj. la rue de Marengo.

[14] A droite de la *Vieille Rue du Temple,* entre la *R. de la Perle* et la *R. des Coustures St Gervais.* — Cette mention ne figure sur aucun plan antérieur.

[15] A droite de la *R. Neuve St Honoré.*

[16] Devenue rue de la Corroierie, et depuis 1855 rue de Venise.

[17] Dans la *R. de la Verrerie,* au chevet de l'église Saint-Merri.

[18] Impasse situé *R. des Iuifs,* en face de la *R. des Rosiers.*

[19] Auj. rue Thévenot.

[20] Auj. réunie à la rue de Bretagne.

[21] Dans la *R. St Honoré,* devant le *Palais Royal.*

[22] A gauche de la *R. Neuve St Honoré,* derrière la *Boucherie* des Quinze-Vingts.

[23] Dans la *R. N. St Sauveur,* auj. rue du Nil.

[24] Auj. rue du Maur.

[25] Vaste cour communiquant par une impasse dans la *R. St Denis,* presqu'en face des *Filles-Dieu.*

[26] Longue impasse ouvrant à gauche de la *R. St Denis,* près des *Filles Dieu.*

[27] Cette inscription est placée *R. S[t] Ho-*

PLAN DE J. GOMBOUST. 149

Cour de la Reine (Commencem^t du) [1].
Courtauvilain (Rue).
Courtille (la) [2].
Coustellerie (R. de la).
Cousture Ste Catherine (R. de la) [3].
Coustures St Gervais (R. des).
Crecqui (H. de) [4].
Croissant (R. du).
Croix (R. de la) [5].
Croix blanche (Rue de la).
Croix des petits champs [6].
Croix du Tiroir [7].
Crucifix (R. du) [8].

Cuilier (R. de la) [9].
Cul de Sac [10].
Cul de Sac [11].
Cul de Sac (le) [12].
Deffiat (H.) [13].
Demy Sainct (R. du).
Denison (M.) [14].
Deschargeurs (R. des).
Desdiguières (Hostel) [15].
Des Hameaux (M.) [16].
Deux Boulles (R. des).
Deux Escus (R. des).
Deux Portes (R. des) [17].

---

noré, près de l'entrée du *Palais Royal*, en face de la *Rue Frementeau*. — Il y a ici une erreur du graveur. Gomboust a certainement voulu désigner le cul-de-sac qui conduisait à l'Opéra, et que l'on trouve nommé la Court Orry, la Cour au Ris, la Cour Oris, la Courtavoye, la Cour Savoye, etc.

[1] On lit à côté dans un cartouche : « Ce Coure que la Reine Marie de Médicis fit dresser, planter et fosseyer a de longueur 1540 pas communs, et de largeur 40, un rond au milieu de 100 pas de diamètre, quatre rangées d'Arbres Ormeaux formant trois Allées dont celle du milieu a vingt pas de largeur et tous les Arbres espacez de douze en douze pieds, à chasque bout un portail d'Architecture et les portes de fer en balustres. »

On ne voit que le commencement, le reste se perd dans la bordure du plan. A l'entrée un fossé, une grille et une porte en fer. Le fossé continue sur les côtés. A l'intérieur, une double rangée d'arbres; une large allée au milieu.

[2] A l'extrémité du *Fauxbourg du Temple*.
[3] Devenue rue Culture-Sainte-Catherine.
[4] L'hôtel de Créqui, situé à droite de la *R. du Louvre*.
[5] Auj. comprise dans la rue Volta.
[6] A l'angle de la *R. du Bouloy* et de la *Rue des Petits Champs* (auj. rue Croix-des-Petit-Champs.)

[7] A l'angle de la *R. St Honoré* et de la *R. de l'Arbre Sec*. — D'abord placée au milieu de la *R. St Honoré*, elle avait été transportée en cet endroit en 1636.

[8] Commence *R. des Escrivons* (rue des Écrivains), et finit *R. St Iaques de la Boucherie*.

[9] Ce n'est qu'un cul-de-sac qui ouvre sur la *R. Montorgueil*, et qui devint l'impasse de la Bouteille.

[10] Près de la *Porte St Honoré*. C'est auj. la rue Saint-Florentin.

[11] Sans doute le cul-de-sac de la Corderie, auj. impasse Gomboust. Il ouvre ici à gauche de la *R. de Gaillon*.

[12] Le cul-de-sac Saint-Thomas-du-Louvre. Mais Gomboust donne ici, par erreur, ce nom à la rue Matignon.

[13] A droite de la *Vieille Rue du Temple*. — Cet hôtel, bâti pour Antoine Coiffier de Ruzé, marquis d'Effiat et maréchal de France, devint plus tard hôtel Le Pelletier.

[14] Hôtel situé *R. de la Verrerie*.

[15] *Rue Cerisay*. Les jardins s'étendent jusqu'à la *R. Sainct Antoine*. — C'est l'ancien hôtel Zamet: acheté par François de Bonne, duc de Lesdiguières, il passa plus tard dans la maison de Villeroi.

[16] Hôtel situé entre la *R. des Esgoutz* et la *Place Royalle*.

[17] Commence *R. St Martin*, et finit *R. St Denis*. — Devenue rue Neuve-Saint-Denis, et auj. rue Blondel.

Deux Portes (R. des) [1].
Deux Portes (R. des) [2].
Deux Portes (R. des) [3].
Douanne (la) [4].
Douze Portes (R. des) [5].
Doyenné (R. du).
Du Hallier (H.) [6].
Enfans Rouges (les).
Epernon (Host. d') [7].
Eschaudé (l') [8].
Eschelle du Temple (l') [9].
Escouffes (R. des).
Escrivons (R. des) [10].
Escurie de l'hostel d'Espernon [11].
Escurie de la Reine [12].
Escurie du Roy (la grande) [13].
Escuries [14].
Esgoust [15].
Esgoust [16].
Esgoust [17].
Esgoust [18].
Esgoust [19].
Esgoust [20].
Esgoust [21].
Esgoust du Marais [22].
Esgouts (R. des) [23].
Esgoustz (R. des) [24].
Estrée (Host. d') [25].
Evesque (Rue l').
Fauconier (R. du).
Fauxbourg de Montmartre.
Fauxbourg St Antoine.
Fauxbourg St Denis.
Fauxbourg St Honoré.
Fauxbourg St Martin.
Fauxbourg du Temple.

---

[1] Saint-Sauveur.

[2] Commence *R. de la Tisseranderie,* et finit *R. de la Verrerie.*

[3] Commence *Rue Sainct Germain de l'Auxerrois,* et finit *Rue Iean l'Entier.* — Devenue rue des Orfèvres.

[4] A gauche de la *R. des Bourdonnois,* dans l'ancien hôtel de La Trémoille.

[5] Commence *R. St Pierre* (devenue rue Neuve-Saint-Pierre), et finit *Rue St Louys* (auj. rue de Turenne).

[6] Hôtel situé à droite de la *Rue des Bons Enfans.*

[7] Il occupe tout le côté gauche de la *R. de Verdelet.* — Voy. *Escurie,* et Sauval, t. II, p. 123.

[8] Devenue rue Saint-Louis-du-Louvre, puis supprimée.

[9] A l'extrémité de la *R. des Vieilles Audriettes.*

[10] Rue des Écrivains.

[11] Elle occupe tout le côté gauche de la *R. Pagevin.* — Voy. *Épernon.*

[12] A gauche de la *R. Matignon.*

[13] A gauche du *Parterre de Mademoiselle* (auj. place du Carrousel), sur l'emplacement de la rue de Rivoli actuelle.

[14] Écuries de l'hôtel de Guénégaud, situées à l'angle de la *Rue Pavée* et de la *R. des Francs Bourgeois.*

[15] Le grand égout extérieur de la rive droite.

[16] *R. Montmartre,* entre la *R. du Bout du Monde* et la *R. des Vieux Augustins.*

[17] A l'angle de la *R. Montmartre* et de la *R. du Bout du Monde.*

[18] De la *R. Neuve d'Orléans* (devenue rue Sainte-Apolline) au grand égout.

[19] De la *R. des Esgouts* à la *R. des deux Portes* (auj. rue Blondel).

[20] Dans la *Vieille Rue du Temple,* entre la *R. des Coustures St Gervais* et la *R. de la Perle.*

[21] *Rue du Parc Royal,* près la *Rue St Louys* (auj. rue de Turenne).

[22] Commence aux *Filles du Calvaire.*

[23] Saint-Martin.

[24] Commence *R. St Anthoine,* et finit *R. Neuve Ste Catherine.*

[25] Hôtel situé à l'angle de la *R. des trois Pavillons* et de la *Rue Barbette.*

Ferronnerie (R. de la).
Fers (R. aux) [1].
Feuillans (Les) [2].
Figuier (R. du) [3].
Figuier (R. du) [4].
Filles de l'Anonciade ou Bleues (les) [5].
Filles de l'Avé Maria [6].
Filles du Calvaire (les).
Filles Dieu (les).
Filles Dieu (R. des).
Filles Pénitentes [7].
Filles de St Thomas.
Filles S. Elisabet [8].
Filles Ste Marie [9].
Foin (R. du) [10].
Fontaine [11].

Fontaine [12].
Fontaine [13].
Fontaine [14].
Fontaine [15].
Fontaine [16].
Fontaine [17].
Fontaine [18].
Fontaine [19].
Fontaine [20].
Fontaine [21].
Fontaine [22].
Fontaine [23].
Fontaine [24].
Fontaine [25].
Fontaine [26].
Font. [27].

---

[1] Auj. partie de la rue Berger.
[2] A gauche de la *R. Neuve St Honoré*.
[3] Commence *Rue de la Mortellerie*, et finit *R. des Prestres*.
[4] Ce n'est ici qu'une impasse ouvrant sur la *R. des Ieusneurs*. — C'est auj. la rue Saint-Fiacre.
[5] *R. de la Cousture Ste Catherine* et *R. Payenne*.
[6] Dans la *R. du Fauconier*.
[7] Dans la *R. S. Denis*.
[8] A gauche de la *R. du Temple*.
[9] *Rue Sainct Antoine*. C'est auj. un temple protestant.
[10] Commence *Rue des Tournelles*, et finit *Rue St Louys*.
[11] A l'angle de *l'Eschaudé* (rue Saint-Louis-du-Louvre) et d'une rue non nommée qui est la rue de l'Échelle.
[12] Sur la place de *Grève*, en face et un peu à gauche de *l'Hostel de Ville*.
[13] A l'angle de la *R. de l'Arbre Sec* et de la *R. St Honoré*, à la *Croix du Tiroir*.
[14] A l'angle de la *R. S. Lazare* (auj. rue du Faubourg-Saint-Denis) et de la *Ruette St Laurens* (auj. rue Saint-Laurent).
[15] A l'angle de la *R. S. Denis* et de la *R. aux Fers* (auj. rue Berger). — C'est la fontaine des Innocents, qui fut, en 1785, transportée dans le marché de ce nom.
[16] Dans la *Rue Sainct Laurens*, près du couvent des *Recollects*.
[17] Aux *Halles*, près du *Pilory*.
[18] A la *Porte Bodoyer*.
[19] Au coin de la *R. St Martin* et de la *R. Maubué*.
[20] A droite de la *R. Salle au Comte*, presqu'au coin de la *R. aux Ours*. — C'est la fontaine dite de Marle.
[21] Au coin de la *R. des Vieilles Audriettes* et de la *R. du Grand Chantier*.
[22] A gauche de la *R. St Martin*, presqu'au milieu de l'espace compris entre la *R. de Venise* et la *R. aux Ours*.
[23] A droite de la *Rue Barre du Bec*, un peu avant la *R. de la Verrerie*.
[24] *Rue St Anthoine*, en face de la *R. de la Cousture Ste Catherine*. — C'était la fontaine dite de Birague.
[25] A l'angle de la *R. de Paradis* et de la *R. du Chaulme*.
[26] Au coin de la *R. Neuve des bons Enfans* et de la *R. Neuve des Petits Champs*.
[27] Sur la petite place située à l'extrémité de la *Rue Sainct Germain de l'Auxerrois* et de la *R. Pier. au poisson*.

152 PLAN DE J. GOMBOUST.

Font. du Pontieu [1].
Fontaine de la Reyne [2].
Fontaines (R. des).
Fontenay Mareuil (H. de) [3].
For l'Evesque.
Fosse aux chiens (R. de la) [4].
Fossez (R. des) [5].
Fossez Germain (R. des) [6].
Fouquet, procureur g^{nal} (M.) [7].
Four (R. du) [8].
Françoise (R.) [9].
Françoise (rue) [10].
Francs Bourgeois (R. des) [11].
Frementeau (Rue).
Frépilon (R.) [12].
Fripperie (R. de la gran.).
Fripperie (Petite).
Fromagerie (R. de la).
Fuzeau (R. des).
Gaillard boys (R. du) [13].

Gaillon (R. de).
Galerie (Petite) [14].
Galeries (lanterne des) [15].
Garenne (la) [16].
Geoffroy l'Angevin (R.).
Georgeot (clos) [17].
Gervais (M.) [18].
Gervais ou des Morins (R.) [19].
Gèvres (Rue de).
Girard (M.) [20].
Grand Chantier (R. du).
Grand Conseil [21].
Grand Pleurs (R.) [22].
Graviliers (R. des).
Grenelle (R. de) [23].
Greneta (R.).
Grenier St Lazare (R.).
Grenier sur l'eau (R.).
Greniers à Sel [24].
Grève (la) [25].

---

[1] A l'angle de la *R. St Denis* et de la *R. des Esgouts*.

[2] A l'angle de la *R. Greneta* et de la *R. St Denis*.

[3] Hôtel situé *R. Coquéron*.

[4] C'était seulement un cul-de-sac donnant sur la rue des Bourdonnais. Tous les anciens plans l'indiquent, mais celui de Gomboust est le premier qui le nomme.

[5] Rue des Fossés-Montmartre, auj. comprise dans la rue d'Aboukir.

[6] Rue des Fossés-Saint-Germain-l'Auxerrois.

[7] Hôtel situé à l'angle de la *R. du Temple* et de la *Rue Courtauvilain*.

[8] Commence *R. St Honoré*, et finit *R. Montmartre*. Elle englobe donc ici la rue du Jour, qui commençait à la rue Coquillière; mais peut-être est-ce là seulement une erreur du graveur.

[9] Commence *R. Pavée Saint-Sauveur*, et finit *R. Mauconseil*.

[10] Voy. *Roy doré (R. du)*.

[11] Au Marais.

[12] Rue Frépillon, auj. comprise dans la rue Volta.

[13] Auj. rue du Vert-Bois.

[14] Du *Louvre*.

[15] Voy. *Louvre (Galerie du)*.

[16] A l'extrémité du Jardin des Tuileries.

[17] Auj. rue du Clos-Georgeot.

[18] Hôtel situé à gauche de la *R. de la Ferronnèrie*.

[19] Commence *R. des Coustures St Gervais*, et finit *R. St François*.

[20] Hôtel situé à droite de la *R. de la Monoye*.

[21] Dans la *R. du Petit Bourbon*, en face de Saint-Germain-l'Auxerrois.

[22] C'est le cul-de-sac de l'Empereur, devenue impasse Mauconseil, à gauche de la *R. St Denis*. — Deux autres plans, celui de Berey et celui de Bullet (édition de 1676), lui donnent ce nom de *Rue Grand Pleurs*.

[23] Commence *R. St Honoré*, et finit *R. Coquilière*.

[24] Dans la *Rue Sainct Germain de l'Auxerrois*. — Voy. Jaillot, qu^r Ste-Opportune, p. 25.

[25] Voy. *Quay*.

PLAN DE J. GOMBOUST.

Guénégaud (M. de) [1].
Guénégaud (M. de) [2].
Guérinboisseau (R.).
Guichet (le) [3].
Guise (Hostel de) [4].
Guy d'Auxerre (R.) [5].
Halle au Bled (la) [6].
Halle aux Draps et aux Toiles [7].
Halles (Pilliers des) [8].
Harangerie [9].
Haudriettes (les) [10].
Heaumerie (R. de la).
Hémery (Mr d') [11].
Hervalt (M. d') [12].
Homme armé (R. de l').
Hosp. de la Charité des Femmes [13].
Hospital S. Gervais.
Hospital St Louis [14].
Hostel de Ville (l').
Iacobins (les PP.) [15].
Ianin (M.) [16].

Iardin des Harquebusiers [17].
Iardins (Rue des) [18].
Iean Beausire (R.).
Iean de Beausse (R.).
Iean l'Entier (R.) [19].
Iean de l'Espine (R.).
Iean pain molet (R.).
Iean St Denis (R.).
Iean Tison (R.).
Iésuistes St Louis (les) [20].
Ieusneurs (R. des).
Ioquelet (R.).
Iouy (R. de) [21].
Iuifs (R. des).
Iussienne (R. de la).
La Bazinière (Mr de) [22].
La Force (H. de) [23].
Lanterne (R. de la) [24].
Lapinière [25].
La Rocheguion (H. de) [26].
Lavandières (Rue des).

---

[1] Hôtel situé à droite de la *Rue St Louys* (auj. rue de Turenne).

[2] Hôtel situé à l'angle de la *R. des Francs Bourgeois* et de la *Rue Pavée*.

[3] Le guichet du Louvre, sur le quai, au commencement de la *R. Frementeau*.

[4] Dans la *R. du Chaulme*.

[5] Cul-de-sac longeant *la Monnoye* et ouvrant à gauche de la *R. de la Monoye*. — C'est l'ancienne rue Gilbert-Langlois.

[6] Entre les rues *de la Fromagerie, de la Tonnellerie* et *de la Cordonnerie*.

[7] Long bâtiment qui s'étend de la *R. de la Lingerie* à la *R. de la Tonnellerie*.

[8] Cette inscription figure sur l'emplacement de deux rues ici non nommées, et qui étaient la rue des Potiers-d'Étain et la rue Pirouette. — Voy. *Marché* et *Tonnellerie* (*R. de la*).

[9] Aux *Halles*, près du *Pilory*.

[10] A gauche de la *Rue de la Mortellerie*.

[11] Hôtel situé *R. Neuve des Petits Champs*.

[12] Hôtel situé *Rue des Vieux Augustins*.

[13] A l'angle de la *R. des Tournelles* et de la *R. St Louys*. — Il est plus connu sous le nom de la Charité-Notre-Dame.

[14] Voy. *St Louis*

[15] A droite de la *R. Neuve St Honoré*.

[16] Hôtel Janin ou Jamin, situé *Quay St Paul*, entre la *R. du Petit Musc* et la *Rue St Paul*.

[17] A l'extrémité de la *Rue des Tournelles*.

[18] Saint-Paul.

[19] On écrit auj. rue Jean-Lantier.

[20] La maison professe des Jésuites, auj. église Saint-Paul et lycée Charlemagne.

[21] Commence *R. des Iardins*, et finit *R. St Anthoine*. — Sur tous les plans antérieurs, elle commençait à la rue Saint-Paul.

[22] Hôtel situé à gauche de la *Rue des Petits Champs* (auj. rue Croix-des-Petits-Champs).

[23] Hôtel situé à droite de la *R. du Louvre*.

[24] Commence *R. St Bon*, et finit *R. des Assis*.

[25] Derrière le couvent de *St Lazare*.

[26] Hôtel de La Roche-Guyon, dans la *Rue des bons Enfans*.

154   PLAN DE J. GOMBOUST.

La Vieville (H. de) [1].
La Vrillière (H. de) [2].
Le Fèvre (M[r]) [3].
Le Tellier (M[r]) [4].
Le Vasseur (M.) [5].
Le Vieulx (M.) [6].
L'Hospital (Host. de) [7].
Limace (R. de la).
Limoges (R. de) [8].
Lingerie (R. de la).
Lombards (Rue des).
Long Pont (R.).
Longueuil (M. de) [9].
Longueville (H. de) [10].

Lorraine (Host. de) [11].
Lostang (Hostel de) [12].
Louvre (le).
Louvre (Galerie du) [13].
Louvre (R. du).
Lude (H. du) [14].
Lune (Rue de la).
Lyons (Rue des) [15].
Macque (La) [16].
Mademoiselle (Logement de) [17].
Mademoiselle (Parterre de) [18].
Magdelonnettes (Les) [19].
Mail (le) [20].
Mail (R. du).

---

[1] L'hôtel de La Vieuville, situé entre le *Quay St Paul*, la *Rue St Paul* et la *Rue des Lyons*.

[2] Hôtel situé entre la *Rue des bons Enfans*, la *R. Neuve des Petits Champs* et la *R. Neuve des bons Enfans*. — Auj. compris dans la Banque de France.

[3] Hôtel situé à droite de la *Rue l'Asnier* (auj. rue Geoffroy-Lasnier).

[4] Hôtel situé *R. Plastrière* (auj. rue Jean-Jacques-Rousseau).

[5] Hôtel situé à l'angle de la *Rue St Claude* et de la *Rue St Louys* (aujourd'hui rue de Turenne).

[6] Hôtel situé à droite de la *R. Tirechappe*.

[7] A droite de la *Rue du petit Reposoir*.

[8] Auj. comprise dans la rue Debelleyme.

[9] Hôtel situé à droite de la *R. de Bétisy*.

[10] Hôtel situé à gauche de la *Rue des Poulies*.

[11] Hôtel situé entre la *Rue du Roy de Cicille* et la *R. Pavée*.

[12] L'hôtel de Rostang, à l'angle de la *R. du Cocq* et de la *R. de Beauvais*.

[13] On trouve sur la première feuille de droite de notre plan un grand cartouche représentant la *Galerie du Louvre*, et dont la légende est ainsi conçue :
A. Iardin des Thuilleries.
B. Gros Pavillon des Thuilleries.
C. Porte Neuve et Host. du grand Prévost.
D. Tour de la Porte Neuve.
E. Lanterne des Galeries.
F. Clocher S. Thomas.
G. Balcon.
H. Le Guichet.
I. Salle des Antiques.
K. Petite Galerie.
L. Le Louvre.
M. PP. de l'Oratoire.
N. Petit Bourbon.
O. S. Germain.
P. Port de l'Escolle.
Q. La Samaritaine.

[14] Hôtel situé à droite de la *R. du Bouloy*.

[15] Rue des Lions Saint-Paul.

[16] A l'angle de la *R. de la Tisseranderie* et de la *R. des Coquilles*. — Sur cet hôtel, voy. Jaillot, quartier de la Grève, p. 52.

[17] Auj. palais des Tuileries, mais la partie sud est seule terminée ici. — Louise d'Orléans, duchesse de Montpensier, dite la grande Mademoiselle, habita ce palais jusqu'en 1652, où elle reçut l'ordre d' « en déloger » au plus vite.

[18] Auj. la cour du Carrousel.

[19] A gauche de la *R. des Fontaines*.

[20] Entre la Seine et *l'Arcenal*. — Trois rangées de grands arbres dans toute la longueur ; aucun personnage.

PLAN DE J. GOMBOUST.

Maine (Host. du) [1].
Maire (R. au).
Manège [2].
Marché (le) [3].
Marché (Petit) [4].
Marché au Chanvre [5].
Marché au cimetière St Iean.
Marché aux Chevaux des Samedys [6].
Marché aux Cuirs [7].
Marché aux Poirées [8].
Marche (Rue de la) [9].
Marée [10].
Marests (Rue des) [11].
Marivaux (Rue) [12].
Matignon (R.) [13].
Mativaux (Rue) [14].
Maubué (R.).

Mauconseil (R.).
Mauroy (Mr de) [15].
Mauvais Garçons (R. des) [16].
Mauvaises paroles (R. des).
Mazarin (Palais) [17].
Mélusine (Hostel de) [18].
Menestriers (R. des).
Mercy (la) [19].
Mesme (M. de) [20].
Mesnil (Chemin du) [21].
Michel le Comte (R.).
Minimes (les).
Monceau St Gervais (R. du).
Moncheny (M. de) [22].
Mondétour (R. de).
Monnoye au Moulin (la) [23].
Monoye (R. de) [24].

---

[1] A l'angle de la *Rue Sainct Antoine* et de la *Rue du Petit Musc*.

[2] Au nord des *Thuilleries,* sur l'emplacement de la rue de Rivoli actuelle.

[3] Entre les rues *de Bourgoigne* (auj. rue de Bretagne), *de Berry* (auj. rue Charlot), *d'Anjou* et *de Beausse*.

[4] Ouvert d'un côté sur la *R. St Martin*, de l'autre sur la *R. Greneta*.

[5] Tenant à *la Halle au Bled,* sur la *R. de la Tonnellerie*.

[6] Entre la *R. de Gaillon,* le *cul de sac* de la Corderie et les boulevards actuels.

[7] Entre la *Halle aux Draps* et la *Boucherie de Beauvais*.

[8] Aux *Halles,* entre la *R. aux Fers* (auj. rue Berger) et la *R. de la Cossonnerie*.

[9] Auj. comprise dans la rue de Saintonge.

[10] Aux *Halles*, près de l'*Harangerie*.

[11] Du faubourg du Temple au faubourg Saint-Martin.

[12] Commence *R. des Escrivens* (rue des Écrivains) et finit *Rue des Lombards*. — Voy. *Mativaux* et *Petite*.

[13] Gomboust nomme ainsi par erreur le cul-de-sac Saint-Thomas-du-Louvre, et réciproquement.

[14] Commence au *Port au Bled* sur le *Quay de la Grève,* et finit *R. de la Mortellerie*. — Jaillot (quartier de la Grève, p. 5) a lu sur notre plan « rue Malivaux ». Elle fut plus tard comprise dans la rue des Barres.

[15] Hôtel situé à droite de la *R. Neuve St Honoré*.

[16] Commence *R. de la Tisseranderie,* et finit *R. de la Verrerie*.

[17] A droite de la *Rue de Richelieu*.

[18] A gauche de la *Rue des bons Enfans,* derrière le Palais-Royal. — Habité plus tard par le cardinal Dubois, il devint successivement hôtel de Lusignan, hôtel de la Chancellerie d'Orléans, hôtel d'Argenson, etc., etc.

[19] A l'angle de la *R. de Brac* (rue de Braque) et la *R. du Chaulme*.

[20] A gauche de la *Rue Ste Avoye*. — Devenu hôtel de Beauvilliers ou de Saint-Aignan.

[21] Le chemin de Ménilmontant, dans le *Fauxbourg du Temple*.

[22] Hôtel de Moncheny ou de Monchenay, situé à gauche de la *R. d'Orléans,* au Marais.

[23] A gauche de la *Rue des Orties* du Louvre. — Voy. Sauval, t. II, p. 42.

[24] Rue de la Monnaie. — Voy. *Vieille*.

Monnoye du Roy (la) [1].
Montmartre (R.) [2].
Montmor (M. de) [3].
Montmorency (Host. de) [4].
Montmorency (R.).
Montorgueil (R.) [5].
Morier (R. du) [6].
Morins (Rue des) [7].
Mortellerie (Rue de la).
Moulins (Rue des) [8].
Mouton (R.) [9].
Moyneaux (R. des).
Nativité de Iésus (Religieuses de la) [10].
Neuve des bons Enfans (R.).
Neuve d'Orléans (R.) [11].
Neuve des Petits Champs (R.).
Neufve St Eustache (R.) [12].
Neuve St Gilles (R.).
Neuve St Honoré (Rue) [13].
Neuve S. Laurens (R.) [14].
Neuve S. Martin (R.) [15].
Neufve St Paul (Rue) [16].
N. St Sauveur (R.) [17].
Neuve Ste Catherine (R.).
Nicolat (M.) [18].
Nonaindières (Rue des).
N^{re} Dame d'argent [19].
N. D. de bonnes nouvel. [20].
N^{re} Dame de la Carolle [21].
N. Dame de Nazaret (R.).
N. Dame des Victoires (R.).
Nouvelle France [22].
Nouvelles Convertyes [23].
Novion (M. de) [24].
Noyers (M^r de) [25].

---

[1] Dans la *R. de la Monoye*.
[2] Voy. *Porte*.
[3] Hôtel situé à gauche de la *Rue Ste Avoye*.
[4] Hôtel situé à droite de la *R. Ste Avoye* et devenu hôtel de Mesme.
[5] Commence *R. de la Fromagerie* et finit *R. de Cléry*. Elle englobe donc ici la rue Comtesse d'Artois, qui commençait à la *R. de la Fromagerie* et finissait à la *R. de la Cuilier* (devenue cul-de-sac de la Bouteille).
[6] Auj. rue Moussy.
[7] Voy. *Gervais (R.)*
[8] Elle finit à *la Butte*, que surmontent deux moulins.
[9] Rue du Mouton.
[10] A l'angle de la *R. Payenne* et de la *R. des Francs Bourgeois*.
[11] Auj. rue Sainte-Appoline.
[12] Auj. comprise dans la rue d'Aboukir.
[13] Commence *Rue de Richelieu*, et finit *Porte St Honoré*.
[14] Auj. comprise dans la rue du Vert-Bois.
[15] Auj. réunie à la rue N.-D.-de-Nazareth.
[16] Auj. rue Charles V.
[17] Auj. rue du Nil.
[18] L'hôtel Nicolaï, plus tard hôtel d'Argouges entre la *R. Bourtibourg* et la *R. du Morier* (auj. Moussy).
[19] A l'angle de la *Rue du Roy de Cicille* et de la *R. des Iuifs*. — En 1528, les luthériens ayant décapité pendant la nuit une statue de la Vierge exposée en cet endroit, on la remplaça par une statue d'argent doré. Celle-ci fut volée au mois d'avril 1545.
[20] A l'angle de la *R. Beauregard* et d'une rue non nommée qui est la rue Notre-Dame-de-Bonne-Nouvelle. Le cimetière est en bordure de la *Rue de la Lune*.
[21] A l'angle de la *R. aux Ours* et de la *R. Salle au Comte*. — Statue de la Vierge, devenue célèbre en 1418. A cette époque, un soldat l'ayant frappée d'un coup de couteau, on vit le sang jaillir avec abondance. C'est, du moins, ce que raconte Corrozet.
[22] Nom donné à l'extrémité du faubourg Poissonnière actuel.
[23] A droite de la *Rue Ste Avoye*.
[24] Hôtel situé *R. Piquet*. — Il avait d'abord appartenu à un Sr Jean de la Haie, dit Piquet.
[25] Hôtel des Noyers, situé à gauche de la *R. Neuve St Honoré*.

O (Hostel d') [1].
Ognart (R.).
Orangerie [2].
Oratoire (Pères de l') [3].
Oratoire (PP. de l') [4].
Orléans (R. d') [5].
Orléans (R. d') [6].
Orloge [7].
Orties (Rue des) [8].
Ours (R. aux).
Pagevin (R.) [9].
Palais Royal [10].
Palais Royal (Offices du) [11].
Paradis (R. de) [12].
Parc Royal (Rue du) [13].
Parc Royal (R. du) [14].
Pastourelle (R.).
Pavée (R.) [15].
Pavée (Rue) [16].

Payenne (R.).
Pélican (R. du).
Percée (Rue) [17].
Perche (R. du).
Périgeur (R. de) [18].
Perle (R. de la).
Pernelle (R.).
Pet (R. du) [19].
Pet au Diable [20].
Petit (M^r) [21].
Petit Bourbon.
Petit Bourbon (Rue du) [22].
Petit leu (R. du) [23].
Petit Lyon (R. du) [24].
Petit Musc (Rue du).
Petit Reposoir (Rue du).
Petite Rue Marivaux [25].
Pet. rue Poissonnière [26].
Petite R. St Martin [27].

---

[1] Entre la *Vieille Rue du Temple* et la *R. des Rosiers*. — Il fut vendu, en 1655, aux religieuses de Saint-Anastase, dites filles Saint-Gervais.

[2] A l'extrémité du jardin des Tuileries, du côté de la rue de Rivoli actuelle.

[3] A gauche de la *R. St Honoré*.

[4] Voy. *S. Magloire*.

[5] Commence *R. St Honoré*, et finit *R. des deux Escus*. — Voy. *Neuve*.

[6] Commence *R. des Quatre Fils*, et finit *Rue de Berry*.

[7] Au chevet de l'église St *Eustache*.

[8] Commence *R. St Thomas du Louvre*, et finit *R. St Nicaise*.

[9] Commence *R. Coquéron*, et finit *R. des Vieux Augustins*.

[10] Voy. *Corps de garde* et *Courderi*.

[11] A gauche de la *R. des bons Enfans*.

[12] Au Marais ; auj. réunie à la rue des Francs-Bourgeois.

[13] Commence *Rue St Lorys* (auj. rue de Turenne), et finit *Rue de Tourigny* (rue de Thorigny). — C'est l'ancienne rue des Fusées, ainsi appelé de l'hôtel de ce nom qui en occupait une partie.

[14] Commence à la *Place Royalle*, et finit à une rue non nommée qui est la rue des Minimes.

[15] Rue Pavée-Saint-Sauveur, auj. réunie à la rue du Petit-Lion.

[16] Commence *Rue du Roy de Cicille*, et finit *R. Neuve Ste Catherine*.

[17] Rue Percée-Saint-Paul.

[18] Rue de Périgueux, auj. rue Debelleyme.

[19] Commence *R. St Martin*, et finit *R. Bourlabbé*. — La rue du Pet est devenue la rue du Grand-Hurleur.

[20] Rue du Pet-au-Diable, devenue rue du Tourniquet-Saint-Jean, puis supprimée.

[21] Hôtel situé à gauche de la *R. St Nicaise*.

[22] Commence au *Quay de l'Escolle*, et finit *R. du Louvre*.

[23] Devenue rue du Petit-Hurleur.

[24] Saint-Sauveur.

[25] Commence *Rue Marivaux*, et finit *R. de la Vieille Monnoye*.

[26] Auj. rue Notre-Dame-de-Recouvrance.

[27] Plus souvent nommée rue du Petit-Saint-Martin et souvent confondue avec la rue Grosnière. Voy. Jaillot, quartier des Halles, p. 19 et 30.

Petite R. de la Truanderie [1].
Petits Champs (Rue des) [2].
Petits Champs (R. des) [3].
Petits quarreaux (les) [4].
Piètre (M.) [5].
Pilory (le) [6].
Pincour (Religieuses de) [7].
Pincour (Rue de) [8].
Pincour (Village de).
Piquet (R.) [9].
Pizieux (H. de) [10].
Place aux Chats [11].
Phélippot (R.) [12].
Pierre au Lart (R.).
Pier. au poisson (R.).
Place du Ch[ler] du Guet [13].
Place de l'Escolle [14].
Place Mofis [15].
Place Royalle.
Place aux Veaux [16].

Place aux Veaux [17].
Planche mibret (R. de la).
Plat d'Estain (R. du).
Poictou (Rue de).
Poids du Roy [18].
Poirié (R. du).
Pont aux biche [19].
Pont au Change [20].
Pont des Marais [21].
Port au Bled [22].
Port au Foin [23].
Port S. Nicolas [24].
Port St Paul [25].
Porte Bodoyer.
Porte de la Conférence.
P. Montmartre.
Porte neuve.
Porte neuve (tour de la) [26].
Por. de Paris [27].
Porte aux Peintre (R. de la) [28].

---

[1] Rue de la Petite-Truanderie.
[2] Commence R. St Honoré, et finit R. Neuve des Petits Champs. — C'est auj. la rue Croix-des-Petits-Champs. — Voy. Neuve.
[3] Commence Rue Beaubourg, et finit R. St Martin. — C'est auj. la rue Brantôme.
[4] Entre la R. St Sauveur et la R. de Cléry, dans la R. Montorgueil.
[5] Hôtel situé à l'angle de la R. des Billettes et de la R. de la Verrerie.
[6] Des Halles.
[7] A droite de la Rue de Pincour.
[8] Rue Popincourt.
[9] Impasse allant de la R. des Blancs Manteaux à l'hôtel de M. de Novion. — Devenu impasse de Novion, et auj. passage Pecquay.
[10] Dans la R. d'Orléans. — Devenu hôtel de Harlay, de Verthamont, puis d'Aligre.
[11] A la rencontre des rues de la Lingerie, de la Ferronnerie et de la Chaussetterie.
[12] Auj. rue Réaumur.
[13] Place du Chevalier-du-Guet.
[14] Voy. Quay.

[15] Devenue quai des Ormes.
[16] A l'extrémité du Quay Sainct Paul.
[17] Entre la R. de la Vieille Tannerie et la R. de la Planche mibret.
[18] A droite de la Rue des Lombards, entre la R. des Trois Mores et la R. St Denis.
[19] Pont jeté sur l'égout, à l'intersection des rues N. D. de Nazaret, de la Croix (auj. Volta) et Neuve S. Martin (auj. réunie à la rue Notre-Dame-de-Nazareth).
[20] Cette inscription désigne ici la rue de la Joaillerie.
[21] Pont jeté sur le fossé, à l'extrémité du Fauxbourg de Montmartre.
[22] Sur le Quay de la Grève.
[23] Devant le parterre du Louvre.
[24] A la hauteur de l'église S. Nicolas du Louvre.
[25] Au commencement de la Rue St Paul.
[26] Voy. Louvre (Galerie du).
[27] Au Grand Chastelet.
[28] Cul-de-sac, devenue impasse des Peintres, et ouvrant à droite de la R. St Denis.

P. de la Poissonnerie [1].
Porte de Richelieu [2].
Por. S. Antoine.
Por. S. Denis.
Porte St Honoré.
P. St Martin.
Porte du Temple.
Poterne du Marais [3].
Potterie (R. de la) [4].
Potterie (Rue de la) [5].
Poulies (Rue des).
Prescheurs (R. des).
Prestres (R. des) [6].
Prestres (R. des) [7].
Prévost (Host. du grand) [8].
Prison St Magloire [9].
Prouvelles (R. des) [10].
Puits d'amour [11].
Puits de Rome [12].
Putigneux (R.) [13].
Puy (R. du) [14].

Quatre fils (R. des).
Quay de l'Escolle [15].
Quay de la Grève.
Quay de la Mégisserie.
Quay Sainct Paul.
Quay des Thuilleries.
Quenouilles (Rue des).
Quinquenpoix (R.).
Quinze Vingts (les) [16].
Rambouillet (Hostel de) [17].
Rampart (R. du) [18].
Raquette (la) [19].
Réale (R. de la).
Récoletz (Ruette des) [20].
Récollects (les) [21].
Regard [22].
Regard [23].
Regnard (M[r]) [24].
Regnard (R. du) [25].
Renard (R. du) [26].
Retz (H. de) [27].

---

[1] A l'angle de la R. *Montorgueil* et de la *Rue de la Lune*. — Elle datait de 1645, et est plus souvent nommée porte Sainte-Anne.

[2] A l'extrémité de la *R. de Richelieu*.

[3] Aboutissant près de la *Rue de Poictou*, et précédée d'un petit pont de bois, qui a donné plus tard son nom à la rue du Pont-aux-Choux.

[4] Commence *R. de la Tisseranderie*, et finit *R. de la Verrerie*.

[5] Commence *R. de la Lingerie*, et finit *R. de la Tonnellerie*.

[6] Saint-Germain-l'Auxerrois.

[7] Commence *R. St Paul*, et finit *R. des Iardins*. — Voy. *Iouy (R. de)*.

[8] Voy. *Louvre (Galerie du)*.

[9] Dans la *R. Salle au Comte*.

[10] Rue des Prouvaires.

[11] Dans la *R. de la grande Truanderie*.

[12] A l'angle de la *R. Phélippot* (auj. rue Réaumur) et de la *R. Frépilon* (auj. rue Volta.)

[13] C'était un cul-de-sac qui ouvrait dans la rue Geoffroy-Lasnier.

[14] Rue du Puits, au Marais; mais ce nom est donné ici par erreur à la rue des Singes.

[15] Voy. *Place*.

[16] A gauche de la *R. St Honoré*.

[17] A gauche de la *R. St Thomas du Louvre*.

[18] Commence *Rue Neuve St Honoré*, et finit *Rue de Richelieu*.

[19] Auj. rue de la Roquette.

[20] Auj. rue des Récollets.

[21] Auj. hospice des Incurables (hommes).

[22] Au commencement de la *Vieille Rue du Temple*.

[23] A gauche de la *Vieille Rue du Temple*, en face de l'*Hostel d'O*.

[24] Cabaret célèbre, situé à l'extrémité des Tuileries, près de la *Porte de la Conférence*.

[25] Rue du Renard-Saint-Merri.

[26] Saint-Sauveur.

[27] Hôtel situé *R. d'Orléans*, au Marais, et devenu hôtel de Sourdis, puis de Cambis.

Richelieu (Hostel de) [1].
Richelieu (Rue de) [2].
Rohan (H. de) [3].
Rome [4].
Rosiers (R. des) [5].
Roy de Cicille (Rue du).
Roy Doré ou Françoise (R. du) [6].
Royalle (Rue) [7].
Royaumeri (Host. de) [8].
St Anastaze (R.).
St Anthoine (Petit) [9].
Sainct Antoine (Rue) [10].
St Bon.
St Bon (R.).
S. Chamond (Hostel) [11].

St Clair [12].
St Claude [13].
St Claude (Rue) [14].
St Denis (Host.) [15].
St Denis (R.) [16].
St Eloy [17].
St Esprit.
St Esprit, demeure de l'Autheur (Host. du) [18].
S. Estienne (R.) [19].
St Eustache [20].
St Ferron (Hostel) [21].
St Fies (R.) [22].
St François (R.) [23].
St Geran (H.) [24].

---

[1] A droite de la *Rue de Richelieu*, et à peu près sur l'emplacement actuel du Théâtre-Français.

[2] Commence *Rue Neuve St Honoré*, et finit *Porte de Richelieu*.

[3] Hôtel situé à l'angle sud-est de la *Place Royalle*.

[4] Le cul-de-sac du Puits de Rome, ouvrant dans la R. *Frépilon* (auj. rue Volta).

[5] Commence *R. des Iuifs*, et finit *R. des Escouffes*.

[6] Commence *Rue St Louys* (auj. rue de Turenne), et finit *R. Gervais ou des Morins* (auj. rue Saint-Gervais).

[7] Commence *Rue Sainct Antoine*, et finit *Place Royalle*. — C'est auj. la rue de Birague. — Voy. *Place*.

[8] Hôtel appartenant aux religieux de Royaumont et situé ici *R. du Four* (voy. ce nom); il s'étend jusqu'à Saint-Eustache, et, en réalité, était situé rue du Jour.

[9] Dans la *Rue Sainct Antoine*.

[10] Voy. *Porte*.

[11] A droite de la *R. St Denis*, presqu'en face de la *R. des Filles Dieu*. — Il avait été construit en 1631 par Melchior Mitte, marquis de Saint-Chaumont. Il passa ensuite au sieur Minardeau, fut saisi par ses créanciers, et acheté, en 1685, par les filles de l'Union chrétienne, dites dès lors filles de Saint-Chaumont.

[12] Chapelle située *Rue des bons Enfans*, près de *St Honoré*.

[13] Devenu cul-de-sac de l'Étoile, dans la *R. Montorgueil*.

[14] Commence *Rue des Tournelles*, et finit *Rue St Louys* (auj. rue de Turenne).

[15] Hôtel situé à l'angle de la *R. du Grand Chantier* et de la *R. des Vieilles Audriettes*.

[16] Voy. *Porte*.

[17] Chapelle située à gauche de la *Rue St Paul*, et qui servit plus tard de prison. (Voy. ci-dessous le plan de Bullet.)

[18] A droite de la *Rue Neuve St Honoré*.

[19] Commence *R. Beauregard*, et finit *Rue de la Lune*. — Auj. rue Saint-Étienne-de-Bonne-Nouvelle.

[20] Voy. *Orloge*.

[21] A gauche de la *R. de la Verrerie*. — C'était un hôtel appartenant aux abbés de Saint-Faron. — Voy. *Barentin (Rue de)*.

[22] C'est le cul-de-sac Saint-Fiacre, qui ouvrait dans la *R. St Martin*.

[23] Commence *Rue St Louys* (auj. rue de Turenne), et finit *Vieille Rue du Temple*. — C'est auj. la rue Debelleyme.

[24] Hôtel situé à l'angle nord-est de la *Place Royalle*.

Sainct Germain de l'Auxerrois (Rue) [1].
St Gervais [2].
St Honoré.
St Honoré (R.) [3].
St Iaques [4].
St Iaques de la Boucherie (R.).
St Iaques de l'Hospital.
S. Iean [5].
St Iean (R.) [6].
S. Ioseph [7].
St Josse.
St Julien des Ménestriers.
St Laurens.
Sainct Laurens (Rue) [8].
St Laurens (Ruette) [9].
St Lazare.
Sainct Lazare (grand enclos de).
S. Lazare (R.) [10].
S. Leu St Gilles [11].
St Leufroy.
St Louis [12].
St Louys (Rue) [13].

S. Magloire (R.) [14].
St Martin (Abb.) [15].
St Martin (R.) [16].
S. Médéric [17].
S. Médéric (R.) [18].
S. Nicaise.
S. Nicaise (R.).
S. Nicolas des Champs.
S. Nicolas du Louvre.
St Paul [19].
St Paul (Avenue à) [20].
St Paul (Rue) [21].
S. Pierre (R.) [22].
St Pierre (Rue) [23].
St Roch.
St Sauveur.
St Sauveur (R.).
S. Sépulchre.
St Thomas (Clocher) [24].
St Thomas du Louvre.
St Thomas du Louvre (R.).
St Vincent (R.) [25].

---

[1] Voy. *Cloistre.*
[2] Voy. *Coustures, Hospital* et *Monceau.*
[3] Commence *R. Tirechappe,* et finit *R. de Richelieu.* — Voy. *Neuve* et *Porte.*
[4] L'église Saint-Jacques-la-Boucherie.
[5] Voy. *Cimetière* et *Cloistre.*
[6] Devenue rue du Martroi (dite rue du Chevet-Saint-Jean, rue du Martel, du Martrois, du Martrai, du Maltais, etc.), puis supprimée.
[7] A l'angle de la *R. Montmartre* et de la *R. du Temps perdu* (auj. rue Saint-Joseph). — C'est sur l'emplacement de cette chapelle qu'a été construit le marché Saint-Joseph.
[8] Partie du *Fauxbourg St Martin* comprise entre l'église *St Laurens* et le couvent des *Récollects.*
[9] Auj. rue Saint-Laurent.
[10] Commence *Ruette St Laurens* (rue Saint-Laurent), et finit à la bordure du plan, un peu au-dessus de la rue de Strasbourg actuelle.
[11] Dans la *R. St Denis.*
[12] Chapelle de l'*Hospital St Louis.*
[13] Au marais. Auj. rue de Turenne.
[14] Voy. *Prison.*
[15] Saint-Martin-des-Champs.
[16] Voy. *Porte.*
[17] L'église Saint-Merri. — Voy. *Cloistre.*
[18] Rue Saint-Merri.
[19] Dans la *Rue St Paul.*
[20] Impasse conduisant de la *Rue Sainct Antoine* au cimetière Saint-Paul et au chevet de l'église.
[21] Voy. *Quay.*
[22] Commence *R. Montmartre,* et finit *R. N. Dame des Victoires.*
[23] Commence *R. Neuve St Gilles,* et finit *Rue St Claude.* — Devenue rue Neuve-St-Pierre.
[24] Voy. *Louvre (Galerie du).*
[25] Devenue rue du Dauphin.

S. Anne (R.) [1].
Ste Avoye (Religieuses).
Ste Avoye (Rue).
Ste Barbe (R.) [2].
Ste Catherine [3].
Ste Catherine (R.) [4].
Ste Catherine du Val des Escolliers [5].
Ste Croix [6].
Ste Croix de la Bretonnerie (R.).
Ste Marie Ægiptienne [7].
St Oportune [8].
Sts Innocents [9].
Salle des Antiques [10].
Salle au Comte (R.).
Sartin Petre (Rue) [11].
Savonnerie (R. de la).
Schomberg (Host. de) [12].
Séguier (l'Hostel) [13].
Seneterre (Hostel de) [14].

Sens (Hos. de) [15].
Sentier (R.) [16].
Signe (R. du) [17].
Simon le franc (R.).
Singes (R. des) [18].
Soissons (Hostel de) [19].
Soly (R.).
Sonnerie (R. de la) [20].
Sourdy (Host. de) [21].
Sourdy (Host. de) [22].
Souvray (H. de) [23].
Sully (Host. de) [24].
Tabletterie (R. de la).
Tacherie (R. de la).
Taille pain (R.).
Tannerie (R. de la) [25].
Temple (le).
Temple (R. du) [26].
Temps Perdu (R. du) [27].

---

[1] Elle finit à *la Butte* des Moulins.

[2] Commence *R. Beauregard*, et finit *Rue de la Lune*.

[3] L'hôpital Sainte-Catherine, dans la *R. St Denis*.

[4] Impasse longeant l'hôpital Sainte-Catherine et ouvrant dans la *R. St Denis*. On la trouve nommée aussi rue Garnier-Maufet, ruelle aux Vifs, etc.

[5] Voy. *Neuve*.

[6] Le couvent de Sainte-Croix-de-la-Bretonnerie.

[7] A l'angle de la *R. de la Iussienne* et de la *R. Montmartre*.

[8] Voy. *Cloistre*.

[9] Voy. *Chapelle* et *Cimetière*.

[10] Voy. *Louvre (Galerie du)*.

[11] Commence *Rue Sainct Germain de l'Auxerrois*, et finit *R. des deux Boulles*. C'est évidemment la rue Bertin-Poirée, mais je ne lui ai jamais vu donner ce nom.

[12] *R. St Honoré* et *R. de Bailleul*. — Devenu hôtel d'Aligre.

[13] *Rue du Bouloy* et *R. de Grenelle* (Saint-Honoré). — Devenu hôtel des Fermes.

[14] L'hôtel de la Ferté-Senectère, à droite de la *R. Neuve des petits Champs*. — Il fut démoli en 1684 pour la création de la place des Victoires.

[15] A l'angle de la *R. du Figuier* et de la *Rue de la Mortellerie*.

[16] Rue du Sentier.

[17] Rue du Cygne.

[18] Ce nom est donné ici par erreur à la rue du Puits (*R. du Puy*).

[19] Entre les rues *des Deux Escus, du Four, Coquilière* et *de Grenelle*.

[20] Rue de la Saunerie.

[21] L'hôtel de Sourdis, contigu à l'hôtel de Retz, dans la *R. d'Orléans*, au Marais.

[22] L'hôtel de Sourdis, situé *R. de l'Arbre Sec* et *R. des Fossez Germain*.

[23] L'hôtel de Souvré, situé à l'angle de la *R. de Beauvais* et de la *R. Frementeau*.

[24] Hôtel situé à droite de la *Rue Sainct Antoine*, entre la *Rue Royalle* et la *R. des Esgoutz*. — Il porta ce nom de 1634 à 1752.

[25] Voy. *Vieille*.

[26] Voy. *Porte* et *Vieille*.

[27] Auj. rue Saint-Joseph.

PLAN DE J. GOMBOUST.

Tevenin (M.) [1].
Thibaud Todé (Rue) [2].
Thuilleries (Les) [3].
Thuilleries (jardin des) [4].
Thuilleries (gros pavillon des) [5].
Tiquetonne (Rue).
Tireboudin (R.) [6].
Tirechappe (R.).
Tirvit (R.) [7].
Tison (R.) [8].
Tisseranderie (R. de la).
Tonnellerie ou pilliers des Halles (R. de la).
Tour [9].
Touraine (R. de).
Tourigny (Rue de) [10].
Tournelles (Rue des).
Traisnée (R.).
Traverssière (R.) [11].

Trêmes (Host. de) [12].
Trinité (la) [13].
Trois Maries (R. des).
Trois Mores (R. des) [14].
Trois Pavillons (R. des).
Trois Vilages (R. des) [15].
Trousse Nonain (R.) [16].
Trousse Vache (R.).
Truanderie (R. de la) [17].
Truyes (R. aux) [18].
Tubœuf (M^r) [19].
Turie (R. de la).
Valère (R. de la) [20].
Vallée de Misère (la).
Vandosme (Hostel de) [21].
Vannerie (R. de la).
Varin (M^r) [22].
Venise (Hostel de) [23].
Venise (R. de) [24].

---

[1] Hôtel situé *R. de Richelieu*, près de la *Porte de Richelieu*.

[2] Devenue rue Thibault-aux-Dez, puis réunie à la rue des Bourdonnais.

[3] Cette inscription semble ne s'appliquer qu'au jardin. Le palais (non terminé au nord) est nommé *Logement de Mademoiselle*. — Voy. *Quay*.

[4] Voy. *Louvre (Galerie du)*.

[5] *Id. ibid.*

[6] Auj. rue Marie-Stuart.

[7] Commence *R. de la Tannerie*, et finit *R. de la Vannerie*. C'est donc la rue des Teinturiers, mais je ne l'ai trouvée nulle part ailleurs nommée rue Tirvit.

[8] Devenue rue Jean-Tison.

[9] La tour dite du Bois, près de la *Porte Neuve*.

[10] Rue de Thorigny.

[11] Auj. rue de la Fontaine-Molière.

[12] Hôtel situé à l'angle de la *Rue St Louys* et de la *R. du Foin*.

[13] *R. St Denis* et *R. Greneta*.

[14] Rue des Trois-Maures.

[15] Rue des Trois-Visages.

[16] Devenue rue Transnonnain, et auj. comprise dans la rue Beaubourg.

[17] C'est la rue de la Grande-Truanderie. — Voy. *Petite R. de la Truanderie*.

[18] Auj. impasse Berthaud.

[19] Hôtel situé à l'angle de la *R. Neuve des Petits Champs* et de la *Rue de Richelieu*. — Bâti par Duret de Chevry, président à la Chambre des Comptes, il fut fort agrandi par son collègue le président Tubeuf, qui le vendit ensuite à Mazarin.

[20] C'est la rue Trognon, que l'on trouve aussi nommée rue de la Galère.

[21] A droite de la rue *R. Neuve St Honoré*. — Successivement hôtel de Retz, du Perron et de Mercœur, il passa dans la maison de Vendôme par le mariage de Françoise de Lorraine, fille du duc de Mercœur, avec César, duc de Vendôme, fils de Henri IV. La place Vendôme a été créée sur ses ruines.

[22] Hôtel situé à gauche de la *R. St Nicaise*.

[23] Dans la *R. St Gilles*. — Devenu hôtel de Morangis, de Labrosse, puis de Péreuse.

[24] Commence *R. St Martin*, et finit *R. Quinquenpoix*.

Verdelet (R. de) [1].
Verdelet (R. du) [2].
Verrerie (R. de la).
Vertus (R. des).
Vieille Cordonnerie (R. de la) [3].
Vieille Horangerie (R. de la) [4].
Vieille Monnoye (R. de la).
Vieille Rue du Temple.
Vieille Tannerie (R. de la).
Vieilles Audriettes (R. des) [5].
Vieilles Estuves (R. des) [6].
Vieilles Estuves (R. des) [7].
Vieilles Garnisons (R. des).
Vieux Augustins (R. des).
Vildau (M.) [8].
Ville l'Evesque (la).
Villequier [9].
Villeroy (Hel) [10].
Vitry (Host. de) [11].
Vivien (R.) [12].
Volière (la) [13].
Xaintonge (Rue de) [14].

---

[1] Commence *R. de la Truanderie*, et finit *R. Mauconseil*. — C'est aujourd'hui la rue Verderet.

[2] Commence *R. Plastrière* (auj. rue Jean-Jacques-Rousseau), et finit *R. de la Iussienne*. — Devenue rue Verdelet, elle est auj. comprise dans la rue Pagevin.

[3] Devenue rue des Fourreurs.

[4] Rue de la Vieille-Harangerie.

[5] Voy. *Haudriettes*.

[6] Commence *Rue Beaubourg*, et finit *R. St Martin*.

[7] Commence *R. St Honoré*, et finit *R. des deux Escus*. — C'est auj. la rue Sauval.

[8] Hôtel situé à gauche de la *Rue St Louys* (auj. rue de Turenne).

[9] L'hôtel de Villequier, à gauche de la *Rue des Poulies*. — Sur cet hôtel, voy. Jaillot, quartier du Louvre, p. 55.

[10] Hôtel situé à droite de la *R. des Bourdonnois*, en face de *la Douane*. — Il fut plus tard acquis par les sieurs Pajot, fermiers des postes, qui y installèrent leurs bureaux.

[11] Hôtel situé à l'angle de la *Rue St Louys* et d'une rue non nommée qui est la rue des Minimes. — Il avait été élevé par Nicolas de l'Hospital, duc de Vitry et maréchal de France.

[12] Rue Vivienne.

[13] Dans le jardin des Tuileries, sur le quai de ce nom.

[14] Rue de Saintonge.

FIN DU TOME PREMIER.

ERRATA.

Page 21, col. 2, ajoutez :
>Boudebrie (R.) [1].
>
>[1] Commence *R. de la Parcheminerie*, et finit *R. du Foin* (auj. boulevard Saint-Germain).

Page 136, col. 2, ajoutez à la note 19 :
>Gomboust est le seul qui la nomme *rue d'Enfer*. C'était alors la rue de Fer ; elle devint ensuite rue des Hauts-Fossés-Saint-Marcel, puis rue des Fossés-Saint-Marcel, et enfin, sous le second empire, rue Duméril.

Page 148, col. 2, note 24, au lieu de Rue du Maur, lisez Rue du Maure.

TABLE

DU PREMIER VOLUME.

	Pages.
Préface.	I
I. Plan de Sébastien Munster. Année 1530.	1
II. Plan de Georges Braun. Année 1530.	4
III. Plan dit de Tapisserie. Année 1540.	10
IV. Réédition du Plan dit de Tapisserie.	40
V. Plan de Truschet et Hoyau. Année 1552.	42
VI. Plan dit de Du Cerceau. Année 1560.	59
VII. Plan dit de Belleforest. Année 1572.	75
VIII. Plan de Fr. Quesnel. Année 1608.	80
IX. Plan de Vassalieu. Année 1609.	90
X. Plan de Mathieu Mérian. Année 1615.	101
XI. Plan de Jacques Gomboust. Année 1647.	124
Errata.	165